Poesie der Stille
Tanz des Lebens

www.weltinnenraum.de

Troll, Pyar:
Poesie der Stille – Tanz des Lebens
Anleitungen zum Da-Sein
© J. Kamphausen Verlag &
Distribution GmbH
info@j-kamphausen.de

Lektorat: Hans-Jürgen Zander
Typografie und Satz: Wilfried Klei
Umschlag-Gestaltung:
Shivananda Ackermann
Druck & Verarbeitung:
Westermann Druck Zwickau

www.weltinnenraum.de

1. Auflage 2002
Die Deutsche Bibliothek – CIP-Einheitsaufnahme

Ein Titelsatz für diese Publikation
ist bei der Deutschen Bibliothek erhältlich

ISBN 3-933496-66-7

PYAR TROLL

Poesie der Stille
Tanz des Lebens

ANLEITUNGEN ZUM DA-SEIN

VAIROCANA MANDALA

(Foto von Joachim Baader, München)

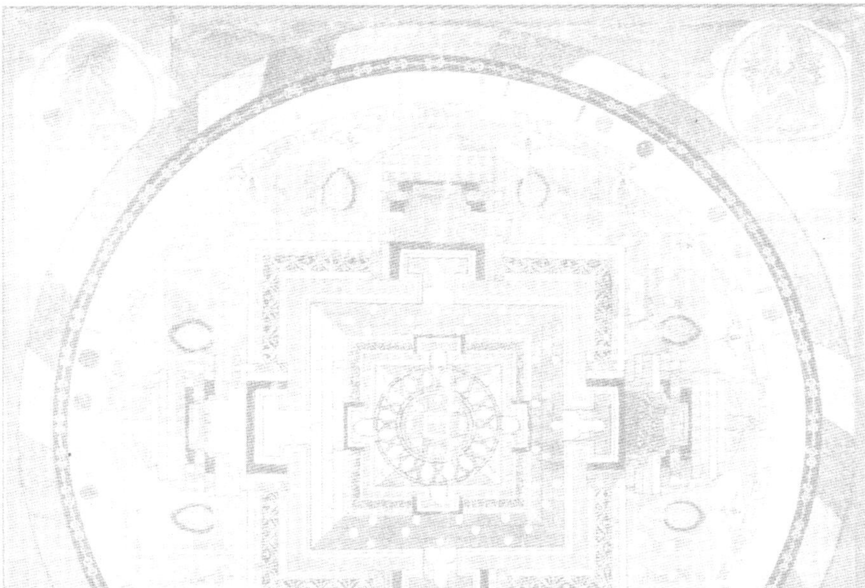

Poesie der Stille

Meditation

Der Weglose Weg

Die fünf Dhyani-Buddhas und die fünf Aspekte der Weisheit

Tanz des Lebens

Vorwort

„Immer hier, immer jetzt, ganz da sein, in Frieden sein, wo auch immer, kein Unterschied!" Pyars Worte schwingen nach einem zwölftägigen Stille-Retreat mit ihr als Echo in mir.

Hundert Menschen waren zum Retreat gekommen. Sie stellten Fragen, teilten sich mit, zeigten sich offen wie wohl nirgendwo sonst. Sie saßen in Stille, sie lauschten Pyars Antworten in den Satsangs, den buddhistischen Texten, die sie vorlas und interpretierte, und dem Regen.

Dieses Buch basiert auf Mitschnitten solcher „Satsangs". Das Sanskritwort Satsang bedeutet: in der Wahrheit zusammensein. Und genau das geschieht hier. Die gedruckten Worte geben einen Geschmack davon und können den Leser auch direkt in das Mysterium des Lebens und der Stille führen.

In ihrem ersten Buch „Reise ins Nichts" beschrieb Pyar ihr Erwachen so berührend und aufrüttelnd, dass Hunderte von Lesern in ihre Satsangs kamen. Viele blieben dabei und sehen in Pyar ihre spirituelle Lehrerin. Sie ist stets sie selbst, ganz menschlich, natürlich, keinerlei Guru-Gehabe.

Ihre Bodenständigkeit und unkomplizierte, praktische Art tun sehr wohl, entspannen und schaffen Vertrauen. Doch was hier geschieht, reicht weit über Erdigkeit ins unerklärbare Mysterium des Seins hinaus. Es weht ein Wind der Gnade, des Friedens und der Liebe, wie von jenseits aller Meere, sehr frisch, fast herb, ganz klar und frei.

In den zwei Jahren, in denen ich Retreats und Satsangs mit Pyar besuche, habe ich miterlebt, wie sich die Menschen öffneten, wie sie immer authentischer, lebendiger, sensibler, wacher, mitfühlender und einfacher wurden und werden.

Pyar regt uns sehr praktisch und effektiv dazu an, in Frieden zu sein und jeden Augenblick des Alltags als göttliches Geheimnis und Geschenk zu erleben. Keinem Gefühl, keiner Situation ausweichen. Ganz annehmen, was jetzt ist: Unsicherheit, Angst, Stress am Arbeitsplatz oder privat, auch Stolz, Genugtuung, Lust und Gier. Sich selbst mit all den Unvollkommenheiten umarmen.

Was Pyar sagt und wie sie es sagt, fließt aus der unerschöpflichen Quelle jenseits aller Konzepte, Theorien oder überlieferten Schriften. „Jedes Urteilen, diese trügerische Sicherheit, die nur das in Wahrheit gar nicht existierende ‚Ich' stärken soll, verhindert das direkte Erfahren dessen, was das Selbe ist in der Mitte von Spannung wie in der Mitte von Entspannung." Schon allein dieser eine Punkt, nämlich unser ständiges Urteilen in seiner Eigenart und Wirkung zu durchschauen, fordert viel Wachheit und Hingabe. Die Energie dazu wird in Pyars Satsangs und Retreats auf wundersame Weise spürbar geweckt. Der Verstand kann es nicht begreifen.

Keine Trennung – dafür steht die Lehre der Nichtdualität. Sie durchzieht in ihrer Essenz alle Weisheitslehren und Religionen. Pyar lebt sie vor und spricht aus der Einheit. Ihr neues Buch führt aus immer neuen Blickwinkeln und von unterschiedlichen spirituellen Traditionen her an diesen Kern heran. Keine Trennung. Ob verzweifelt oder ekstatisch – vorübergehende Zustände. Kein Unterschied für das alles wahrnehmende, alles zulassende wahre Selbst.

Zum eigenen Erfahren ist der Weg weder kurz noch lang, weder leicht noch schwer. Wozu überhaupt ein Weg? Einfach der Wahrheit lauschen und das Gehörte dann im eigenen Leben ausprobieren, testen. Einfach wahrnehmen und leben, sein – jetzt. Das geht. Sie werden es selbst merken, beim Lesen.

Christian Salvesen

(Journalist und Buchautor)

Intro

Es ist mir ein Herzensanliegen, euch sowohl den Gesang der Stille hören zu lassen als auch euch zu ermuntern, den Tanz des Lebens in aller Fülle und Wildheit zu tanzen. Und es ist mir ein Herzensbedürfnis, euch zu vermitteln, wie Spiritualität und Meditation im täglichen Leben verwirklicht werden können. Stille und Leben, Spiritualität und Welt, Göttlichkeit und Menschlichkeit, Leere und Fülle sind nicht zu trennen. Das Mysterium ist unendlich – immer weiter und weiter und tiefer und tiefer.

Dieses Buch entstand aus Mitschriften von Diskursen und Dialogen aus Satsangs der letzten neun Monate. Ich habe das Material völlig neu sortiert, thematisch geordnet, Teile neu geschrieben und ergänzt, Dialoge teilweise gekürzt, um die Möglichkeit einer Brücke zu schaffen. Ich möchte dich an der Hand nehmen vom ersten bis zum letzten Kapitel. Damit wurde aus einem ursprünglichen Satsang-Tagebuch ein Buch, das einen weiten Bogen vom Gesang der Stille über Meditation, den weglosen Weg und die fünf Aspekte der Weisheit hin zum Tanz der Existenz spannt und viele Aspekte des alltäglichen und des spirituellen Lebens berührt.

Einige meiner Wurzeln ruhen tief in der Lehre Buddhas, und so behandle ich auch Themenbereiche wie die vier edlen Wahrheiten, die fünf Dhyani-Buddhas (Tathagatas) und die fünf Aspekte der Weisheit. Jedes Mal wenn ich in Satsangs von Buddha spreche, glüht mein Herz, ebenso wie es glüht, wenn ich von Osho spreche.

Einige von euch werden wahrscheinlich das Buch ‚Reise ins Nichts' gelesen haben und möchten jetzt gerne erfahren, wie es weiterging. Viel gibt es aber nicht zu berichten. Mein Leben ist still, überfließend, lebendig und freudig. Zeitgleich mit dem Schreiben des ersten Buches vor drei Jahren kamen immer mehr Menschen auf mich zu, die mich einluden und baten, ihnen für Satsang zur Verfügung zu stehen. So kam es, dass ich, ohne es je vorgehabt zu haben, immer häufiger an Wochenenden mit vielen Menschen in verschiedenen Städten in Stille und im Sprechen, das aus Stille heraus geschieht, beisammen sitze. Meinen eigentlichen Beruf übe ich neben viel Korrespondenz weiterhin aus, und auch die Pflanzen des Gartens fordern nach wie vor Aufmerksamkeit. So ist immer viel zu tun, und doch geschieht es in Stille, in Freude und ohne ein Gefühl, die Handelnde in all dem zu sein. Manchmal könnte man denken, all das wäre zu viel, wäre nicht zu schaffen, aber wundersamer Weise ist da nichts zu schaffen, und alles ergibt sich und fließt wie es fließen soll. All das stört die Stille nicht. Voll Freude, Liebe und Hingabe lasse ich die Existenz auf dieser Flöte spielen.

Gelegentlich ziehe ich mich mit Menschen für einige Tage in ein Retreat zurück. So nahm dieses Buch seinen Anfang, als mich Teilnehmer eines solchen Retreats baten: „Wir wollen das schriftlich – bitte bringe das als Buch heraus...“. In den folgenden Monaten reifte es in der Tiefe meines Herzens heran, während Maria, Neelam, Anna, Nora und Prashanto in unendlichem Fleiß Abschriften der Satsangs eines halben Jahres anfertigten. Vielen Dank!

Den Auftakt zum eigentlichen Beginn des Schreibens gab wieder einmal die Krähe (ihr erinnert euch, Crow-Crow, die Krähe, die mich vor Jahren als Führer-Tier in meinen schamanischen Abenteuern begleitete). Sie ließ mich eines fahlen Februar-Morgens im noch kahlen Kirschbaum zum ersten Mal seit einigen Jahren wieder ihr wunderschönes heiseres Lied hören. Das war der richtige Tag, um zu beginnen. Der Drucker warf 1200 Schriftenseiten aus und ich erschrak ob der Fülle des Materials. Erste Sichtungs- und Sortierungsversuche folgten in den nächsten Wochen, um dann wieder auf Eis gelegt zu werden. Ganz anders als der Fluss des ersten Buches, das in sechs Wochen fontänenartig heraussprudelte, ist der dieses Buches ein kurviger und doch genauso fließend. Drei Monate später saß ich auf einer wunderschönen Terrasse am Meer, wo mein Mann und ich einige Tage Urlaub machten – aber doch mit Notebook und allen Satsangmitschriften ausgerüstet. Und der Ozean half, die Möwen halfen, und das Ordnen und Schreiben nahm Form an.

Jetzt kam die Aufgabe, das gesprochene Wort in lesbares Deutsch zu verwandeln, die Mitschriften thematisch zu sortieren und schließlich, da es am Ende ein fünfhundert-Seiten-Buch geworden wäre, alles noch einmal zu kürzen. Ohne die Hilfe von Nirdoshi, Kranti, Christian, Werner und Dhyano, denen ich an dieser Stelle von Herzen danken möchte, wäre das alles nicht möglich gewesen.

Und ganz herzlichen Dank an Joachim Kamphausen, der trotz anfänglicher Zweifel, ob das Buch nicht immer noch zu dick sei, bereit war, es ungekürzt und in einem Band zu veröffentlichen!

Juni 2002

PYAR TROLL

Poesie der Stille

1. Gesang der Stille

„Es ist die Melodie der Existenz, die in deinem Herzen singt. Es ist der Rhythmus des Lebens, das sich aus sich selbst lebt. Nichts, was Zeit oder Ort unterliegt, kann diesen Gesang beenden. Er enthält die Flamme und den Samen allen Lebens. Dieser Gesang ist Stille selbst, und sein Echo hallt in der Stille. Bewege dich aus dieser Stille, erlaube diesem Gesang und seinem Echo, dich zu allem, was du werden kannst, zu leiten."

EINE SCHAMANIN

Diese Worte stammen von einer Schamanin, deren Namen ich nicht einmal weiß. Ich finde sie wunderschön. So einfach.

Was hindert uns daran, zu hören, was von Anbeginn aller Zeiten zu hören ist – den Gesang in der Tiefe unserer Herzen, diesen Gesang der Existenz, den Tanz der Existenz, den Rhythmus des Lebens, der in jedem Wesen derselbe ist? Selbst der Lärm der Gedanken stört dabei nicht wirklich. Aber wenn man *nur* auf die Gedanken, ständig auf die Hoffnung und die Furcht hört, dann ist es schwierig, gleichzeitig den ewigen Gesang der Existenz wahrzunehmen. Der ewige Gesang der Existenz erklingt im Jetzt. Hoffnung und Furcht, Haben-wollen und Nicht-haben-wollen aber zerstreuen dich in alle Winde, bringen dich weg von hier und lassen dich nicht hören, nicht sehen, nicht fühlen, riechen oder schmecken. Komm wieder hierher! Wie auch immer „hier" gerade sein mag. Hör auf, dich permanent wie von einem Pendel von einer Seite auf die andere treiben zu lassen, von himmelhoch jauchzend zu zu Tode betrübt, von Hoffnung zu Angst, von Ekstase zu Panik und wieder zurück. Bleib da! Hör auf, weiter nichts!

Da-Sein ist einfach

Osho formulierte es einmal so: Es sei überhaupt kein Wunder, dass er, Buddha, Sosan oder Jesus die Realität erkennen und in der Realität, in der Wahrheit leben. Viel erstaunlicher und ein viel größeres Wunder sei es, dass so viele es nicht tun. Denn die Realität zu vermeiden ist sehr anstrengend und erfordert viel Technik, viel Wissen.

Es ist eigentlich schwierig, ständig woanders zu sein als hier. Es ist wirklich erstaunlich, wie wir das so lange über so viele Leben und fast permanent hingekriegt haben. Du kennst nämlich Momente, in denen du da bist, in denen du ganz präsent, ganz hier bist, und du weißt, wie einfach es ist, du vergisst es nur immer wieder.

Das Paradoxon ist: Wenn du ganz da bist, ohne Bedingung, ohne Wunsch, ohne Ablehnung, dann bleibt nur Präsenz ohne jemanden, der präsent ist. In dieser Präsenz ist alles enthalten, aber keine Trennung, keine Grenze. Die Dreifaltigkeit von Wahrnehmendem, Wahrnehmung und Wahrgenommenem gibt es da nicht mehr: Es ist eins, es wird zu einem, du bist eins mit allem, eins mit dem Göttlichen, völlig ungetrennt und ganz real. Was bleibt ist Sein in stiller Freude, in Hingabe und Mitgefühl. In DEM findet kein Gespräch statt, kein Dialog, kein Zwiegespräch in deinem Kopf. Wenn du ganz mit allem, was auch immer gerade ist, hier bist, dann gibt es kein Nachdenken mehr, sondern nur Sein.

Normalerweise jedoch entstehen im Verstand Interpretationen, Gedanken und Beschreibungen in Worten, fast noch bevor man sieht, riecht, hört oder tastet. Das läuft die ganze Zeit unbewusst wie eine Schallplatte ab, ohne dass du es merkst. Und das vergiftet. In ständigem innerem Dialog, ohne ihn überhaupt zu bemerken, ohne ihn zu wollen, ohne dass er überhaupt angebracht wäre, ist man nicht da. Denken ist fein, wenn man es gerade braucht. Aber man muss nicht dauernd denken, man muss nicht dauernd plappern.

Und stehe vor allem immer wieder an der offenen Tür! Deine eigene Haustür ist die Tür zum Himmel und du bist es, der sie aufmacht. Manchmal ist es auch nur so: Du stehst an deiner Haustür und willst sie so gerne öffnen, und du drückst und drückst und bemerkst nicht, dass sie nach innen aufgeht. Einfach da sein in aller Freude, in aller Liebe, in aller Einfachheit, nicht im Sinnieren, sondern in der Präsenz – das ist Meditation – ganz einfach, nichts Besonderes, und immer anwendbar.

Gott kämpft nicht gegen dich!

Gewalt ist nie eine Lösung, auch innen nicht. Es geht nicht darum, gegen das Ego zu kämpfen, sondern es zu durchschauen, zu verstehen, die Illusion davon zu entlarven und aufzuhören, es ständig aufzubauen. Dann verschwindet es wie die Wolken am Himmel, wenn die Sonne herauskommt, und die Konturen treten klar hervor. Heute sind die Wolken verschwunden, obwohl niemand gegen die Wolken gekämpft hat. Sie sind einfach verschwunden. Wenn das Licht kommt, ist das Licht ohne Kampf da. Sobald Kampf beginnt – im Außen wie im Innen – Kampf gegen das böse Ego, Kampf gegen den bösen Verstand, Kampf gegen dieses und jenes, erwächst daraus nur ein Zweitego oder ein Dritt- und Viert-Ego, das sehr kämpferisch und sehr gut ist – ein spirituelles Ego. Einfach nur aus der Stille, aus der Meditation, aus deinem Wesenskern heraus sehen, erfahren, fühlen, hören, schmecken – und die Konturen treten klar hervor. Und lachen, dann musst du lachen! So löst das Ego sich in Leichtigkeit auf. Schwierigkeiten treten auf, aber selbst die haben nicht wirklich etwas Schweres. Dazu braucht es Offenheit, Ehrlichkeit, Wachheit und die Bereitschaft, den Dingen ins Auge zu sehen. Gleichzeitig taucht genau dabei die Entdeckung und Erfahrung von Furchtlosigkeit auf. Es ist ein Lernprozess. Und das Gute daran ist, dass das Leben dich darin vollkommen unterstützt, wenn du bereit bist. Es gibt dir genau so viele Dämonen, genau so viel zu sehen und zu fühlen und genau so viel was in dir hochkommt, wie gerade gut ist. Es ist nie zu viel und nie zu wenig. Das Ganze, das Göttliche, das Große Eine ist vollkommen für dich. Gott kämpft nie gegen dich. Wenn du das sehen kannst, dann kannst du große Magie vollbringen. Das nennen die Tibeter „Gift in den Buddhaweg selbst zu verwandeln". In der direkten Begegnung wächst die Gewissheit, dass alles seinem Wesen nach Buddhanatur ist. Das passiert nicht im Kopf, sondern praktisch, Tag für Tag im Leben, im Alltag. Und jede Situation ist genau richtig dafür.

In der Offenheit und Nacktheit der Begegnung und im gleichzeitigen Stillbleiben damit kannst du das erfahren. Du bewegst dich nicht, bist still und gleichzeitig ist da die Begegnung. Das ist kein Stillsein, das sich vor der Welt und dem was geschieht abschließt – das wäre Flucht – sondern es ist vollkommen still und friedlich hier, vollkommen offen und bereit und doch in einer Begegnung, die mehr und mehr zur Nichtbegegnung wird. Denn je tiefer du damit gehst, umso mehr verschwindest du im Ganzen, umso mehr löst sich die Illusion von Ich auf, und Trennung verschwindet. Offenheit, Nacktheit, Ehrlichkeit bleiben, aber die Begegnung wird zur Begegnung jenseits von Begegnung. Es ist immer eine Begegnung mit dir. Also nimm alles, was dir begegnet, als Chance, als Möglichkeit.

Nicht äußern, innern!

F: *Ich scheue mich immer, über meine Sehnsucht nach Gott zu sprechen.*

P: Ja, das ist etwas sehr Intimes. Viel intimer als Sex, viel tiefer, viel feiner, viel höher, es ist die innerste Liebe deines Herzens. Darüber redet man nicht beim Gemüsehändler. Ich würde generell nicht viel darüber reden, denn das ist eine Sache zwischen dir und dir. Lass es blühen. Lass es brennen. Lass es fließen. Die Blume der Hingabe und die Blume der Gottesliebe sind am Anfang noch sehr zart und brauchen ein bisschen Windschutz. So etwas Zartes trägt man nicht auf den Marktplatz. Da hast du ein ganz gesundes Gespür. Und, ich empfinde immer noch viel Scheu.

F: *Ich habe auch Angst, dass das kaputt gemacht wird.*

P: Die Essenz davon ist unzerstörbar, und trotzdem: Gehe damit um wie der kleine Prinz mit seiner Rose: Gelegentlich braucht sie einen Windschutz, einen Glassturz, und zur rechten Zeit nimmt man ihn wieder weg, so dass die Rose kräftig wird. Gehe behutsam und freudig damit um und lass wachsen und gedeihen.

F: *Ich denke mir, ich muss das im alltäglichen Leben mehr leben und mehr äußern.*

P: Leben, *nicht* äußern! Leben und *innern*! Mehr innern! Und das bedeutet, es zu leben, dem im Alltäglichen treu zu sein und nicht pharisäisch zu sein. Jesus drückt das so aus: „Bete in deiner Kammer und lebe die Liebe in der Welt." Wunderschön.

Kein Ziel, kein Ankommen

Franz von Assisi war so sehr einfach da wo er war, und so sehr bereit, allem ohne irgendeinen Schutz, ohne irgendeine Maske zu begegnen, und er war so maßlos in diesem Begegnen, dass er wirklich in *allem* nichts anderes finden konnte als den Geliebten. Und so konnte er nicht anders als singen und das Göttliche in der Sonne, im Mond, in den Bäumen, in der Erde, in den Menschen, in den Tieren und selbst im Tod sehen und loben. Er war so sehr ohne Trennung, dass er mit Tieren reden konnte, nicht als magischer Trick oder esoterisches „Blabla", sondern aus der Tiefe des Herzens, ganz direkt, einfach in der Einheit des Göttlichen. Franziskus ist der Pendelbewegung des Verstandes nicht mehr gefolgt, er ist einfach dageblieben.

Ein Pendel kommt bei jedem Ausschlag – wenn auch kurz – an der Mitte vorbei. Dieser Punkt wird meistens verpasst. Aber es ist nur eine Frage der Wachheit, diese Mitte zu bemerken. Meist schwingt das Pendel zwischen Bedauern über die Vergangenheit oder Festhalten an ihr und der Furcht vor der Zukunft oder Hoffnung auf sie hin und her. Und das Jetzt, diese Grandiosität, Tiefe und Unendlichkeit des Jetzt wird völlig übersehen. Letzte Woche hat mir jemand geschrieben und sich ein bisschen beschwert: „Ich schreibe dir so oft von meiner Sehnsucht nach Erwachen, warum gehst du nie darauf ein?" Ich gehe nicht darauf ein, weil damit die alte Hoffnung auf ein besseres Leben ausgedrückt wird, die sich nur ein neues Kleid übergeworfen hat. Das Kleid heißt jetzt Erwachen. Erwachen bedeutet aber tatsächlich da zu sein, wo man ist, so wie es ist. Jemand anderer hat mir von seinem „Angekommensein" berichtet, auch so eine Illusion, eine ziemlich üble, die garantiert zu Frustration führt, wie es hier auch der Fall war. Es gibt kein Angekommensein in der Unendlichkeit, es geht immer weiter, weiter, tiefer, tiefer, es ist nicht auszuloten, nie ein Ende.

Genau an diesem Punkt, wo dieses vermeintliche Ich sich hingibt, aufgibt und das Pendel in der Mitte stehen bleibt, stellt sich die Frage von Ziel nicht mehr, stellt sich die Frage von Ankommen, von Innen oder Außen nicht. Hier *ist* einfach nur, aber dieses „ist" in einem solchen Mysterium, in einer solchen Höhe und Tiefe und Weite – unmöglich zu halten, unmöglich irgendetwas zu greifen. Nichtgreifen, Nichthalten, dieses Realisieren der Offenheit des Raums, diese Begegnung und immer neue Begegnung mit der Offenheit, Schärfe und Istigkeit dessen, was ist – so gehen Buddhas auf dem weglosen Weg. Ganz direkt, ganz praktisch, ganz einfach, ohne Hoffnung, ohne Furcht, ohne Bedauern, ohne Sammeln, ohne Halten, unendlich. Ohne Anfang, ohne Ende. Ganz da und ganz begegnend, nichts versteckend, ganz offen und ehrlich, wie es einfach ist.

Das Ego hingegen will immer versteckt bleiben, will sich definieren und doch nicht definierbar sein. Es verstrickt sich in Widersprüche ohne Ende, in Leiden, in Hin und Her, Auf und Nieder, in Dies und Das. Es will dort sein, nie hier sein, will erleuchtet sein, will gestern sein oder morgen, nur nicht jetzt, will gesehen sein, aber nicht erkannt, all diese Dinge. Schmeckst du, was ich hier sage?

Ursprüngliche Unschuld

Ein Brief: „Habe ich es so richtig verstanden: DAS bleibt unberührt? Habe ich all das Ungute und Gute in Heiligkeit, Reinheit und Keuschheit getan? Gibt es keine Anklage, kein schuldig sein, keine Schuldzuweisung, keine Verurteilung und Beurteilung mehr?"

P: Ja! Richtig verstanden. Definitiv: DAS bleibt unberührt, ist immer unberührt gewesen und wird immer unberührt sein. Das ist die ursprüngliche Unschuld, jenseits von Schuld und Unschuld, jenseits von Belohnung und jenseits von Strafe.

F: *Diese Wahrheit ist ungeheuerlich, wenn das wirklich Wahrheit ist.*

P: Es ist wirklich Wahrheit, und es ist ungeheuerlich!

F: *Dann würde ich mir nicht mehr so wehtun.*

P: Genau, und den anderen Menschen auch nicht.

2. Das Tao ist nicht sichtbar

„Das Tao ist nicht, was kommt und geht.
Es ist immer und überall gegenwärtig, so wie der Himmel.
Aber wenn dein Gemüt umwölkt ist, siehst du es nicht.
Aber dies bedeutet nicht, dass es nicht da ist.
Kannst du von Worten und Ideen, von Erwartungen und Meinungen lassen?
Wenn du das kannst, wird das Tao sichtbar werden.
Kannst du still sein und in dich hineinschauen?
Wenn du das kannst, wirst du erkennen, dass die Wahrheit immer verfügbar ist. Immer zugänglich."

LAO TSE

Die Kraft, die Wahrheit und die Unveränderlichkeit dessen was wir jenseits aller Phänomene in Wahrheit sind, besteht zugleich mit unserer Verletzlichkeit und Zartheit als Lebewesen und Mensch. Und glaube nicht, dass sich das ändert. Falls du die Vorstellung haben solltest, dass Verletzlichkeit, Zartheit oder Berührtheit mit dem Erwachen aufhören würden, irrst du dich. Das ist nicht der Fall! Zumindest ist es nicht meine Erfahrung. Mittendrin und vollkommen menschlich!

Eine Anekdote: Michelangelo war ein begnadeter Künstler und Bildhauer. Eines Tages ging er in Florenz spazieren und kam an einem Geschäft für Steinblöcke vorbei. Er schaute sich die Steinblöcke auf dem Hof an und entschied sich für einen bestimmten: „Diesen Block will ich kaufen." Der Marmorhändler erwiderte: „Dieser Block ist nicht gut. Er hat zuviel Maserung. Den kann ich nicht empfehlen." Michelangelo bestand aber darauf: „Nein, genau den will ich haben! Ich komme hinterher vorbei und zeige dir, was daraus geworden ist." Aus diesem

Marmorblock schuf Michelangelo die Pietà, jene wunderschöne Skulptur, die heute im Petersdom in Rom steht. Sie zeigt Mutter Maria mit dem toten Jesus auf den Armen. Ein unglaubliches Kunstwerk, vor dem man einfach vollkommen berührt steht. Michelangelo zeigte die Pietà dem Steinhändler, der überrascht fragte: „Aus diesem Block hast du sie gemacht?" Michelangelo erwiderte dem Steinmetz: „Nein, ich habe sie nicht gemacht. Sie war die ganze Zeit schon darin. Ich habe nur alles entfernt, was nicht dazu gehörte."

So ist es auch hier. Die Pietà, die strahlende Schönheit deines Wesens ist die ganze Zeit da. Sie ist immer schon da gewesen. Da ist nichts zu machen oder neu zu erschaffen oder hinzuzufügen. Sie ist nur hinter ein bisschen Marmor verborgen. Und selbst wenn Marmor oder Spinnweben, Staub, Krusten oder Egoschichten sich über dein wahres Wesen gelegt haben mögen, ist trotzdem die ganze Zeit und seit Anbeginn der Zeit das Wesen, die Essenz deines Seins da, immer – in jedem Moment deines Lebens und davor und danach. In den schönen Momenten genauso wie in den schrecklichen. Kein Unterschied, was die Pietà angeht.

Das Tao ist nicht, was kommt und geht

Jetzt zu Lao-Tse: Er nennt die Pietà in der vorigen Geschichte Tao. Lao-Tse nennt es Tao, die Christen Gott, Moslems Allah, Anhänger des Advaita das Selbst oder Nichtzwei, immer dasselbe mit tausend Worten, aber nicht beschreibbar.

> Lao-Tse: „Das Tao ist nicht, was kommt und geht. Es ist immer und überall gegenwärtig, so wie der Himmel. Aber wenn dein Gemüt umwölkt ist, siehst du es nicht. Doch dies bedeutet nicht, dass es nicht da ist."

Wie die Pietà! Daran musst du dich einfach gelegentlich erinnern. Nur weil man etwas gerade nicht sieht, bedeutet das nicht, dass es nicht da ist.

> „Kannst du von Worten und Ideen, von Erwartungen und Meinungen lassen? Wenn du das kannst, wird das Tao sichtbar werden. Kannst du still sein und in dich hineinschauen?

Wenn du das kannst, wirst du erkennen, dass die Wahrheit immer verfügbar ist. Immer zugänglich."

Das ist genau dasselbe wie in der Geschichte von Michelangelo. Er war einfach in der Lage, die Pietà zu sehen, auch wenn sie nicht sichtbar war. Das Tao ist nicht hörbar, weil es nicht vom Hören zu trennen ist. Es ist nicht sichtbar, weil es nicht vom Sehen zu trennen ist. Es ist zu nah, zu sehr überall, um es zu sehen. Es ist der ungeschlagene Ton. Es ist dein Angesicht vor deiner Geburt, nicht hörbar, nicht tastbar, nicht sehbar, doch immer da. Und gleichzeitig hält, schafft, umfasst, durchwirkt es alles, was es an Tastbarem, Hörbarem, Sehbarem, Fühlbarem gibt. Es gibt nichts ohne das. Was nicht heißt, dass es die hörbaren, sehbaren, tastbaren, fühlbaren, riechbaren Dinge nicht gäbe. Das wäre ein Missverständnis. Wenn die Meister sagen „die Phänomene sind leer" oder „die Welt ist wie ein Traum", heißt das nicht, dass sie im Jetzt nicht existieren. Die Phänomene sind leer, weil sie keinen Bestand haben, in ständiger Veränderung begriffen sind, und ihre Essenz ist Leere, ist Tao.

Jetzt bewegen wir uns vom Tao zur Ebene von Phänomenen, zum Spiel von Yin und Yang. Aus hell wird dunkel, aus dunkel wird hell. Aus Tag wird Nacht, aus Nacht wird Tag – in einem vollkommen natürlichen und real existierenden Spiel. Eins kommt nach dem anderen, und alles zu seiner Zeit. Babies werden geboren, Menschen sterben, es wird Frühjahr, es wird Herbst, man verliebt sich, man hat Liebeskummer, man ist jung, man wird alt. Kein Problem mit der Welt, so wie sie ist. Ein Problem bekommen wir nur dann, wenn wir dem Fluss, dem Tanz von Yin und Yang nicht folgen, wenn wir irgendwo anders sein wollen als da, wo wir gerade sind. Es ist gerade Nacht und ich bilde mir ein, die Sonne sollte jetzt scheinen. Dann habe ich ein Problem, kein wirkliches, nur ein hausgemachtes. Oder ich empfinde gerade Aggression und bilde mir ein, ich sollte jetzt freundlich sein. Wenn die Dinge jedoch sein dürfen was sie sind, ist es total einfach. Aber wenn wir das Tao, die grundlegende Gutheit vergessen haben, wenn wir uns nur dem Spiel von Yin und Yang hingeben und immer auf möglichst viel Helle und möglichst wenig Dunkel hoffen, dann ist unser Gemüt umwölkt, wie Laotse sagt. Dann sehen wir nicht mehr die Essenz, das Tao, sondern nur das Wechselspiel und wünschen uns eine Seite davon. Und wir kommen ins Greifen, Halten, Abwehren, kommen ins Leiden.

Woher kommt das Greifen, das Halten, das Abwehren? Es entsteht letztlich aus Angst, aus Unsicherheit. Und die Angst entsteht, weil wir die Pietà in diesem scheinbar so harten Block vergessen haben. Was nicht heißt, dass sie nicht da ist!

Tao und Yin/Yang

F: *Einerseits ist alles genau richtig wie es ist, sonst wäre es ja anders. Aber gleichzeitig sagst du auch: Tut nicht dies, sondern tut das, und es ist besser zu meditieren als nicht zu meditieren. In diesem Zwiespalt stecke ich manchmal. Ich esse zu viele Süßigkeiten und schlafe zu wenig. Das muss ja richtig sein, sonst wäre es anders. Und trotzdem ist irgendetwas daran nicht richtig... kannst du dazu noch mal was sagen?*

P: Dieses: „Es ist alles richtig, so wie es ist" wird einfach sehr leicht zum Konzept und auch leicht zur Ausrede, wenn es aus dem Verstand kommt – und außerdem gilt „alles ist richtig, wie es ist" nur auf der Ebene der absoluten Wahrheit. Auf der Ebene der Phänomene, zu der Süßigkeiten gehören, gibt's durchaus „richtig" und „nicht richtig". Auf der Ebene der Phänomene ist zwei plus zwei vier und nicht fünf. Du kannst nicht sagen: „Jetzt habe ich 2+2=5 geschrieben – wird schon richtig sein so, sonst hätte ich es nicht geschrieben!"

F: *Die Schwierigkeit ist, wahrzunehmen, welche der beiden Sichtweisen gerade dran ist.*

P: Immer beide.

F: *Das ist schon wieder „koan-mäßig", da komme ich nicht mehr mit!*

P: Es geht nicht anders. Es gibt hier kein „entweder – oder", denn das wäre, als würdest du sagen: „Wann ist das Tao gültig und wann sind Yin und Yang gültig?" Das geht nicht! Und ganz praktisch eröffnet sich die Antwort immer genau im Moment. Also, du willst dir gerade das zehnte Mars reinschieben, und genau in dem Moment tut dir der Magen weh. Oder: es fühlt sich einfach nicht mehr wirklich gut an, dann weißt du, welche Sichtweise dran ist. Und in dem „alles ist richtig" ist ja schließlich auch dein Instinkt eingeschlossen, ist dein rebellischer Magen eingeschlossen, nicht nur deine Gelüste.

3. Bewusstheit

Nagarjuna und der Dieb

Es gibt eine schöne Geschichte von Nagarjuna, einem buddhistischen Meister. Eines Tages kam ein Dieb zu ihm, der schon bei vielen Lehrern gewesen war, weil er sich nach der Wahrheit sehnte. Alle diese Lehrer hatten von ihm verlangt: „Zuerst musst du mit dem Stehlen aufhören, dann reden wir weiter." Nagarjuna sagte zu dem Dieb: „So ein Blödsinn. Anscheinend warst du noch bei keinem echten Meister." Der Dieb antwortete: „Verlange nicht von mir, mit dem Stehlen aufzuhören. Ich habe es probiert. Es geht nicht. Ich muss stehlen!" Nagarjuna beruhigte ihn: „Kein Problem. Das verlange ich nicht von dir." „Alles andere ist gut", erwiderte der Dieb, „ich bin bereit, alles andere auszuprobieren." Darauf sagte Nagarjuna: „Stiehl ruhig weiter! Das ist nicht meine Angelegenheit. Aber sei bewusst in allem, was du tust. Stehle, aber bleibe bewusst dabei. Probiere es aus, und in zwei Wochen treffen wir uns wieder." Der Dieb kam schon nach zehn Tagen ganz verzweifelt wieder zu Nagarjuna: „Ich kann nicht mehr stehlen. Es funktioniert nicht. Was hast du mit mir gemacht? Sobald ich bewusst bin, kann ich nicht stehlen. Sobald ich da bin, wach bin, funktioniert es nicht. Nur wenn ich unbewusst werde, kann ich stehlen. Aber ich habe dir versprochen, bewusst zu bleiben, und deshalb kann ich nicht mehr stehlen." Nagarjuna erwiderte: „Jetzt hast du die Wahl. Entweder du folgst deinem alten Muster, deiner alten Angewohnheit, oder du bleibst bewusst." Darauf der Dieb: „Die Bewusstheit kann ich nicht mehr aufgeben. Sie ist zu kostbar."

Auf diese Art funktioniert das, nicht indem man sich vornimmt, nicht mehr zu stehlen, gut zu sein, anständig, pünktlich oder freundlich. Sei was du bist und stehe dazu! Und vor allem sei bewusst! Dann ist das „Gute" automatisch da. Das ist ganz praktisch, was ich da erzähle, nicht abgehoben, nicht philosophisch. Du kannst entdecken, dass die eigentliche Gutheit jenseits von dem ist, was wir normalerweise als gut oder schlecht bezeichnen.

So entdecken wir, dass das, was Chögyam Trungpa die grundlegende Gutheit nennt, die ganze Zeit vorhanden ist und immer und in allem vorhanden war. Es gibt keine Trennung. Du trennst dich, indem du die Bilder von dir, von anderen und von der Welt aufbaust, wie sie sein sollte oder nicht sein sollte, wie du sein solltest oder nicht sein solltest. Und du verpasst dabei das Leben. Einfach nur da zu sein ist so ein Fest!

Das Erfahren ist immer wieder verschieden: Hell und dunkel, Tag und Nacht, schönes Wetter, schlechtes Wetter, angenehme oder unangenehme Gefühle, viele Gedanken, wenige Gedanken, sehr lebendig, immer anders. Es gibt keine Konstanz im Erfahren und keine Notwendigkeit, dass im Erfahren Konstanz wäre. Das, was grundlegend ist, was immer da ist, ist das was du bist. Und das ist wirklich in allem. Keine Trennung zwischen DEM und der Welt.

Holz hacken

F: *Wenn ich nichts tue, bin ich nicht wachsam. Dann bin ich nicht bei mir. Jetzt gerade bin ich wachsam, ich achte darauf. Also ist es bei mir kein Nichts-Tun.*

P: Osho hat es einmal so ausgedrückt und, soviel ich weiß, stammt dieses Bild ursprünglich von einem Zen-Meister:

Erst ist es so, als wäre der Buddha irgendwo hinter dir. Das ist vielleicht deine Wahrnehmung im Moment. Da braucht es noch Übung, deshalb hast du ein Gefühl von „ich tue" – ob du wirklich tust, steht auf einem anderen Blatt. Aber dein Wahrnehmen ist, als müsstest du ständig darauf achten, ob der Buddha tatsächlich noch hinter dir ist. So ist es zunächst. Und wenn du weiter achtsam bleibst und dich in Achtsamkeit übst, wirst du irgendwann das Gefühl haben, als ob – wupp! – der Buddha vor dir ist. Nun kannst du ihn fast nicht mehr aus den Augen verlieren, da müsstest du schon wegschauen, ja? Auf einmal würde die *Nicht-achtsamkeit* zum Tun: Der Buddha ist vor dir, und du müsstest wegschauen.

F: *Das wäre schön!*

P: Ja, das geschieht garantiert mit zunehmender Tiefe, mit zunehmender Bewusstheit, mit zunehmender Wachsamkeit und Übung. Das ist der zweite Schritt. Kein Schritt, den du tust, sondern eine zwangsläufige Entwicklung. Und irgendwann ist der Buddha *in* dir, und du kannst keine Trennung zwischen dir und dem Buddha mehr wahrnehmen. Und du kannst keine Trennung mehr wahrnehmen zwischen erstens der Achtsamkeit, der Wachheit und zweitens dem, welcher wach ist und drittens dem, worauf sich die Wachsamkeit richtet. Alle drei fallen in eines zusammen. Und auch das stimmt nicht ganz, denn es waren in Wahrheit noch nie drei, sondern das war nur in deinem Erfahren so.

Das ist wichtig, denn sonst werden auch die Worte „Nicht-Handeln", „Nicht-Handelnder" und alle diese gängigen spirituellen und Advaita-Ausdrücke zur Farce, zum Konzept und damit letztlich wieder zu einem Hindernis. Denn dann denkst du: „Ach, ich darf ja nicht mal mehr achtsam sein, da wäre ich schon wieder der Handelnde, würde etwas tun" und so weiter.

F: *Hast du vor deinem Erwachen diese Achtsamkeitsübung gemacht, so wie du es eben beschrieben hast?*

P: Immer wieder, immer wieder.

F: *Hast du also auch gemacht. Ja, es wird halt immer gesagt, man müsse nichts tun, nicht? Man wäre schon da.*

P: Das hängt davon ab, von wo du es siehst. Natürlich kann ich auch reines Advaita sprechen, aber dann spreche ich über euch hinweg. Wir müssen doch da anfangen, wo ihr seid.

Jedes Wesen ist Buddha. Das ist die Wahrheit. Die Mohnblume, ein Gummibaum, die Fliege an der Decke, jedes Wesen in jedem Universum zu jeder Zeit ist Buddhanatur selbst.

Nur, das zu hören oder im Kopf verarbeiten zu wollen bringt überhaupt nichts, weil das *Erfahren* der meisten Wesen ein anderes ist.

Es geht nicht darum, neues Wissen anzusammeln, sondern darum, im Herz anzukommen. Und ganz sicher geht es nicht darum, dass man sich jeden Tag hundert Mal vorsagt: „Ich bin Buddha, ich bin Das, ich bin schon da". Das bringt nichts. Diese spirituellen und „Advaita-Sätze" entwickeln sich zum neuen Mantra, zu neuer Hypnose, eigentlich zu neuer Dumpfheit. Trotzdem sind sie letztlich wahr. Aber es geht ja darum, wie das Erfahren und vor allem das Leben ist. Deshalb muss man die Dinge von allen Seiten und in allen Situationen, die sich bieten, betrachten, fühlen und leben. Und jede Situation, jeder Augenblick deines Lebens ist der richtige Moment, um Achtsamkeit zu üben, Wachheit zu üben, Akzeptanz zu üben, um in Hingabe zu sein – von der Toilette am Morgen bis zum Einschlafen am Abend und darüber hinaus. Jeder einzelne Augenblick, sei er schön oder nicht so schön, die guten Tage und die schlechten Tage – jeder Moment ist der richtige, um Achtsamkeit zu üben. Achtsamkeit, Wachheit, Meditation, Da-Sein, Präsenz sind keine Angelegenheit einer halben Stunde am Tag, sondern sind permanent. Darunter geht's nicht. In diesem Sinne habe ich geübt und übe auch jetzt immer.

F: *Von Ramana Maharshi wird gesagt, dass er immer in dem erwachten Zustand war. Ist so was möglich?*

P: Natürlich, klar.

F: *Also vor dem Erwachen und nach dem Erwachen genau dasselbe zu tun, kein Unterschied, nein?*

P: Na ja, schon die alten Zen-Leute sagten: „Vor der Erleuchtung Holz hacken und Wasser holen. Nach der Erleuchtung Holz hacken und Wasser holen."

Jedoch ist die Qualität eine andere.

4. Glaube – Vertrauen und Gewissheit

„Darum, oh Sariputra, liegt es an seiner Nicht-Errungenschaft, dass ein Bodhisattva, indem er sich auf die Vollkommenheit der Weisheit verließ, ohne Gedankenschleier bleibt."

BUDDHA, HERZSUTRA

Glaube nichts!

Vergiss Glauben! Glaube bitte auch mir nichts! Es geht nicht um Glauben, sondern um Gewissheit. Und Gewissheit kommt aus Erfahren, aus eigenem tiefsten Erfahren, Erkennen, Sein. Wenn zum Beispiel Kraft in dir entsteht, musst du an diese Kraft glauben? Nein, sie ist da. Du kannst sie fühlen, beobachten, erfahren, dich daran erfreuen. Das ist Gewissheit, milliardenfach mehr wert als der tiefste Glaube, denn Glaube und Zweifel sind zwei Seiten einer Medaille. Jeder Glaube birgt einen Zweifel. Du glaubst zum Beispiel, dass da jemand vor dieser Stahltür steht. „Steht da wirklich wer?" – „Ja, ich glaube schon, dass da jemand steht!" – „Aber sicher kann man sich nicht sein." So geht das immer hin und her. Aber dein Erfahren im eigenen Herz, die eigene Kraft, die Liebe, die du in deinem Herzen hast, die Stille, in der du bist – daran gibt es keinen Zweifel. Osho nannte das „Knowing". Echtes Wissen, Gewissheit. „Knowing" würde ich am ehesten mit Gewissheit übersetzen. Wissen hingegen ist eigentlich nur Glauben, in Büchern gelesen und abgespeichert.

Toter Glaube – Glaubenssätze

„Ich bin so und so, und ich müsste so und so sein. Immer wieder werde ich unsicher, aber ich sollte doch perfekt sein." Das sind Glaubenssätze, eigentlich sogar Vorurteile. Natürlich gibt es Erfahrung. Man sollte nur einmal auf eine heiße Herdplatte fassen, dann weiß man: Wenn am Herd ein Licht brennt, ist die Platte heiß, und es wäre nicht gut, sie anzufassen. Das nennt man Lernen. Solches Wissen ist eigene Erfahrung, die man sich aneignet und damit Brandwunden vermeidet. So ist das ursprünglich gedacht, und das ist sehr praktisch. Nur, wenn dieser Geist sich mit Ego verbindet, dann entwickelt er etwas Hartes, Starres, Unfreies. Der Geist selbst ist unfrei und wendet dann das, was für Herdplatten und ähnliche Lernprozesse gilt, auf alles an. Aber so funktioniert es nicht, insbesondere nicht mit jeglicher Form menschlicher Beziehung, Beziehung nach innen zu uns selbst und nach außen zu unseren Brüdern und Schwestern, denn jede Situation der Begegnung ist neu. Trotzdem kommt dein Geist dann und sagt: „Letztes Mal war es so...“ – auch wenn das unterbewusst oder sehr subtil abläuft. Und schon sitzt du in der Falle. Die Freiheit des Moments ist nicht mehr da. Das sind Glaubenssätze, die nur behindern und dich hindern, den Vögeln zu folgen, die in Freiheit fliegen.

Es gibt Glaubenssätze wie: „Wenn ich gut bin, komme ich in den Himmel.“ Das klingt sehr primitiv, und trotzdem ist es tief in unserer Psyche verankert. „Wenn ich gut bin, kriege ich Schokolade, wenn ich böse bin, Fernsehverbot.“ Das sitzt in unseren Knochen, in unseren Zellen, in den tiefsten Strukturen dieses Systems – nicht erst seit der Erziehung dieses Lebens, sondern es ist viel, viel älter. Das geht über Generationen, immer weiter und weiter, und macht unfrei.

Wenn wir gut sind, um in den Himmel zu kommen – was für eine Güte ist das? Das ist billiger Handel. Güte muss um ihrer selbst willen aus sich selbst kommen, aus Liebe, nicht aus Regeln. Oder Glaubenssätze wie: „Engel werden mich retten.“ Nein, nur du selbst rettest dich. Die Göttlichkeit ist nicht irgendwo da draußen, sondern sie ist in dir, in jedem von euch. Die Glaubenssätze, die euch eurer Selbstständigkeit, eurer Freiheit, eurer Würde, eurer Menschlichkeit berauben, sind alle tot, sind eine Projektion nach Außen, sind der Versuch, das Heil nach außen oder nach oben zu projizieren. Das Heil ist hier, im Herzen, in jedem gleichermaßen.

Vertrauen hingegen ist einfach Offenheit, Begegnung mit dem Jetzt in Nicht-Wissen. Vertrauen ist nicht zukunftsorientiert, ist kein Handel, sondern die Offenheit des Herzens, ist das Erkennen dessen, was jetzt ist und ist das Ja dazu, ohne an der Vergangenheit zu kleben und ohne nach der Zukunft zu greifen. Vertrauen wächst mit Meditation. Vertrauen hat tiefe Wurzeln. Vertrauen heißt nicht: „Der Papa wird's schon richten."

Vertrauen hat viel mit Mut zu tun. Weiter Geist und offenes Herz im Vertrauen auf Jetzt. Vertrauen ist stetig und fragt nicht nach Gewinn oder Verlust.

Vertrauen und Gewissheit

Kannst du Vertrauen schmecken, und schmeckst du, wie anders der Geschmack von Glauben ist? Das ist wichtig, du musst schmecken. Das ist ganz praktisch, keine Theorie. Es liegt irgendwie auf der Zunge: nicht als Wort, sondern als Geschmack. Vertrauen ist im Herzen und ist ganz entspannt, wie Meditation entspannt ist. Vertrauen will nirgendwo hin, Vertrauen ist da. Es ist wie das Wasser, in dem der Fisch schwimmt. Und wenn Vertrauen wächst, was nichts mit irgend etwas im Außen zu tun hat, wenn die Blätter wachsen und die Knospen schwellen, dann wird Gewissheit daraus, ein inneres Wissen. Die Wurzeln werden tiefer und stärker, deine Selbstständigkeit wird größer. Du stehst auf deinen Wurzeln. Das ist Gewissheit: tiefstes inneres Wissen, nicht angeeignet, sondern immer schon da gewesen. Es wird nur von all den Schleiern befreit, die darum gewickelt waren und es verhüllt, eingeengt und versteckt haben. Es ist immer schon dein eigenstes, tiefstes Wissen, Weisheit, Gewissheit.

Die ersten großen Lehrreden, so wie sie von Buddha überliefert sind, sind zum Teil glaubensorientiert. Er sprach: „Nehmt einfach Zuflucht zu mir, zum Buddha, vertraut mir, nehmt Zuflucht zu dem, was ich sage, zur Wahrheit, nehmt Zuflucht zur Gemeinschaft, zur Sangha. Es wird etwas in euch bewirken." Viele Jahre später spricht er mit Sariputra, einem seiner engsten Schüler, ganz anders: „Darum, oh Sariputra, liegt es an seiner Nichterrungenschaft, dass ein Bodhisattva, indem er sich auf die Vollkommenheit der Weisheit verließ, ohne Gedankenschleier bleibt." Jetzt ist von Vertrauen auf die Vollkommenheit der Weisheit die Rede, einer Weisheit, die immer schon da war und nicht errungen werden kann. Er sagt nicht zu Sariputra: „Du bist so weit gekommen, weil du mir geglaubt hast", sondern: „Dein Vertrauen, dein dich Verlassen auf die Vollkommenheit der Weisheit, die immer schon da war, hat dir die Einsicht gebracht."

Jesus sprach zu Fischern am See Genezareth, wunderbar offenen Herzensmenschen, die genau das hören konnten: „Glaubt an mich!" Wenn er zehn Jahre länger Zeit mit seinen Freunden gehabt hätte, hätte er vielleicht gesagt: „Ja, das war für den Anfang gut, aber jetzt vertraut euch. Vertraut der Weisheit selbst."

Buddhas holen ihre Freunde immer da ab, wo sie stehen. Sie sprechen nicht zum Verstand, sondern zum Wesen, und benutzen die Sprache, die ihre Freunde in der Lage sind zu verstehen und die eine Öffnung zur Wahrheit hin ermöglicht. So ist die Sprache der Buddhas verschieden, scheint oft sogar widersprüchlich, weil sie zu verschiedenen Zeiten zu verschiedenen Menschen sprechen. Deshalb sagt Buddha zunächst „nehmt Zuflucht", und später spricht er ganz anders.

Zufluchtnahme

F: *Ich kenne die Zufluchtnahme aus der buddhistischen Tradition. Kann man sich wirklich mit denen verbinden, die ihre Göttlichkeit schon verwirklicht haben?*

P: Ja – als Brücke. Aber es birgt eine Gefahr in sich. Ich finde Zufluchtnahme wunderschön, auch in der Form, wie sie praktiziert wird. Aber zugleich kann es passieren, dass du, wenn du da stecken bleibst, das Heil wieder nach außen projizierst. Und ich befürchte, dass das in buddhistischen Kreisen häufig vorkommt. Wird Zufluchtnahme zum Ritual, dann ist sie nicht mehr wahr, denn das Wesentliche der Zufluchtnahme wird dann vergessen, nämlich: die Weisheit in *dir* durch deine Verbindung mit der Buddhanatur im Buddha, im Dharma und in der Sangha in Schwingung und Resonanz zu bringen. Wenn das vergessen wird, bist du wieder das arme Würstchen, das darauf angewiesen ist, dass irgendjemand dich rettet. Aber das ist eigentlich schon Missbrauch dessen, was Buddha meinte.

Der alchemistische Prozess, in dem alles weggebrannt wird, kann durchaus mit Zufluchtnahme oder etwas dieser Art beginnen. Am Ende bleibt Hingabe ohne ein Gegenüber.

5. Illusion

„Die Welt ist Illusion;
Nur Brahman (DAS) ist wirklich.
Die Welt ist Brahman."

Leere Hände

Es ist Illusion, dass es Trennung gibt. Und Illusion ist, dass irgendetwas innerhalb der Welt der Phänomene Bestand haben könnte. Illusion ist, dass es irgendeine bleibende Befriedigung oder Freude innerhalb der Welt der Form, der Empfindung, der Wahrnehmung, des Handelns und des Bewusstseins geben könnte. Und das Ego, die Vorstellung einer getrennten Persönlichkeit, ist Illusion. Die Blumen, die Kerzen, das Licht, der Abend wie er jetzt ist, inklusive der Satellitenantennen sind keine Illusion. Und die Essenz all dessen ist nichts anderes als Buddhanatur. Die Schönheit eurer Wesen ist da – jetzt. Illusion ist zu denken, du seiest getrennt davon. Wenn du in der Liebe zum Göttlichen bist und immer tiefer und tiefer in diese Liebe sinkst, in diese Hingabe, die Stille, in das „Nicht-Zwei", dann findest du mehr und mehr in allem das Göttliche: ganz real, ganz echt, alles sonnendurchglüht, gottdurchglüht. Nur du verschwindest dabei – nicht dein Wesen, noch nicht mal deine Individualität – der Gedanke von dir verschwindet. Vergangenheit und Zukunft verschwinden, und ohne Vergangenheit und Zukunft existiert diese Konstruktion, dieses Konzept des Ich nicht. Jegliche Sicherheit verschwindet – sie war aber sowieso nie da.

Es ist ein Tanz ohne Ende, ein Fließen ohne Ende, ein Weiter und Tiefer ohne Ende, ein wegloser Weg. Dann ist es so, wie Marlo Morgan schreibt: „Mit leeren Händen geboren, mit leeren Händen gestorben. Ich habe das Leben in seiner ganzen Fülle kennen gelernt, mit leeren Händen." Tanze so durchs Leben! Es ist ein ständiges Loslassen und Loslassen und Loslassen. Wie sonst willst du der Fülle begegnen? In geschlossenen Händen hat nichts Platz. Sobald du versuchst etwas zu halten, ist da Trennung. Selbst wenn du die Leere zu halten versuchst – Trennung. Der Versuch des Ego, spirituelle Erfahrung oder Leere wieder zu einem Ding zu machen und es zu halten, ist eine Falle, und zwar eine sehr tiefe, dunkle Falle. Dann ist da Totheit.

Gott hingegen ist vollkommen lebendig, vollkommen da, vollkommen sprühend, ganz präsent, ist in jedem Atom und zwischen den Atomen, in jeder Regung deines Herzens, bis in deine Haarspitzen und die Zehennägel, unter deinen Fußsohlen, über deinem Kopf, vor deinen Augen, hinter dir und in dir auch – Göttlichkeit, immer jetzt, jetzt, jetzt und hier, und wirklich in jedem einzelnen Moment so frisch und neu wie nie zuvor da gewesen. Ein Mysterium, eine Überraschung, ein Abenteuer in jedem Moment, auch beim U-Bahn-Fahren oder der Buchführung. In diesem Mysterium, in diesem Abenteuer ist alles möglich. Du kannst wirklich total im Leben stehen. „Zorba the Buddha" hat Osho das genannt, total da, in den ganz normalen Tätigkeiten. Keine Ausreden und keine Flucht vor dem Leben! Schön da bleiben!

Die Illusion von Ich

Solange man glaubt, Jemand zu sein, wird dieser Jemand versuchen, sich in Sicherheit zu bringen. Dabei gibt es ihn gar nicht. Wenn du genau schaust und zum Beispiel an dich vor zwei Jahren denkst, dann erinnerst du dich: „Ich habe vor zwei Jahren geheiratet, oder ich habe vor zwei Jahren dies oder jenes...", und du nimmst an, es sei dasselbe Ich, das du jetzt bist. Aber ist es dasselbe? Bist du derselbe? Oder du denkst: „*Ich* habe Schnupfen." Und du denkst, das sei *ein* Ich. Zu Schnupfen gehört aber vielerlei: eine schnupfende Nase, verstopfte Ohren, ein kratzender Hals – viele verschiedene Teile. So gäbe es ein Ich in der Vergangenheit, ein Ich jetzt, ein Ich morgen, ein Ich, das denkt es sei der Körper, ein Ich, das denkt, es sei Gefühl, ein Ich, das denkt, es sei Gedanke – kann denn das überhaupt sein? Das ist eine ganze Schar von Ichs, von Splittern. Du zerteilst dich in tausend Splitter.

Die Welt ist Brahman

F: *Du sagst Traum, aber doch nicht Traum – könntest du das noch erläutern?*

P: Du sitzt hier, jetzt, ganz real. Oder kannst du sagen, du sitzt nicht da?

F: *Ich sitze hier.*

P: Traum wird es durch Vorstellungen und Gedanken, die irgendwo in der Vergangenheit und in der Zukunft rumturnen, die an Wünschen und Nichtwünschen festhängen. Traum wird es durch diese eigenartigen Dinge, die im Geist passieren. Einfach sitzen, jetzt, ist sehr existentiell. Verstehst du? Du sitzt, und – egal was gerade ist – sei total in dem, was auch immer gerade ist, in Aktion und in Nichtaktion. Ist da irgendwo etwas anderes als Sitzen jetzt? Wenn du ganz dableibst mit allem, was in seiner Vielfältigkeit da ist, körperlich und im inneren Geschehen, ist dann eine Begrenzung enthalten? Nein. So ist das, wenn du ganz da bist, wo du bist: sehr wach, sehr präsent. Nicht gebunden an Form, an Ich oder Du. Und das ist immer möglich, zu jedem Zeitpunkt, aber es ist immer wieder deine Entscheidung. Ganz praktisch, keine Theorie, keine Philosophie.

F: *Ja, aber noch mal zu Maya, dem Traum. Ich habe das so verstanden, dass die letztendliche Wirklichkeit, aus der alle Phänomene auftauchen, die einzige unumstößliche Realität ist.*

P: Wie kann das, was auftaucht, verschieden sein von dem, woraus es auftaucht?

F: *Es ist nicht verschieden, sondern nicht beständig! Ah ja, da ist das Missverständnis! Jetzt verstehe ich! Ich habe eine Bewertung, ein Urteil reingebracht.*

P: Gott in Bewegung, Gott in Nicht-Bewegung. Die Wertung ist spiritueller Dualismus, „Advaita-Dualismus". Advaita heißt Nicht-Zwei, ungetrennt. Und doch macht daraus der Verstand oft wieder ein Etwas, stellt zum Beispiel die Welt in Gegensatz zu DEM, zu Nicht-Zwei, stellt die letztendliche

Wirklichkeit in Gegensatz zu den Phänomenen. Und das ist *nicht* die Wahrheit. Das nenne ich Advaita-Dualismus – das Wort habe ich gerade erfunden. Alles kommt und geht. Ja und? Es verändert sich alles, wunderbar. In hinduistischen Schriften heißt es: „Die Welt ist Traum. Nur Brahman ist wirklich. Die Welt ist Brahman."

F: *Bei mir war es so: Ich habe nur die ersten zwei Sätze gehört. Der dritte war mir dann zu abstrakt, weil er mir nicht gepasst hat, weil er mich in die Realität zurückgebracht hätte.*

P: Das ist genau der Punkt. Das ist so wichtig! Hier wird so leicht Spiritualität, Meditation, Satsang zur Flucht, zu einem Vorwand für Flucht. Abheben, ausspacen, nicht da sein. Und jetzt kann man ja guten Gewissens nicht da sein, weil sowieso alles Traum ist...

6. Was ist verlässlich – was bleibt?

„Mit leeren Händen geboren, mit leeren Händen gestorben. Ich habe das Leben in seiner ganzen Fülle kennen gelernt, mit leeren Händen."

MARLO MORGAN

Was bleibt?

Letztlich muss alles, was zu erschüttern ist, erschüttert werden, denn wie sonst willst du das finden, was nicht zu erschüttern ist, was wirklich hält und wirklich etwas wert ist? Alles, was kommt und geht, alles, was erschütterbar ist und noch dazu so leicht erschütterbar, was für einen Wert hat das?

F: *Und was zählt?*

P: Das, was bleibt.

F: *Woran erkenne ich das, was bleibt?*

P: Ich erzähle dir eine Geschichte:

Der Name Padmasambhava bedeutet der Lotusgeborene: „Padma" der Lotus, „Sambhava" geboren. Die Legende sagt, er sei in einem Lotus geboren. Das bedeutet, er sei im Zustand vollkommener Weisheit, vollkommener Unschuld, Erleuchtung geboren. In einem See wuchs ein Lotus, und als die Blüte sich öffnete, entsprang ihr Padmasambhava als Siebenjähriger und im Erleuchtungsbewusstsein. Das Leben hat ihn dennoch ziemlich gebeutelt und er hat noch viel entdeckt, hat viele Abenteuer bestanden und musste sich auch mit materieller, emotionaler und geistiger Form unterschiedlichster Art auseinandersetzen. Alle möglichen Dinge angenehmer und unangenehmer Art sind passiert. Eines Tages kam Padmasambhava in ein Tal, welches sich durch Widrigkeiten jeglicher Art auszeichnete. Leichenteile lagen überall, und eine Menge Gespenster, Hyänen und gefährliche

Schlangen bevölkerten es. Alles war ganz schrecklich. Padmasambhava setzte sich mitten in dieses Tal und beachtete all dies Schreckliche nicht weiter, sondern verweilte unbeeindruckt in seiner Meditation. An diesem Ort entdeckte er für sich und in sich Unerschütterlichkeit – die Unerschütterlichkeit des Friedens.

Indem er zuließ, dass alles erschüttert wurde, was erschüttert werden kann, und dass alles nicht nur theoretisch in Frage gestellt, sondern ganz praktisch für ihn erschüttert wurde, nur dadurch konnte er Unerschütterlichkeit entdecken. Nur so kannst du entdecken, was bleibt. Solange du versuchst, deine sieben Sachen zusammenzuhalten, einschließlich deines Wertes oder was du dafür hältst und versuchst, dich dahinter zu schützen, kannst du nicht entdecken, was bleibt.

F: *Und woran werde ich merken, was es ist?*

P: Daran, dass es immer da ist. Daran, dass es in Stürmen und in Windstille, im Winter und im Sommer, in guten Zeiten und in schlechten Zeiten, im Leben und im Sterben da ist. Darum geht es hier: Glück, Friede, Stille. Solange das von bestimmten Bedingungen abhängig ist, ist es nichts wert! Es hält nicht! Aber wenn du Frieden zum Beispiel inmitten deiner Angst finden kannst, oder inmitten des Gefühls von nicht wertgeschätzt oder verachtet zu sein, wenn du in der Mitte davon Frieden finden und in Frieden bleiben kannst, dann weißt du, dass das hält. Das ist etwas wert. Deshalb habe ich heute Vormittag gesagt: Widrigkeiten sind so wertvoll.

Was ist verlässlich?

F: *Ich habe dein Buch gelesen und es hat mir Angst gemacht. Ich habe schon länger Angst vor diesen Dingen, die ich mir nicht erklären kann oder wo ich das Gefühl habe, der Boden geht verloren. Ich suche etwas, worauf ich mich verlassen kann.*

P: Erzähle mir von dem Boden! Welcher Boden?

F: *Mich gut zu fühlen oder gewohnte Dinge wie Familie...*

P: Kann man sich darauf verlassen?

F: *Natürlich nicht, nein.*

P: Also ist das wirklich „Boden"?

F: *Vielleicht nicht für immer, aber im Moment.*

P: Wackeliger Boden! Und vorhin sagtest du, du suchst das, worauf du dich verlassen kannst. Es ist ganz natürlich und normal: Jeder sucht etwas, worauf er sich verlassen kann. Und man nimmt erst einmal etwas, woran man gewöhnt ist, und versucht daraus etwas zu machen, worauf man sich verlassen kann, obwohl die Erfahrung dir ganz genau sagt, dass dem nicht so ist. Und so machst du dir ständig etwas vor. Wenn sich dann zwangsläufig herausstellt, dass es nicht verlässlich ist, dann fällst du in ein tiefes Loch. Etwas passiert mit deiner Familie, dein Mann verlässt dich, die Kinder gehen aus dem Haus oder deine Tochter heiratet einen grässlichen Mann – irgendetwas passiert und du wirst depressiv: „Das böse Schicksal hat mir alles genommen." Ja was denn? Es war von Anfang an klar, dass all das nicht hält, nicht verlässlich ist.

F: *Dann habe ich das, was verlässlich ist, nur sehr selten gefühlt oder mitgekriegt.*

P: Du sagst „sehr selten", aber das heißt, du *hast* es bemerkt. Das ist äußerst ungewöhnlich. Vielleicht nicht unbedingt hier im Raum, aber gemessen an der Weltbevölkerung ist das äußerst ungewöhnlich. Tu das nicht so ab, sondern richte deine Kraft und deine Aufmerksamkeit darauf.

H.H. Kalu Rinpoche begann seine Dharma-Unterweisungen oft sinngemäß so: „Seid euch klar, welche außergewöhnliche Chance dieses Leben ist. Welch kostbare Geburt! Wie groß ist die Chance, als Mensch geboren zu werden und die materiellen Dinge soweit in Ordnung zu haben, dass überhaupt Zeit, Energie und Möglichkeit bestehen, nach innen zu gehen?" Wenn du den ganzen Tag damit beschäftigt bist, deine zwei Töchter durchzubringen und sie am Ende doch auf den Strich schicken musst, weil du mit deiner Familie anders nicht überleben kannst, dann hast du viel weniger Chancen. Und weiter sagt er sinngemäß: „Wie groß ist die Chance, in eine Sangha zu geraten, mit der Wahrheit in Schrift, Wort und Beispiel in Kontakt zu kommen? Nützt sie und tut sie nicht ab!"

Aber stricke daraus keine neue Geschichte von schlechtem Gewissen und Schuld! Das ist nicht der Sinn der Sache, sondern einfach nur, wie auch Osho gesagt hat: „Nützt die Gelegenheit, seid wach!"

Wenn ein Mensch gelegentlich in diesem Leben DEM begegnet, was unzweifelhaft verlässlich ist – was für ein Segen! Dann sollte man nicht undankbar sein wie etwa: „Ach, ich habe es nur sehr selten", sondern sollte sich freuen: „Wow, was für ein Segen, was für eine Gnade!" Damit säst du neue Samen der Bewusstheit, säst du die Samen für die nächste Begegnung mit dem Verlässlichen. Hier bewegen wir uns wieder mal auf einer Messerschneide. Die andere Seite, auf der man herunterfallen kann, ist: „Oh Mist, ich war wieder nicht dankbar genug", womit man sich in eine Schleife von schlechtem Gewissen begibt.

Und was hält einen oben auf des Messers Schneide, auch hier, wie immer? Bedingungslosigkeit! Kein Fünf-Jahres-Plan. Kein Fünf-Lebens-Plan. Bedingungslos. Einfach weil es recht ist so, weil es gut ist so. Bleibe, wo du bist und gehe von Moment zu Moment, von Schritt zu Schritt. Und dann sehen wir schon, wo es hingeht. Ganz einfach, kein Drama.

Gottes Hände sind bodenlos

F: *Ich weiß genau, dass ich in Gottes Hände falle, aber ich mag es nicht ausprobieren.*

P: Dann weißt du es nicht! Das ist nur Theorie. Du weißt es nicht, solange du es nicht probiert hast. Zu sprechen über etwas, was du nicht erfahren hast, ist Traum, ist auch Ersatz für Echtheit! Du hast Sehnsucht zu erfahren, Sehnsucht zu sein, und gleichzeitig ist Angst da. Die beiden kämpfen miteinander. Und weil du dir das Erfahren nicht zugestehst, denkst du ersatzweise darüber nach und sagst: „Ja, ich weiß schon, ich würde in Gottes Hände fallen." Nichts weißt du! Dein Geist hat den Traum von „Ich falle ja in Gottes Hand" geschaffen, um es ein bisschen leichter zu machen. Das ist ganz nett vom Verstand, aber nicht wirklich hilfreich. Durchschaue diesen Mechanismus, nimm deinen Mut zusammen und lasse dich fallen, ohne zu wissen wohin, oder in wessen Hände, oder ob du überhaupt in Hände in der Bodenlosigkeit der Ewigkeit fällst. Vielleicht ist hinterher nichts übrig von dir. Aber nur so kannst du Realität, Realisation, Echtheit, echtes Wissen und Weisheit finden.

Die Hände Gottes sind bodenlos. Die Hände Gottes sind unendlich. Da ist nichts, was dich hält wie ein Baby, denn du bist kein Baby. Und trotzdem bist du vollkommen geborgen in DEM. Aber nicht im Sinne von gemütlich. Nichts zum Ausruhen.

Diese Geborgenheit in der Existenz ist Geborgenheit in der Bodenlosigkeit, Geborgenheit, die keinen Halt und keinen Schutz braucht, ist Geborgenheit, in der Bereitschaft in dieser Bodenlosigkeit zu sein.

Vertrauen im Sterben

F: *...ich verstehe, dass ich sterbe, aber ich verstehe nicht, wie dann das Vertrauen bleiben kann.*

P: Jemand hat mal gesagt, alles ist ein großer Tanz Gottes, und du bist ein Schritt in diesem Tanz, ein Schritt, der kommt und geht. Er darf auch wieder aufhören, dieser eine Schritt.

F: *Wenn ich sterbe, bin ich dann weg und das Leben geht weiter? Ist mein Funken der Wahrnehmung, der jetzt da ist, dann wieder weg?*

P: Ein Funken der Wahrnehmung ist eine Form von Energie und

kann nicht verschwinden – Energieerhaltungssatz. Aber das hat nichts mit deiner Person zu tun. Alles, woraus sich dein Körper zusammensetzt, wird irgendetwas Schönes werden, wenn dieser Körper in dieser Form kaputt ist. Ein wunderschöner Hund oder eine wunderschöne Katze oder ein schöner Baum – irgendetwas wird daraus schon gemacht. Nichts verschwindet, alles tanzt weiter – nur anders zusammengesetzt, was die Materie betrifft. Der Funke Bewusstsein, den du „dein" nennst, ist eigentlich wie eine Spiegelung in einem kleinen Splitter-Spiegel. Die Sonne des Bewusstseins strahlt und irgendwo liegt so ein kleiner Mosaik-Splitter, in dem sich das Sonnenlicht spiegelt. Es ist nur ein winzig kleiner Ausschnitt. Und das bezeichnest du als „dein" Bewusstsein. Das ist ein Teil des Ganzen. Und das Ganze geht *nicht* zugrunde.

Um das zu sehen ist es nötig, dass du nicht zu sehr an diesem kleinen Splitter-Spiegel festhältst, dass du nicht ständig die Selbsthypnose wiederholst: Ich bin dieser Splitter, ich bin dieser Splitter, ich bin dieser Splitter. Du musst es riskieren, die Ichhaftigkeit des Splitters aufzugeben, nur dann kannst du das Große wahrnehmen. Deshalb sagt Jesus: Du musst sterben, um zu leben. Der Splitter geht kaputt, und die Sonne bleibt. Bis du das vollkommen erkennst und den Splitter loslässt, reist der Splitter von Leben zu Leben. Auch kein Problem. Aber gleichzeitig ist es ganz wichtig, dass sich der Splitter zunächst seiner Splitterhaftigkeit bewusst wird und erst Mal in dieser Splitterhaftigkeit zu sich steht. Dann erst kannst du ihn wirklich loslassen. Das heißt auch, dass Selbstvertrauen im ganz gewöhnlichen, im herkömmlichen Sinn erst mal wichtig und gut ist. Du kannst dir ruhig trauen! Es geht zwar auch dann wieder gelegentlich schief, aber das macht nichts. Verstehst du?

MEDITATION

7. Das kleine Universum

Was sind eigentlich Gedanken? Physiologisch betrachtet sind Gedanken Nervenimpulse, elektrische Entladungen. Das ist eigentlich alles. Nichts Tragisches. Nichts anderes als jede andere Form von Energie auch. Energie, die sich in diesem Fall als Gedanken äußert, dieselbe Energie, die sich auch im Sonnenlicht zeigt. Die Energie ist dieselbe, das Bewusstsein ist dasselbe. Die Göttlichkeit ist dieselbe. Unser kleiner beschränkter Geist ist nichts anderes als ein Tropfen im Ozean. Solange der Tropfen denkt, er sei ein vom Ozean getrennter Tropfen, entsteht das Problem von Trennung und das Problem von: „Das sollte nicht sein“. Aber auch in der Essenz des Tropfens ist dasselbe wie im Ozean. Also erstmal kein Problem mit Gedanken. Sie kommen und sie gehen.

Aber es ist so: Der beschränkte Geist, der verschleierte, der umhüllte, abgetrennte, kleine Geist rennt auf dieser Welt herum und trägt sein kleines, beschränktes Universum mit sich. Fünf Leute betrachten denselben Apfelbaum, und fünf Leute sehen etwas Verschiedenes: Der eine sieht die Äpfel und denkt an Apfelmus. Der andere sieht nur die Blätter, die er im Herbst zusammenkehren muss. Ein Schnitzer denkt wahrscheinlich: „Gutes Holz, schlechtes Holz, kann man für dies oder das benutzen.“ Ein Maler sieht die Farben und die Form und denkt vielleicht gar nicht daran, was man mit den Äpfeln machen kann. So sieht jeder den Teil der Wirklichkeit, der zum eigenen kleinen inneren Universum passt.

Wenn der Geist weiter wird, klar und still wird, wenn diese Grenzen und Identifikationen, diese vorgefassten Meinungen verschwinden, dann ist der Apfelbaum das, was er immer schon war: Vollkommen „apfelbaumig“ in all seiner Qualität und Fülle. Dabei geht nichts verloren, sondern es wird mehr! Alles enthüllt sich in dem, was es immer schon war. Diese vorgefassten

Meinungen, Beurteilungen und Konzepte in unserem Kopf, dieses kleine Universum, das wir ständig mit uns herumtragen, ist viel zu klein. Und du merkst, dass es zwickt und dass diese kleine Welt, die du dir geschaffen hast, viel zu klein für dich ist. Und du hast sie dir noch nicht einmal geschaffen, du hast sie dir überstülpen lassen. Aber du hast sie genommen und nicht nachgefragt. Deshalb sagen die Weisen: „Nicht glauben!" Nicht glauben, selbst schauen! Nicht glauben, untersuchen! Alles, was du so an deinem Glauben, an deinen Konzepten und vorgefassten kleinen Universen mit dir herumträgst, behindert dich. Es ist wie wenn du mit zu kleinen Schuhen herumläufst. Das ist eigentlich alles.

Nicht die Tatsache des Denkens an und für sich ist störend. Denken ist etwas Wunderbares. Nur der gar so enge Inhalt des Denkens hindert und die Tatsache, dass du nie Pause mit Denken machst. Eine Hand ist ja sehr praktisch. Man kann alles mögliche damit machen: Klavierspielen, Wassergläser hochheben, Stricken. Und jetzt sind wir so begeistert von den Fähigkeiten dieser Hand, dass wir sie nie mehr ruhig lassen. So ähnlich ergeht es uns mit dem Denken, oder? Denken ist wunderbar und Teil der Göttlichkeit, aber es muss nicht ständig vor sich hin denken!

Und warum denkt es im Allgemeinen andauernd? Warum gibt es da keine oder nur wenig Pausen? Das liegt wiederum an diesen kleinen Universen. Sie sind das, was man Ego nennt. Heute nennen wir es zur Abwechslung kleines Universum. Ja, dieses zwickende, enge Teil, das spürst du doch? Aber es gibt irgendeine Angst, die verhindert, es sein zu lassen, es fallen zu lassen. Und um sich ständig darin zu bestätigen, dass man dieses kleine Universum ja doch braucht, muss man permanent denken. Wir bestätigen andauernd unser eigenes Universum und die anderen Universen um uns und die Beziehung zwischen diesen Universen. Und das ist der Schwachsinn. Sobald du keine Energie mehr in dieses kleine Universum hineinsteckst, verschwindet es ganz von selbst.

Aber noch mal, denn die Gedanken werden wiederkommen: Mach dir keine Gedanken über die Gedanken! Kein Problem mit den Gedanken! Nur gib ihnen nicht zusätzlich Energie, in keiner Form. Weder im Kampf dagegen noch im aktiv Mitspielen, sondern lass sie einfach.

...ein Handy klingelt...

F: *Entschuldigung. Oh Gott, das ist mein „kleines Universum".*

P: Wunderbar! So toll! Schau, was ist jetzt passiert? Eigentlich geschah nichts weiter als „dideldidum". Aber was passiert dann in deinem Kopf? Neueste Nachrichten aus deinem kleinen Universum?

F: *Ja, also es stört. Mir ist ganz heiß! Ist mit großen Emotionen verbunden! Es klingelt, ich realisiere sofort am Ton: „Es ist meins." Ich merke, wie alle mich angucken und denke nur: „Oh nein, jetzt störe ich hier den Satsang." Aber du hast gerade vom kleinen Universum geredet, und ich musste in dem Moment dann auch schon fast darüber lachen.*

P: Wunderbar! Schau, genau so passiert das. Es ist überhaupt nichts geschehen, aber sofort kommen die Nachrichten aus deinem kleinen Universum: „Oh, wieder alles falsch gemacht. Ich bin falsch!" „Ich bin falsch" ist einer der großen Glaubenssätze, ein großer Betonpfeiler in diesem kleinen Universum. Und dieses „Ich bin falsch" können wir ja an allem Möglichen aufhängen. Du suchst geradezu nach Bestätigung dafür. Und das kleine Universum freut sich diebisch, dass wieder etwas passiert ist, womit es beweisen kann, dass du falsch bist. Das Ego sagt: „Ätsch! Ich habe doch gleich gesagt, du kannst gar nicht okay sein." Und dann hat das Ego, das kleine Universum, seine Freude, und du bist schlecht drauf. Ist das nicht blöd? Ich bin dafür, dass du „Ätsch!" sagst, und das Ego schlecht drauf kommt. Und genau das passiert in Meditation. Du sagst „Ätsch!", das Ego kommt schlecht drauf und verschwindet.

Und was passiert jetzt? Du sitzt, du meditierst, „noch dazu im Satsang“ – welch heiliger Raum! – und dann klingelt das Handy. Ende der Meditation! Das ganze Programm fährt hoch. Das kleine Universum sagt: „Siehst du!“ Und du bist völlig verstört. In diesem Fall jetzt nicht völlig verstört, da der Humor geblieben ist. Das ist schon mal sehr gut. Was können wir jetzt tun? Oder wie gehen wir damit um? Was du schilderst, ist ja genau das, was ständig passiert. Man sitzt ganz friedlich und dann geschieht etwas. Zwei Möglichkeiten:

1. Du lässt die Gedanken einfach vorbeiziehen wie Wolken am Himmel und springst nicht auf sie drauf.
2. Es gibt eine Geschichte von Fuke, einem ziemlich verrückten Zen-Meister, Flötenspieler und Freund von Rinzai. Er rannte ständig auf dem Marktplatz herum und läutete mit einer Glocke, hat also sein Handy einfach läuten lassen, und rief dabei: „Wenn es als Helligkeit erscheint, dann schlage ich es mit Helligkeit. Nähert es sich als Dunkelheit, dann schlage ich es mit Dunkelheit.“

   Du setzt also dem Gedanken nicht sein Gegenteil entgegen. Wenn zum Beispiel ein Schuld-Gedanke kommt, dann setzt du ihm keine Entschuldigung entgegen. Im Allgemeinen versuchen wir etwas dagegen zu setzen, und damit folgen wir genau den Regeln des kleinen Universums. Das ist das Geheimnis des „Ja“: Handy läutet, „Falsch“-Gedanke kommt, und man bemerkt einfach: „Oh, da kommt wieder dieser kleine „Falsch-Wicht“ und sagt sich: „Ah ja, bin mal wieder falsch“… und lacht!

F: *Das ist aber alles schwierig!*

P: Nein! Das ist auch ein mächtiger Glaubenssatz des kleinen Universums, die zweite große Säule: „Es ist so schwierig.“ Es ist dein Glaube an dieses „Es ist so schwierig“ der es schwer macht. Da ist nichts schwierig!

Der schmerzhafte Abschied vom kleinen Universum

F: *Ich habe das Gefühl, ich werde immer mehr dazu gezwungen, in mir selbst das Zuhause zu finden, und alles andere wird bedeutungslos. Das ist mit sehr viel Schmerz verbunden. Es ist wie Abschied nehmen.*

P: Das ist so. Daran kommt man nicht vorbei. Das liegt einfach daran, dass das kleine Universum uns so selbstverständlich geworden ist und wir uns ganz wohnlich darin eingerichtet haben. Es zwickt zwar, aber wenn wir anfangen, die Enge dieses kleinen Universums zu verlassen, tritt dennoch manchmal Trennungsschmerz auf. So wie manche Vögel zurückkommen, wenn man sie aus dem Käfig freilässt. Es war so bequem im Käfig – jeden Tag hat es etwas zu fressen gegeben, und man wusste, wo man hingehört.

F: *Gibt es irgendwelche Hilfestellungen, damit es nicht so weh tut? Irgendwelche Tricks?*

P: Nein. Wir befinden uns hier nicht in der Anästhesieabteilung, sondern eher im Gegenteil. Hier ist die Abteilung, wo der Anästhesist kommt und dich nach der Operation in die Nase zwickt, damit du aufwachst! Der Wachraum!

Zur Wahrheit stehen

F: *Ich habe Angst, das kleine Universum zu verlassen.*

P: Du sprichst jetzt nicht die Wahrheit. Ich weiß ganz genau, dass du dieses kleine Universum immer wieder mal verlässt. Ich sehe, wenn du ganz da bist, und sehe dann keine Idee mehr von kleinem Universum und keine Idee mehr von Angst und von Gedanken. Du bist einfach da, und dein Herz strahlt. Es ist auch wichtig, dazu zu stehen! Gelegentlich kommt die Angst, und gelegentlich kommen die Gedanken. Aber du kannst doch nicht leugnen, dass du die Freiheit kennst.

8. Paderbum – Meditiere ohne Zweifel über die wahre Natur des Geistes

„Als sie ihn so inständig bat, freute sich der Jetsün sehr und meinte: „Liebe Schülerin Paderbum, bei mir brauchst du deinen Namen nicht ändern, wenn du ernsthaft das Dharma praktizieren willst. Auch mit langem Haar kannst du Buddha werden. Deshalb brauchst du weder die Haare schneiden noch die Kleidung wechseln.“ Dann gab er ihr diese Meditationsbelehrungen über den Geist mit vier Beispielen und fünf Bedeutungen…“

MILAREPA

Über den Himmel meditieren ist einfach…

Dieser wunderschöne Text von Milarepa, einem tibetischen Meister, der auch Jetsün genannt wurde, geht folgendermaßen weiter:

> …„Liebe Schülerin Paderbum, reiches Mädchen mit Vertrauen zum Dharma, nimm den Himmel als Beispiel und lasse deine Meditation ohne Begrenzung und Mitte sein. Nimm Sonne und Mond als Beispiel und lasse deine Meditation nicht schwanken zwischen hell und dunkel.“

Ohne Schwanken, weit, ohne Grenze und Mitte – immer da, nicht hierhin, nicht dorthin, nicht getrieben von einer Seite zur anderen, sondern ganz da, nichts ausschließend.

> „Nimm diesen Berg als Beispiel und meditiere über das, was sich nicht bewegt.“

Nämlich du! Das, was du bist, bewegt sich nicht, ist wie die Nabe am Rad. Das, was du bist, schwankt nicht zwischen hell und dunkel, und das, was du bist, hat keine Begrenzung, keine Mitte.

> „Nimm den See als Beispiel und meditiere darüber, dass das Wasser oben und unten gleich ist.“

Kein besser, kein schlechter, kein drüber, kein drunter, kein irdisch und heilig, kein oben und unten... – immer dieselbe Essenz.

> „Meditiere ohne jeden Zweifel über die wahre Natur des Geistes."

Die raumgleiche, spiegelgleiche Natur des Geistes ohne Inhalt. Inhalt ist okay, aber die wahre Natur des Geistes ist raumhaft, unendlich. Die wahre Natur des Geistes ist nicht urteilend. Kein oben, kein unten, kein hell, kein dunkel, kein Schwanken.

> „So sang er. Er erklärte ihr die wesentlichen Punkte der Körperhaltung."

Aufrecht! Aber aufrecht heißt nicht irgendwie stocksteif und unbequem zu sitzen, sondern so aufrecht, wie es deine Natur ist, aufrecht von innen. Die Schultern können ruhig hängen, das macht nichts, aber du stehst in DEM, du sitzt in DEM, du gehst in DEM, die ganze Zeit. Und wenn wir sitzen, dann ist das nur ein Üben unter günstigen Bedingungen.

> „Nachdem das Mädchen gute Erfahrungen und Erkenntnisse hervorgebracht hatte, sang sie dieses Lied, um ihre Zweifel und Hindernisse zu beseitigen: Lieber kostbarer Jetsün, vollendeter Ausstrahlungskörper! Über den Himmel meditieren ist einfach für mich. Doch weniger einfach ist es, über die Wolken zu meditieren. Bitte, gib mir Unterweisung, wie ich über Wolken meditieren kann.
>
> Über Sonne und Mond meditieren finde ich einfach, doch nicht ganz so einfach ist es, über die Sterne zu meditieren. Bitte, gib mir Unterweisung, wie ich über die Sterne meditieren kann.
>
> Über den Berg meditieren finde ich einfach, doch weniger einfach ist es, über Gras und Bäume zu meditieren. Bitte, gib mir Unterweisung, wie ich über Gras und Bäume meditieren kann.
>
> Über den See meditieren finde ich einfach, doch weniger einfach ist es, über die Wellen zu meditieren. Bitte, gib mir Unterweisung, wie ich über die Wellen meditieren kann."

Das heißt, sie hat bereits Leere, Stille, hat bereits die wahre Natur des Geistes erfahren, und dann kommen immer wieder Wolken von Gedanken, Wellen von Gefühlen, und Paderbum fragt: Was mache ich damit? Wie kann ich still sein, wenn die Zweifel kommen oder wenn ich mich nicht gut fühle? Es ist ja leicht, wenn man sich gut fühlt, es ist leicht, wenn die Umstände optimal sind. Aber dann kommen Zeiten, in denen Gedanken, Wolken und Sterne auftauchen, Gefühle tauchen auf, Wellen auf dem See, und Paderbum fragt: „Jetsün, was mache ich dann?" Aber das bedeutet, sie kennt bereits die wahre Natur des Geistes, sonst würde sie gar nicht wahrnehmen, dass Störung auftritt. Sie kennt den See und sie weiß, dass oben und unten kein Unterschied ist, und trotzdem kommen die Wellen und sie fragt: Was mache ich dann, wenn die Gefühle hochschwappen, was mache ich, wenn Zweifel meinen Geist umwölken und ich die Unbegrenztheit des Himmels nicht sehen kann? Sie stellt wirklich gute Fragen, die liebe Schülerin Paderbum!

„Über den Geist selbst meditieren ist einfach,..."

Das heißt, sie kennt die wahre Natur des Geistes.

> „...doch weniger einfach ist es, über Gedanken zu meditieren. Bitte, gib mir Unterweisung, wie ich über Gedanken meditieren kann."
>
> Hocherfreut dachte der Jetsün: „Sie hat wirklich meditiert." Als Antwort sang er dieses Lied, in dem er ihr erklärte, wie man Hindernisse beseitigt und die Praxis vertieft."

Und deshalb ist Jetsün so erfreut: „Sie hat wirklich meditiert!" Und er antwortet ihr:

> „Liebe Schülerin Paderbum, hör zu, reiches und hingebungsvolles Mädchen.
>
> Über den Himmel zu meditieren, findest du einfach, doch Wolken sind nichts weiter als ein Zauberspiel im Himmel. Verweile daher in der Natur des Himmels selbst.
>
> Über Sonne und Mond zu meditieren, findest du einfach, doch Sterne sind nur ein Zauberspiel wie Sonne und Mond. Verweile daher in der Natur von Sonne und Mond selbst.
>
> Über den Berg zu meditieren findest du einfach, doch Gras und Bäume sind nur eine magische Erscheinung auf dem Berg. Verweile daher in der Natur des Berges selbst.

Über den See zu meditieren findest du einfach, doch Wellen sind nur das Zauberspiel des Sees. Verweile daher in der Natur des Sees selbst.

Über den Geist zu meditieren findest du einfach, doch Gedanken sind nur ein Zauberspiel des Geistes. Verweile daher in der Natur des Geistes selbst.

So sang er. Das Mädchen übte den Anweisungen entsprechend und erlangte Klarheit über die letztendliche, unveränderliche Natur des Geistes. Nach ihrem Tod löste sich ihr grobstofflicher Körper in Regenbogenlicht auf, Musik erklang, und sie ging in die reinen Sambogakaya-Gefilde ein."

Wenn die Wolken kommen, wenn dein Geist umwölkt ist, wenn Zweifel auftauchen, dann sieh: Das ist nur ein Zauberspiel am Himmel, das ändert nichts an der Unbegrenztheit, an der Grenzenlosigkeit der wahren Natur deines Geistes. Kehre dahin wieder zurück und sieh die Wolken von dort. Lehne die Wolken nicht ab! Aber sieh sie als das, was sie sind – ein Zauberspiel am klaren Himmel deines Geistes! Wenn Gefühle kommen, Wellen auf dem See, dann fühle sie ungeschminkt, ungeschützt und direkt und erkenne dann: Sie sind nicht getrennt von der Natur des Sees, von der Buddhanatur, sind nur eine Bewegung an der Oberfläche des Sees. Und immer wieder zurück zum Eigentlichen, zur wahren Natur des Geistes, zur Buddhanatur.

Ohne Begrenzung, ohne Mitte

Jemand hat gefragt: „Innen und außen, im Herz und im Kopf, Freude und Trauer, Vertrauen und Zweifel, Loslassen und Festhalten. Zwischen den Welten immer wieder Macht und Ohnmacht. Gehört nicht auch die scheinbar bessere Seite zur Dualität?"

Natürlich! Wo es ein Besser gibt, gibt es ein Schlechter. Wo es Tag gibt, gibt es Nacht. Wo es Geburt gibt, gibt es Tod. Wo es Gesundheit gibt, gibt es Krankheit. Wo es gut gibt, gibt es schlecht. Das ist die Natur der Dinge. Deshalb sagt Milarepa: „Lass deine Meditation nicht schwanken zwischen hell und dunkel." Wir befinden uns mitten in diesem Spannungsfeld von Geburt und Sterben, hell und dunkel, besser und schlechter. Verleugne das eine so wenig wie das andere! Das, was Leere genannt wird, aber nicht Leere im Sinne von Nihilismus, von Nichts oder Abwesenheit ist, sondern im Sinne von Nicht-Etwas, ist beides beinhaltend, beides umgreifend. Sie ist jenseits von Dualität und hat kein Gegenteil. Auch Liebe hat kein Gegenteil. Mitgefühl hat kein Gegenteil. Weisheit hat kein Gegenteil. Stille hat kein Gegenteil. Am offenen Raum ändert sich nichts dadurch, dass man etwas hineinstellt, er bleibt derselbe Raum.

„Ohne Begrenzung und Mitte", sagt Milarepa und drückt damit dasselbe aus. Wo es kein Ende gibt, gibt es auch keine Mitte. Die Mitte kann man nur dann bestimmen, wenn man weiß, wo der Anfang und wo das Ende ist. Im grenzenlosen Raum, in der bedingungslosen Liebe gibt es keine Mitte, kein Ende und kein Dazwischen, kein Gegenteil. Genauso in der Meditation – sie ist grenzenlos wie der Raum. Heute Nachmittag ist mir wieder die Geschichte von Ananda eingefallen.

Ananda am Teich

Ananda war ein enger Schüler Buddhas. Eines Tages bat Buddha ihn, Wasser zu besorgen. Ananda machte sich auf die Suche. Nach einer Weile kam er zurück und sagte: „Buddha, ich habe wohl einen Teich gefunden, aber das Wasser ist schlammig, weil eine Büffelherde hindurchgegangen ist. Soll ich in der anderen Richtung nach klarem Wasser suchen?" Buddha erwiderte: „Nein, Ananda, geh zurück zu dem Teich. Setz dich ans Ufer und warte, bis der Schlamm sich gesetzt hat. Komm nicht zurück, bevor du nicht klares Wasser von diesem Teich bringen kannst." Ananda wunderte sich, ging aber, da der Meister es ihm nun mal so gesagt hatte. Er setzte sich ans Ufer des Teiches und wartete und beobachtete. Im Lauf der Zeit wurde er stiller und stiller. Sein Geist klärte sich, die Gedanken beruhigten sich. Nicht nur der Schlamm in dem Teich sank im Laufe der Zeit, auch der Schlamm in seinem Gemüt und Geist senkte sich und das Wasser wurde klar. So gelangte Ananda durch diese Lektion Buddhas in tiefe Meditation, in tiefe Stille.

Ja, aber heute Nachmittag hatte ich folgendes Bild: Ananda sitzt und sitzt, der Teich wird klarer – und dann springt eine Forelle und wirbelt den Schlamm wieder auf – was macht Ananda?

F: *Fischen!*

P: Eine Möglichkeit!... eine beliebte Taktik. Der Versuch, das scheinbare Hindernis zu beseitigen. Dabei aber vergisst man, dass es mehr Forellen gibt als man fangen kann. Man strebt vielleicht damit die endgültige Lösung an und vergisst, dass Meditation „wie der Himmel ohne Begrenzung und ohne Mitte" ist. Eine Endlösung setzt den Gedanken eines Endes voraus, und wo ein Ende ist, ist eine Grenze. Das ist so schön, was Milarepa sagt!

Nein, Ananda bleibt einfach sitzen. Er beobachtet genauso die Forelle, die den Schlamm aufwirbelt, wie er den Schlamm und den Teich beobachtet und wie er sich selbst beobachtet. Dann gibt es keinen Unterschied zwischen Forelle, Teich, Schlamm, klarem Wasser. Dann sind wirklich Weg und Ziel eins.

9. Meditation

„Die Wahrnehmungen des Geistes sind noch zahlreicher als Staubkörner in einem Sonnenstrahl. Ein meisterlicher Yogi versteht, dass es darauf ankommt, die Erscheinungen so zu lassen, wie sie sind.“

MILAREPA

Magische Augenblicke – Meditation ist nicht nutzlos

Meditation ist wie Salz für das spirituelle Leben, sie ist die Essenz. Im Prinzip ist es natürlich unmöglich, über Meditation zu sprechen, aber trotzdem wird vielleicht zu wenig darüber gesprochen, zu wenig darauf hingewiesen oder dazu ermuntert. Denn immer wieder erzählen mir Menschen, dass sie auf Grund dessen, was sie in Satsangs (miss)verstanden haben, nicht mehr meditieren. Also, ich ermuntere euch! Aber es geht nicht um irgendeine Methode, es geht nicht um irgendwelche Zeiten, es geht nicht um Ernst – um Himmels willen, nein!

Meditation ist wie die Luft zum Atmen, und sie ist etwas ganz Einfaches. Meditation selbst ist völlig motivationslos. Sie verfolgt kein Ziel. Man meditiert nicht, „um zu“, sondern Meditation ist in dem Moment, in dem Meditation ist. Sie ist der Königsweg, ist der Weg aller Wege, aber kein Mittel zum Zweck. Ein Weg ohne Ziel, ein wegloser Weg – wie alle Buddhas gesagt haben. Ein Geschäft in der Art: „Pro fünf Stunden Meditation kriege ich fünf Gramm Erleuchtung“ funktioniert nicht. Das klingt jetzt lustig. Aber ich drücke es ein bisschen überspitzt aus, weil es sich auf irgendeine viel subtilere Art in manchem eurer Köpfe so abspielen mag, oder? Auch hier kann wieder typisches Ego-Verhalten auftauchen – nämlich Handel. Ego handelt ständig: „Dies für das“. „Wenn ich dieses mache, bekomme ich jenes.“ „Wenn ich zu rauchen aufhöre, lebe ich zehn Jahre länger.“ „Wenn ich meditiere, werde ich erleuchtet oder bin glücklich oder ruhig und gelassen." „Wenn ich nett zu meiner Frau bin, darf ich mit ihr ins Bett." Das machen wir ständig und verlieren unsere Unschuld, verkaufen unsere Seele in solchem Handel und bekommen am Ende nichts. Wir bekommen nichts, weil da nichts zu bekommen ist, weil das in Meditation sein *selbst* bereits das ist, was es zu kriegen gibt. Nur solange wir hoffen, etwas anderes dafür zu kriegen, können wir das nicht sehen. Es ist wirklich so einfach, dass wir es oft gerade wegen seiner Einfachheit übersehen. So einfach kann's doch gar nicht sein! Einfach nur da sein…

Aber sobald das Motiv, der Glaube an ein Ziel wegfällt – und wenn es nur für einen Moment ist und jeder kennt solche Momente – fehlt nichts. Dann fallen Vergangenheit und Zukunft weg, und nur jetzt Da-Sein bleibt. Anstrengung fällt weg. Nicht die Tätigkeit fällt weg, aber der, der tut fällt weg. Der Handelnde verschwindet und die Himmel öffnen sich. Du kennst das!

Ich habe gerade ein Buch von Paulo Coelho gelesen: „Am Ufer des Rio Piedro saß ich und weinte", und fand eine wunderschöne Anregung darin: Der Held des Romans sagt, jeder Tag habe mindestens einen magischen Moment. Jeden Tag – eigentlich in jedem Moment – gibt es die Möglichkeit, einfach da zu sein und das Wunder, die Magie des Seins, das Wunder des Lebens, die Fülle der Existenz ohne Filter wahrzunehmen. Und um zu erkennen, wo sich heute das Göttliche zeigt, muss man die ganze Zeit wach sein. Man muss bewusst sein, um diese magischen Augenblicke nicht zu verpassen. Du kennst diese magischen Augenblicke! Diese Augenblicke – ob du jemals Za-Zen oder sonstige Techniken geübt hast oder nicht – sind Augenblicke der Meditation. Etwas ganz Einfaches: Du kennst sie seit deiner Kindheit, und diese magischen Augenblicke können sich ausweiten, können das ganze Leben ergreifen. Meditation ist immer möglich, weil sie nicht anstrengend ist. Da-Sein ist nicht anstrengend. Und im Da-Sein kann alles passieren: Tun, Schauen, sogar Denken.

Ein wertfreies, nicht beurteilendes, nicht wertendes, nicht hin und her schwankendes Wahrnehmen und Beobachten, kein

‚Ausspacen', ganz jetzt, ganz hier. Das ist Meditation. Ob du dabei in der Ecke sitzt oder gehst oder spülst, ist nicht wichtig. Still sitzen ist aber sehr hilfreich.

Still sitzen

Du sitzt still am Teich, wie Ananda am Teich saß. Du sitzt fest auf dem Boden, bist auf ihm gegründet, der Atem geht von selbst. Und du sitzt einfach, ohne etwas zu erwarten. Nur sitzen.

Bilder kommen, schöne und schreckliche Bilder, Gedanken, mal viele, mal wenige, Gefühle kommen, schöne und nicht so schöne... Ändere an nichts irgendetwas! Manchmal kommt auch nichts – wunderbar. Alles was da kommt, ist wie der Schlamm im Teich. Und du lässt den Schlamm wie er ist: Glitzernder Schlamm oder nur Schlamm. Du machst nichts damit. Du sitzt und lässt ihn sich setzen. Du bleibst still. Du wartest. Du beurteilst den Schlamm nicht, sagst nicht „Wow, das ist Glitzerschlamm" oder „das ist Drecksschlamm". Es ist einfach nur, was ist, und darf sein. Du bleibst still in der Mitte davon. Es ist nicht notwendig, dass du besonders viel Schlamm hochbaggerst. Du musst auch nicht den Schlamm in bunten Farben anmalen. Er darf einfach sein, was er ist.

So wächst Bereitschaft, wächst Vertrauen, wächst Gewissheit und so wächst das Sein in Stille. Du leerst dich aus, du stehst gleichsam in der offenen Tür.

Wenn man so unbewegt in Frieden und in Einklang mit sich selbst in der offenen Tür sitzt, so unbewegt, dass es eigentlich schon egal ist, ob der Gast kommt oder nicht, ob sich der Schlamm setzt oder nicht – man hört irgendwann sogar auf, auf den Gast zu warten, alles hört auf – dann geschieht auf einmal das, was heute jemand so geschildert hat: „Oh, es gibt ja gar keinen Gast! Er hat schon immer bei mir gewohnt, war immer da." Aber um zu diesem „er war immer da" zu kommen, ist es notwendig, das Haus zu putzen, den Schlamm sich setzen zu lassen, die Tür aufzumachen, zu warten, still zu sein, und irgendwann stellt man fest: „Ich habe ja gar nicht gewartet, es war immer da."

Trotzdem ist das Warten und Meditieren und alles, was sonst auf dem Weg geschieht, in keiner Weise überflüssig – selbst die Anstrengung, das Bemühen, das streckenweise auf dem Weg auftaucht, ist nicht überflüssig. Denn in dem Bemühen stellt man auf einmal fest: „Oh, ich könnte mich auch entspannen." Wenn wir aber nicht vorher angespannt waren, entdecken wir das auch nicht. Immer der Tanz von Yin und Yang! Osho hat damit in seinen Meditationsmethoden sehr oft gespielt. Volle Anstrengung – „Dynamische", ist wie Fitnessstudio, nur schlimmer – und dann Entspannung, Stille. So ist es auch im großen Fluss des Lebens und Entdeckens. Nichts ist überflüssig. Trotzdem ist Meditation vollkommen anstrengungslos, nur manchmal, bei manchen Leuten zu manchen Zeiten braucht es erst Anstrengung, um das Anstrengungslose zu entdecken, braucht es erst das Warten, um das zu entdecken, was immer da war. Und es braucht immer die Geduld und das Sitzen und das Still-sein, um den Schlamm sich setzen zu lassen. Eigentlich ganz einfach.

Meditation im Leben

Die Gelassenheit, die Stille, den Frieden, den Gleichmut, die Freude, die im Laufe der Zeit in der Meditation wachsen, lasse sie sich dann in dein ganzes Leben ausbreiten, ins Tun und ins Nicht-Tun, in Begegnung und Alleinsein. Lasse Freundlichkeit, Großmut und Mitgefühl natürlich aus der Wurzel der Meditation erwachsen – nicht als Regel, nicht als Maske, sondern in natürlicher Entwicklung, im Reifen der Früchte der Meditation. So ergreift Meditation dein ganzes Leben.

Sein in der Gegenwart Gottes

F: *Lange war Gebet meine Meditation, aber da war genau dieses Gegenüber, und ich hatte letztlich einen Boden und eine innere Hilfe.*

P: Gebet geht tiefer. Ist Gott persönlich?

F: *War er für mich zunächst. Jetzt ist es ein personales Eins.*

P: Wo ist dann das Gegenüber? Jesus sagt: „Ich und der Vater sind eins." Kein Gegenüber! Und Jesus sagt auch: „Ich und meine Brüder sind eins." Kein Gegenüber! Hier spricht Jesus, so wie Buddha zu Sariputra gesprochen hat. Nicht mehr „Glaube an mich", sondern „Du und ich sind eins."

F: *Ja, da begegnet es sich. Aber das ist wie ein Abgrund..*

P: Es ist ein Abgrund ohne Boden.

F: *Gibt es eine Hilfe zum Springen?*

P: Kein Fallschirm.

F: *...Anstoß?*

P: Der Anstoß ist deine Liebe. Der Anstoß ist dein Gebet. Es ist ein sich Öffnen und vielleicht stehst du tausendmal zaudernd am Rand, gehst wieder ein paar Schritte zurück, und dann stehst du wieder am Rand. Das ist vollkommen in Ordnung. Keine Gewalt! Lass das Vertrauen wachsen, lass dein Gebet ins Unbekannte wachsen. Lass dein Gebet aus dem Persönlichen über das Persönliche hinaus wachsen. Gebet ist wunderschön, wenn es kein Bitten und Betteln ist. Wenn du Gebet sich vertiefen lässt, wird das Persönliche daraus verschwinden, wird kein Unterschied mehr zwischen Gebet und Meditation sein. Es ist einfach Sein in der Gegenwart Gottes. Erst bist *du* in der Gegenwart Gottes. Und dann ist da nur noch die Gegenwart Gottes und niemand mehr, der in der Gegenwart Gottes wäre. So beschreiben es auch christliche Mystiker. Es ist weit jenseits alles Persönlichen.

Verleugne nicht deine Tradition! Sie ist wertvoll und führt auf dasselbe hin, wenn sie nicht stecken bleibt. Die östliche, die buddhistische Tradition kann genauso stecken bleiben: „Noch 100.000 Niederwerfungen mehr bringen noch ein Quentchen mehr Erleuchtung", das ist auch nichts anderes als noch mal 10.000 Rosenkränze, um sicher in den Himmel zu kommen. Es liegt nicht an Buddha oder Jesus oder all den wunderbaren Methoden und Geschenken, die sie uns gegeben haben, dass daraus so starre Rituale und Glaubenssätze geworden sind. Es liegt immer am selben menschlichen Geist, der immer dasselbe daraus macht: einen Handel.

Aber der menschliche Geist ist in der Lage, sich zu öffnen und zur wahren Natur des Geistes zurückzukommen, die offen und wie ein unbeschriebenes Blatt ist, die bewusstes Sein mit allen Möglichkeiten ist. So entdeckst du wieder die Essenz in all dem. So fallen die Strukturen, die wir mit unserem beschränkten Geist draufgeklebt haben, wieder weg, und zurück bleibt der Schatz.

Und: Man spricht immer von der „Gegenwart Gottes". Keiner sagt: „Die Zukunft Gottes" oder „Die Vergangenheit Gottes". Es ist die Gegenwärtigkeit der Präsenz.

Leer werden...

Kennst du die Zen-Geschichte von der Teetasse? Der Schüler kommt zum Meister, und sie trinken erst mal Tee miteinander. Der Meister schüttet ihm Tee ein, und er schüttet und schüttet und schüttet – und die Tasse läuft über. Da sagt der Schüler: „Was machst du da? Die Tasse ist doch längst voll. Warum schüttest du immer weiter?" Und der Meister sagt: „Ja, so ist es mit dir. Du musst erst deine Tasse ausleeren, bevor man Tee hineinschenken kann."

Wie könntest du nicht berührt sein, wenn Gott anfängt, Tee in deine Tasse zu schütten? Und dann läuft der Tee ein bisschen über. Wenn die Existenz beginnt, sich in dich hinein zu ergießen, weil auf einmal ein wenig Platz ist, das ist erschütternd. Und dieses Erschüttern selbst ist wie eine Ultraschallreinigung, bei der auch der Rest so erschüttert wird, dass du ihn auch noch leeren kannst. Und dann tanzt die Existenz in dir. Du bist einfach leer und zutiefst berührt.

Raum für Meditation

F: *Meine Erfahrung ist, dass man Meditation nicht machen kann. Wenn ich sage: „Jetzt setze ich mich zum Meditieren hin", geht das gar nicht. Es geschieht oder es geschieht nicht.*

P: Das stimmt und stimmt nicht. Du gibst der Meditation Raum oder gibst ihr keinen Raum. Die Meditation selbst machst du nicht, aber du schaffst Raum für Meditation. Du kannst nicht einfach mit deiner Hektik und dem Drama so weitermachen, und sagen: „Meditation wird schon passieren, wenn sie passieren soll.“ Das ist auch nicht richtig. Meditation selbst machst du nicht, Meditation ist, was da ist, wenn du den Raum öffnest. Tasse leer machen!

Und es geht *nicht* darum, dass du Stille erzeugst. Die Stille ist sowieso da. Ein Zen-Meister hat das so ausgedrückt: „Du bist sowieso Buddhanatur. Auch wenn du das manchmal nicht weißt. Du bist sowieso Buddhanatur, und trotzdem ist das Realisieren notwendig. Sonst ist es, als hättest du eine Hand voll Edelsteine in deiner Hosentasche, hast sie aber vergessen und rennst herum und bettelst um Essen.“

Stecke deine Hand in die Hosentasche! Erinnere dich – das ist Meditation.

F: *Ist es möglich, zum Beispiel Zeitung zu lesen und gleichzeitig in der Stille zu sein?*

P: Natürlich. Aber Zeitung lesen und gleichzeitig in Stille sein ist Oberstufe, und man sollte erst in die Grundstufe gehen. Beim Zeitunglesen anzufangen ist schwierig. Es ist möglich, aber ich versuche, ein bisschen praktisch zu sein. Rein aus der absoluten Wahrheit betrachtet: Kein Unterschied zwischen Zeitunglesen und sonst irgendwas. Aber in der Praxis ist es für euch doch erstmal ein Unterschied.

Hochs und Tiefs verschwinden

F: *Die Tiefs verschwinden. Jetzt habe ich aber die Erfahrung gemacht, dass es mit den schönen Dingen genauso ist. Ist das der normale Preis, den man dafür zahlen muss?*

P: Dieses „Himmelhoch jauchzend und zu Tode betrübt“ wird wahrscheinlich nicht bleiben. Da wird mehr Mitte sein. Es ist eine andere Form von Hoch, eine andere Qualität! Nicht alle Menschen erleben diese Berg- und Talfahrt, aber manche Menschen lieben sie einfach. Das ist verschieden. Aber in der Natur ist es einfach so: Wenn die Berge hoch sind, sind auch die Täler tief. Das ist ein Naturgesetz. Es geht nicht anders. Denn die Berge sind ja aufgrund der tiefen Täler hoch. Oder die Täler sind aufgrund der hohen Berge tief. Das eine bedingt das andere. Gipfel ohne Täler gibt es auf der Welt nicht.

Nur benutzen wir diese Gipfel als Ersatzdroge für das Eigentliche. Das Eigentliche ist jenseits von Hoch und von Tief, schließt Hoch und Tief ein, ist einfach jenseits von Dualität. Was die Inder „Ananda", Glückseligkeit nennen, ist etwas ganz Feines, kein ekstatisches Hoch, ist etwas, das immer da ist wie die Luft zum Atmen, und viel, viel mehr als jeder Gipfel je sein könnte. Und sie hat keine Gegensätzlichkeit in sich. Genau wie Liebe nicht der Gegensatz von Hass ist. Liebe kennt kein Gegenteil. Und auch „Ananda" kennt kein Gegenteil. Gott kennt kein Gegenteil.

Meditation und Visualisation

F: *Wenn ich eine Weile sitze und nicht zur Ruhe komme, nehme ich Visualisierung zu Hilfe. Das hilft mir, friedlich zu werden und dadurch in Meditation zu kommen. Ist das okay ?*

P: Was dich friedlich macht, ist okay! Visualisation ist eine alte Technik, von Menschen mit Erfolg praktiziert – ich kann sie nicht verwerfen! Wesentlich ist, die Dinge als das zu sehen was sie sind. Himmel ist Himmel, Wolken sind Wolken, Visualisation ist Visualisation. Nur halte nicht die Methode oder das Werkzeug oder die Medizin für das Eigentliche. Lass dann das Werkzeug wieder los!

F: *Ich hatte den Anspruch, es auch ohne Hilfe schaffen zu müssen, mich irgendwann mal von alleine zu beruhigen, aber das kann wohl ewig dauern.*

P: Nimm lieber die Medizin und lass den Anspruch los: „Ich muss es alleine schaffen!" Wenn wir Bhajans singen, ist das auch Methode. Es ist Klang, der friedlich macht, und Visualisation ist Bild – wo ist der Unterschied? Bilder kommen und gehen, und da ist kein Problem. Aber halte nicht daran fest.

F. *Dieser Schmerz des Glücks ist so beglückend, und denselben Schmerz in der Traurigkeit empfindet man dann als Leiden…*

P: Schau ganz tief in die Mitte von Freude und genauso in die Mitte der Traurigkeit. Milarepa: „Was immer man erfährt, ist untrennbar vom großen Glück, denn die eigentliche Natur von allem ist der Dharmakaya jenseits von Begriffen."

Dafür musst du mit einem stillen Geist in das eine wie in das andere ganz tief schauen, auch in die Tiefe der Freude.

Zähle keine Staubkörner

„Der ehrenwerte Meister Milarepa lebte in der Sattelhöhle auf der Vajra-Festung des grauen Felsens und vertiefte dort seine Praxis. Da suchte ihn ein tantrischer Yogi aus Khutan auf, der tiefes Vertrauen zum Jetsün gefasst hatte, und fragte: Verehrter Lama! Ich habe versucht zu meditieren, aber ich habe noch nicht richtig verstanden, worauf es in der Praxis ankommt. Daher habe ich weder Fortschritte gemacht noch gute Eigenschaften entwickelt. Würdest du mir bitte einige Unterweisungen geben? Milarepa erwiderte: Du musst folgende Kernpunkte verstehen. Und er sang dieses Lied über die Dinge, auf die es ankommt:

Die Wahrnehmungen des Geistes sind noch zahlreicher als Staubkörner in einem Sonnenstrahl. Ein meisterlicher Yogi versteht, dass es darauf ankommt, die Erscheinungen so zu lassen, wie sie sind."

Wenn du Staubkörner zählst und untersuchst, bist du viele Leben lang beschäftigt. Denn die Staubkörnchen im Sonnenstrahl sind unzählig. Vergiss die Sonne nicht und lasse die Staubkörner sein, was sie sind und was sie für dich sind: Beziehungen oder Nicht-Beziehungen, Gedanken, Schuldgefühle… Staubkörner sind hübsch, sie glitzern. Ich habe sie als Kind immer geliebt. Du auch? Wenn ein Sonnenstrahl ins Zimmer fällt und die Staubkörnchen im Licht tanzen. Aber man kann sich in ihnen verlieren, wenn man sie nicht Staubkorn sein lässt.

> „Die wahre Natur der Dinge ist nicht aus Ursachen und Bedingungen entstanden. Ein meisterlicher Yogi versteht, dass es darauf ankommt, dieser einen Wirklichkeit auf den Grund zu gehen."

Diese eine Wirklichkeit ist allerdings grundlos. Alle die Staubkörnchen sind wohl vorhanden in diesem Moment, aber sie haben Ursache und Bedingung. Und in all dem gibt es das, was nicht geboren, nicht geworden, nicht gemacht ist und nicht vergeht – die wahre Natur der Dinge.

> „Plötzlich auftauchende Gedanken können selbst von hundert Speerwerfern nicht abgewehrt werden. Ein meisterlicher Yogi versteht, dass es darauf ankommt, nicht an ihnen zu haften."

Die Gedanken dürfen ruhig auftauchen – kein Problem. Du kannst sie sowieso nicht töten, aber du musst ihnen nicht nachrennen, musst nicht an ihnen kleben. Lass sie Staubkörnchen sein, die im Sonnenlicht tanzen, aber verliere dich nicht in ihnen, und bleibe wach.

> „Geistige Aktivität kann man nicht in einer Eisenbüchse einschließen."

Das wird auch oft versucht, ja? Man versucht, die Gedanken oder die Emotionen – auch sie sind eine Form von erweiterter geistiger Aktivität – in eine Schachtel zu stecken, die man dann irgendwo sicher ins Regal stellen und nach der Meditation wieder hervorholen kann, denn so ganz hergeben will man sie ja auch nicht. Das ist der Punkt. Der Versuch, die geistige Aktivität in eine Schachtel zu sperren, ist der Versuch, sie für Notfälle aufzuheben. Wie mit Notizzetteln auf dem Schreibtisch, die man wahrscheinlich nie mehr braucht und trotzdem nicht wegwirft. Man steckt sie meist in eine Schachtel, damit man sie notfalls doch noch hat. Aber geistige Aktivität lässt sich nicht einsperren. Alles was du für Notfälle versuchst an Anhaftung, an Identifikation, an Ich noch zurückzuhalten und einstweilen in einer Schachtel zu deponieren, entwickelt sich zum „Schachterlteufel." Es kommt wieder heraus.

„Ein meisterlicher Yogi versteht, dass es darauf ankommt zu erkennen, dass die Erscheinungen nicht wirklich existieren."

Realisieren kannst du das nur, wenn du die Staubkörner Staubkörner sein lässt, sie nicht wegleugnest, sondern ihnen auf den Grund gehst, ihnen begegnest, und *dann* ihre Unbeständigkeit, ihre Vergänglichkeit und die Essenz, die Leere in allen Erscheinungen erkennst.

Wenn der Geist nichts findet und die Idee der Leere

F: *In meiner Meditation hat sich etwas verändert, das mich verunsichert: Meine Aufmerksamkeit geht immer mehr zu dem, was beobachtet, zu dem, wer das ist, der das beobachtet. Aber... da ist nichts. Das ist mir ja irgendwie klar...*

P: Aber trotzdem ist es frappierend, wenn man es entdeckt.

F: *Ich habe das Gefühl, ich möchte noch irgendetwas zu packen kriegen. Ich möchte dieses Nichts irgendwie fühlen. Und dann denke ich, das ist nicht richtig. Ich kann es nicht richtig wahrnehmen.*

P: Hier geschieht etwas Wunderschönes. Dein Geist richtet sich nach innen, zurück zu seiner eigenen Quelle, und der Verstand erschrickt dann sehr, weil er nichts findet. Er beginnt zu zweifeln. Das ist seine Natur, dafür kann er nichts. Aber du darfst ihm dann nicht mehr vertrauen. Die Aufmerksamkeit richtet sich zurück zur Quelle, nach innen. Der Geist beginnt sich selbst, seine wahre Natur zu erkennen. Lass das geschehen und befrage nicht deinen Verstand, was er davon hält. Es gibt da nichts zum Festhalten, zu packen oder zu fühlen. Sobald du etwas zum Festhalten suchst, bist du im diskursiven Denken, also im Beurteilen, im Trennen.

F: *Warum steht in manchen Anleitungen zur Meditation: „Beobachte deinen Atem"?*

P: Diese Anleitung ist ein geschicktes Mittel. Es geht aber nicht darum, bis ans Lebensende deinen Atem zu beobachten. Du hast mit dieser urbuddhistischen Methode der Atembeobachtung geübt, und jetzt fängt die Arznei tatsächlich zu wirken an. Wunderbar – du erreichst einfach eine andere Dimension, erreichst mehr Tiefe. Aber suche nichts zum Halten. Jetzt musst du die Technik loslassen und dich der Unsicherheit und Weglosigkeit des Weges hingeben.

Atisha sagte: „Finde die Natur des ungeborenen Bewusstseins. Und lasse zu, dass auch die Arznei selbst auf natürliche Art wieder von dir abfällt." Zunächst heißt das, auch die Technik, also in diesem Fall die Beobachtung des Atems, wieder gehen zu lassen. Aber es geht noch viel tiefer. Wenn du die Natur des ungeborenen Bewusstseins entdeckt hast, wenn du Shunyata, Leere, entdeckt und die Leerheit aller Phänomene erfahren hast, taucht die Versuchung auf, gegenüber allem gleichgültig zu werden. Nichts spielt mehr eine Rolle – „es ist sowieso alles Leere. Oder die Welt ist ein Traum". Dann könntest du Menschen töten, dich selbst töten, oder kreativ und liebevoll sein, und alles wäre dieselbe Meditation, dieselbe Leere. Das ist ein gefährliches Missverständnis. Es wird im Buddhismus Shunyata-Gift, Leere-Gift genannt. In Wahrheit muss am Ende selbst die Idee von Leere, diese neue scheinbare Sicherheit, wonach alles leer, alles okay ist, wieder losgelassen werden. Selbst diese Arznei muss wieder fallengelassen werden. Sonst wird Shunyata, Leere, Advaita, sogar Stille zu einer neuen Hypnose, einer neuen Täuschung, einem neuen Glaubenssystem. Das ist die tiefere Ebene dieses Ausspruchs des großen tibetischen Meisters Atisha.

Zeit für Stille

P: Nehmt euch Zeit für die Stille. Besser kann man Zeit nicht anlegen.

F: *... Still dasitzen und Augen zu? Mein Leben ist still!*

P: Wunderbar. Aber für viele ist es wichtig, sich ganz bewusst hinzusetzen. Wenn dein Leben Stille ist – kein Problem. Aber das können die meisten – wie ich glaube – nicht von sich sagen, oder?

F: *Bei mir bewegt sich schon auch vieles, aber innen ist es still.*

P: Ich zum Beispiel brauche Rückzug und Meditation. Und von Buddha sagt man, dass er sich täglich zum Meditieren zurückgezogen habe – sein Leben lang. Jesus ist immer wieder auf einen Berg gestiegen, um zu beten, obwohl sein Leben Stille, Liebe, Frieden war. Aber das muss natürlich jeder für sich wissen. Für die meisten Menschen aber, und davon bin ich überzeugt, ist es schon wesentlich, sich hinzusetzen und wirklich den Raum sozusagen auch in der Zeit zu schaffen, sich den Raum zu geben, um still zu sein. Osho hat immer gesagt: Meditation ist unabdingbar. Und das ist auch mein Erfahren. Trotzdem, ja, wenn alles okay ist, dann ist alles okay.

Es geht darum, die Tasse auszuleeren und Platz zu schaffen für Gott. Weiter, tiefer, weiter, da ist kein Ende. Milarepa war längst erleuchtet und, wie wir gerade gelesen haben: „Der ehrenwerte Meister Milarepa lebte in der Sattelhöhle auf der Vajra-Festung des grauen Felsens und vertiefte dort seine Praxis." Immer noch tiefer, tiefer, tiefer. Kein Ende.

Meditation ist so einfach wie einschlafen – nur nicht einschlafen dabei!

F: *Ich habe jetzt eine ziemlich dumme Frage. Ich kann nicht meditieren! Die meisten verstehen das nicht oder lachen mich aus, sagen, es sei kinderleicht, könne jeder, aber ich kann's halt nicht. Ich bin nach der Meditation völlig erschöpft, weil es so anstrengend für mich ist. Zwischendurch denke ich, mein Kopf platzt, oder ich kriege Rückenschmerzen, mein Fuß schläft sowieso immer ein, aber das ist jetzt nicht das Schlimmste, sondern das Schlimmste ist einfach die Anstrengung. Ich versuche in meine Mitte zu kommen, aber ständig kommen Gedanken, die mich ablenken. Dann versuche ich wieder zurückzukommen, aber irgendwie funktioniert das nicht, dann konzentriere ich mich auf den Atem. Nach ein paar Minuten merke ich, das funktioniert auch nicht, dann konzentriere ich mich auf was anderes, und ich bin so am arbeiten, dass ich danach völlig fertig bin. Und ich möchte so gerne meditieren!*

P: Das ist gar keine dumme Frage. Es geht nicht nur dir so, aber du bist die Einzige, die sich zu fragen traut. Danke, dass du fragst. Ja, du strengst dich zu sehr an.

F: *Was kannst du mir raten? Wie soll ich damit umgehen?*

P: H.H., der Dalai Lama, hat das mal so beschrieben: Es ist, wie wenn du reitest, und du hast zwei Zügel. Die Zügel lenken deine Aufmerksamkeit. Wenn du sie zu locker lässt, wenn du träge wirst, dann träumst du, driftest ab oder schläfst ein. Wenn du die Zügel zu fest nimmst und dich zu sehr anspannst, dann geht Gedankenaktivität los, Anstrengung setzt ein, das Genick schmerzt und der Kopf platzt. Dann musst du die Zügel ein bisschen locker lassen. Eine Balance zwischen Wachheit und Entspannung ist nötig.

F: *Ich komme nicht in die Entspannung rein.*

P: Schläfst du gut?

F: *Ja.*

P: Da geht's also! Wie machst du das, das Einschlafen?

F: *Ich lege mich hin und schlafe ein, mehr mache ich nicht.*

P: Genau, so geht meditieren auch – nur nicht einschlafen dabei!

Jetzt schließe die Augen und atme, nicht angestrengt, sondern mit fließendem Atem. Atmen geht ja eigentlich ganz von selbst. Du lässt alles einfach laufen. Der Atem atmet sich, das Herz schlägt, der Darm arbeitet, das Blut fließt, du kannst noch kurz durchchecken, ob alles funktioniert: Funktioniert alles! Das Herz klopft – alles ist okay. Musst dich nicht darum kümmern. Da sind wahrscheinlich noch Gedankenaktivitäten in deinem Kopf, und die laufen ganz von selbst – musst dich nicht darum kümmern. Und jetzt kannst du dich einfach hinsetzen, alles laufen lassen wie's läuft – Gedanken kommen, Gedanken gehen, sie tanzen in deinem Kopf. Blut tanzt in deinen Adern, das ist okay. Und dann richtest du dein Wesen weiter nach innen zu sich selbst – ohne Anstrengung – das geht ganz von selbst wie durch eine Magnetkraft. Du bleibst klar, wach und still. Und tust gar nichts. Und du wartest nicht auf irgendetwas Bestimmtes, es muss gar nichts passieren. Für mich war das am Anfang so: Es fühlte sich so an, als ob irgendwie hinten in mir etwas herunterrutschte, und es rutschte irgendwie in mich selbst hinein. So hat es sich für mich anfangs angefühlt. Und du bleibst wach und beobachtest wie ein Spiegel, ohne Kommentar, ganz aus der Tiefe. Und mit der Zeit setzt sich der Schlamm im Teich, wenn man nicht herumwühlt. Das Gedankenkarussell wird langsamer, es treten Lücken zwischen den einzelnen Empfindungen und Gedanken auf, und da ist einfach nichts. Aber ganz wach. Unendlicher Raum – mitten in dir. Vollkommen bewusst, ohne Gedanken. Kein Gefühl, nur Da-Sein, ganz rein. Dein ureigenstes Wesen, die Buddhanatur, ohne Anfang, ohne Ende. Still in der Mitte von allem, strahlend, klar, unendlich, leer und voll, hier und auch sonst überall – Liebe. Ganz einfach, ganz, ganz einfach. Kein Ende.

F: *Danke. Das war jetzt ganz leicht.*

Im Hören verschwinden

Irgendetwas tritt auf, ein Geräusch zum Beispiel – da, Regentropfen… hörst du das? Höre es ganz, ganz tief! Zunächst scheint es, als würde hier jemand mit Ohren sitzen und da draußen würde jemand Wasser tropfen lassen, und als geschähe eine Art Verbindung zwischen dem Tropfen und dem Hören. Wenn du noch tiefer hörst, ganz im Hören verschwindest, dann bleibt nur eins übrig, dann sind da nicht mehr drei – jemand, der hört, das Geräusch und das Wahrnehmen des Geräusches – da bleibt nur eins, dieselbe Buddhanatur, *ein* Bewusstsein. Keine Trennung zwischen dem Klang und dem Hören – niemand da, nur Buddhanatur. Keine Trennung. Kein Halten. Kein Ende. Kein Anfang. Kein Erreichen. Kein Wissen. Verschwinden von Ich, von Trennung – selbst ein Ich als Wahrnehmender verschwindet in

Nichts hinein. Und dieses Nichts beinhaltet alles, ist alles – Farben, Formen, Töne, Gefühle, Sterne, Welten –, alles ungetrennt davon. Diese Unendlichkeit, dieses Mysterium, diese Offenheit ist was du bist. Es gibt keine verschiedenen Buddhanaturen.., eine da, eine da, eine da... Es ist *eine* Buddhanatur. Und das bleibt, war immer, ist immer, wird immer sein und schließt nichts aus – alles enthalten! Ganz leer und Fülle selbst.

Allgegenwärtigkeit der Meditation

Um nochmals auf mein Anliegen zurückzukommen: Bewusstheit ist notwendig! Meditation ist nicht umsonst! Meditation ist nicht nutzlos, sondern das Nützlichste überhaupt. Meditation ist nichts, was man tut, sondern etwas, das man zulässt. Aber man schafft zumindest am Anfang gewisse Bedingungen, die es leichter machen. Du musst nicht auf dem Marienplatz anfangen. Am Anfang ist es hilfreich, sich einen stillen Platz zu suchen. Aber wenn ich zu dir sage: „Suche dir einen ruhigen Platz“, denkst du schon: „Es geht *nur* an einem ruhigen Platz“. Schon haben wir wieder eine Regel. So wird permanent, je nachdem was die einzelnen kleinen Universen so durchlassen, das eine oder andere aufgenommen. Also mache es dir einfach, aber beschränke es nicht. Meditation ist immer zu jedem Zeitpunkt zugänglich, möglich. Im Handeln und im Nichthandeln, am Marienplatz und zu Hause, im Satsang und draußen. Schließe nichts aus! Alles drin!

10. Wer bin ich?

Du bist nicht deine Gefühle

F: *In letzter Zeit beobachte ich, dass ich nicht das bin, was ich fühle. Das irritiert etwas, denn ich habe mich immer mit diesen Gefühlen identifiziert. Ich wusste zwar immer, dass es Projektionen sind, aber jetzt habe ich das erfahren. Ich weiß eigentlich gar nicht, wer ich bin.*

P: Richtig! Du bist nicht deine Gefühle. Es ist wichtig, zu der essentiellen Frage „Wer bin ich?" zu gelangen, und zwar nicht, weil es jetzt modern ist, diese Frage zu stellen. Du kommst zu dieser Frage nur aus eigener Notwendigkeit und Dringlichkeit. Das ist wunderbar, das ist Gnade. Die Frage „Wer bin ich?" ist Ramanas Methode der Selbsterforschung. Erwarte keine Antwort, aber lass die Frage nach innen fallen wie in einen tiefen, tiefen Brunnen. „Wer bin ich?" muss mit brennender Qualität gestellt werden, mit Dringlichkeit, muss eine eigene Notwendigkeit besitzen. Wenn dagegen diese Frage von außen oder aus dem Verstand kommt, ist es Philosophie.

Wo ist das Ich?

F: *Ich habe beim Sitzen schon öfter nachgeforscht: Wo ist denn nun mein Ich, und ich finde es nicht! Oder wenn ich schaue, was jetzt im Moment geschieht, sehe ich einige Gedanken, einige Gefühle, einige Wahrnehmungen – sonst ist da nichts. Obwohl ich das merke, spüre und feststelle, ist da anderseits ein so starkes Ich-Gefühl... kaum bin ich nämlich nicht mehr in Meditation – schwupp – platziere ich wieder meine Posten, die mein Reich bewachen sollen. Ich laufe trotz dieses Erkennens mit einem ganz dicken Ich herum.*

P: Was glaubst du jetzt mehr? Das, was du erkennst, wenn du genau hinschaust, oder das, was scheinbar im Leben passiert? Was ist die Wahrheit?

F: *Ja, wenn ich nachschaue, kann ich sehen, dass da nichts ist. Aber das ist nicht ständig präsent, oder eher nur selten. Meistens ist es so, wie es eh und je war – das Ich ist präsent.*

P: Na gut, aber dein Ich hat anscheinend Lücken, wie du gerade beschrieben hast. Angenommen, du bist das, was in deinem Erfahren seit eh und je war, dann bist du etwas, das gelegentlich aufhört zu existieren und dann wieder anfängt!

F: *So ungefähr, ja...*

P: Das kann aber irgendwie nicht sein!

F: *Ja, das Ich wirkt aber so furchtbar echt...*

P: Es wirkt absolut echt! Aber es ist die Frage, von wo du schaust.

F: *Tja, ich schaue am Tag vielleicht nur zwei bis drei Mal von dort, wo ich erkenne, dass es kein Ich gibt.*

P: Erinnere dich auch untertags wieder – nicht mental, sondern essentiell. Erinnere dich immer wieder! Du musst dich dazu nicht jedes Mal eine halbe Stunde hinsetzen, sondern nur wieder herkommen, und dann schau von hier. Schau immer wieder nach, aber schau aus der Stille. Ich finde das so schön, ihr stellt heute genau dieselben Fragen wie Paderbum, nur in eurer Sprache. Paderbum benutzt für die wahre Natur des Geistes das Wort Himmel, für Gedanken das Wort Wolken, für Gefühle sagt sie Wellen. Du stellst exakt Paderbums Frage: „Über die wahre Natur des Geistes selbst zu meditieren ist einfach, doch weniger einfach ist es, über Gedanken zu meditieren. Bitte gib mir Unterweisungen, wie ich über Gedanken meditieren kann." Ja, auch bei ihr taucht dieses, was so echt erscheint, wieder auf. Paderbum kennt sehr wohl die wahre Natur des Geistes, aber dann tauchen Gedanken auf, dann taucht der Gedanke von Ich auf, dann taucht Nein auf, Wellen im See tauchen auf. Und sie fragt: „Wie soll ich damit umgehen?" Und Milarepa sagt: „Über die wahre Natur des Geistes zu meditieren findest du einfach. Doch Gedanken sind nur ein Zauberspiel des Geistes. Verweile daher in der Natur des Geistes selbst." Wieder und wieder und wieder. Und das Mädchen übte Milarepas Anweisungen entsprechend. Sie erinnerte sich immer wieder, hielt immer wieder an, verweilte immer wieder in der wahren Natur des Geistes. Und immer wieder kamen Gedanken, Wellen, Sterne – was auch immer. Sie übte und erlangte Klarheit über die letztendliche, unveränderliche Natur des Geistes.

F: *Ja, ist mir schon klar, ist nur unbefriedigend, so...*

P: Unbefriedigend wird es durch die Ungeduld. Schau, wir sind gegenüber den Menschen damals vor vielen hundert Jahren in Tibet sehr im Vorteil. Wir haben so viel Unterstützung, aber anscheinend ist dies im Moment auch nötig. Die menschliche Natur ist heutzutage ganz wesentlich von Ungeduld geprägt. Geduld hatten uns die Leute damals voraus. Sie fragten nicht nach Zeit oder jammerten: „Jetzt bin ich aber frustriert, ich meditiere schon ein Jahr und es ist immer noch nicht okay." Nein, Jahre, und Jahre und Jahre haben sie bei ihrem Meister verbracht, haben über Jahre und Jahrzehnte meditiert. Ich glaube, die Ungeduld ist wirklich ein typisch westliches und typisches 20./21. Jahrhundert-Hindernis. Ungeduld ist wirklich Gift und auch Ausdruck dieses Handels des Ich. Denn wenn ich im Geheimen oder im Unbewussten immer noch einem Handel und Gewinn hinterher jage, etwas was ich haben, was ich mir einverleiben und dann am besten auch noch zeigen möchte, nur dann kann eigentlich Ungeduld aufkommen. Wenn du bereit bist, immer wieder hier, jetzt so wie es ist, ohne Handel, ohne Bedingung, ohne Ziel zu sein, dann wird die Ungeduld nachlassen. Natürlich wird die Ungeduld auch von New-Age-Glaubenssätzen geschürt. Immer wieder werde ich gefragt: „Ist es denn nicht so, dass heutzutage mehr Menschen erwachen als früher?" Dann antworte ich immer: „Ich kenne keine Statistik darüber..." Sicher ist nur, es wird mehr darüber geredet als früher. Ob das ein positives oder nicht so positives Zeichen ist, weiß ich nicht. Diese New-Age-Glaubenssätze machen etwas mit deinem Geist, sie lassen den Gedanken von „Ja, und ich?" aufsteigen und schüren so Gier und Ungeduld.

11. Gedanken

„Die Wolken wandern durch den Himmel, sie haben weder Wurzel noch Heimat.
Wie Wolken sind die Gedanken, die deinen Geist durchziehen."

TILOPA

Wasser im Schlamm

„Wie Wolken sind die Gedanken, die deinen Geist durchziehen". Wenn du den Raum erkennst, in dem das alles passiert und der du bist, wenn du die Wirklichkeit siehst, mögen Gedanken noch so schwirren, aber sie haben kein Gewicht mehr. Damit verliert sich die Identifikation mit ihnen. Solange du versuchst, Gedanken wegzuschieben, bist du mit ihnen auf eine negative Art identifiziert. „Ich will sie nicht" birgt dasselbe wie „Ich will sie", nur anders herum. Wenn die Identifikation mit all dem Geschehen im Raum nachlässt, lassen auch Gedanken nach. Es wird stiller, und der Schlamm setzt sich von selbst. Nicht weil du ihn setzen „machst". Du kannst ihn nicht runterdrücken, du kannst nur sitzen und mehr und mehr erkennen: „Ah, da ist ja nicht nur Schlamm, da ist ja auch Wasser." Während du auch das Wasser entdeckst, setzt sich der Schlamm, senkt sich das ganze Kuddelmuddel an Gefühlen, Geschichten und Dramen. Es wird ruhig, und der Frühling kommt. Jedes Kämpfen ist antimeditativ, auch das Kämpfen gegen Gedanken. Alles darf erstmal einfach da sein, so wie es ist. Und: „Es darf da sein so wie es ist" ist bereits Stille, ist Friedlichkeit. Und Friedlichkeit ist letztendlich stärker als Krieg. Sie wirkt vielleicht ein bisschen schwächer, weil sie nicht gewaltsam ist, aber sie ist stärker, mächtiger, lebendiger.

Viele der Gedanken in deinem Kopf sind Top Ten Schlager, die seit zwanzig Jahren immer und immer wieder laufen. Millionenmal derselbe Gedanke. Das ist nicht sehr kreativ. Aufgrund dieser jahrelangen Wiederholungen sind diese Gedanken Gewohnheit geworden und werden nicht verschwinden, nur weil du *einmal* auf sie aufmerksam geworden bist oder einmal angehalten hast. Du musst wieder und wieder anhalten. Wieder und wieder beobachten.

Ein Gedanke taucht auf, du siehst ihn, nimmst ihn wahr. Das ist das Wichtigste, denn normalerweise läuft das alles ja unbewusst ab, bis du dich in einem Gefühlsstrudel befindest und überhaupt nichts mehr weißt. Ist es nicht so? Zum Beispiel ist nur noch Angst da, doch den Gedanken, der die Angst auslöste, hast du gar nicht mitbekommen. Erst kommt der Gedanke, dann wie ein Anhänger das Gefühl hinterher. Wenn schon mehr Bewusstheit da ist, nimmst du bereits den Gedanken wahr, noch bevor das Gefühl dazu kommt. Mit jedem Stück mehr Bewusstheit ist da auch mehr Freiheit.

F: *Ist es immer so, dass zuerst der Gedanke da ist?*

P: Meistens. Vielleicht hast du den Gedanken verpasst, aber das Gefühl ist unübersehbar. Wenn du also den Gedanken verpasst, noch geschlafen hast, dann nimm das Gefühl wahr: „Okay, da ist jetzt Angst." Fühle die Angst! Sei im Frieden und im Guten mit der Angst! Auch Angst ist wie Schlamm im Teich. Sie darf da sein, und du sagst: „Okay, jetzt haben wir Angst-Schlamm. Warten wir einfach mal. Darf da sein, darf kommen, darf gehen. Kein Problem, es ist genug Platz für all den Angst-Schlamm in meinem Teich, genug Wasser, genug Raum. Mein Herz ist groß genug für alles. Dort hat alles Platz, solange es da sein will." So kehrt Gelassenheit ein, Friede mit dem Gefühl. Und wenn dich das Gefühl nicht mehr schreckt, hat der Gedanke keine Macht mehr über dich – mehr Freiheit.

Horror-Filme

F. *Mein Verstand terrorisiert mich... In diesem Retreat ist es Terror pur. Der Verstand kommt mit derartigen Tricks, dass der Beobachter scheinbar wieder verschwindet. Teilweise tauchen die übelsten Horror-Filme auf.*

P: Du kannst den Verstand nicht bekämpfen, aber schenke ihm keine Beachtung, keine Bedeutung, lass ihn schnattern! Dann hört er von selber irgendwann auf. Er fährt seine letzten Geschütze auf.

Kämpfe nicht gegen diese Horror-Filme. Da entleert sich einfach dein Unterbewusstsein. Das muss auch ans Licht. Das ist sicher nicht bei allen so, aber bei dir kommt alles Mögliche an blutigem Zeug hoch. Du bist auch nicht der Einzige, bei dem es so ist. Lass es ins Licht des reinen Bewusstseins kommen. DEM, was nie befleckt und nie berührt war, wird auch das nichts tun. Darauf kannst du vertrauen, und dein Herz ist auch dafür groß genug.

Blaue Affen

F: *Gibt es eine Möglichkeit, mit diesen Denkphasen während der Meditation so umzugehen, dass sie genauso schön werden wie die Nicht-Denkphasen? Ich wiederhole innerlich Lieder, die hier gesungen werden. Und dann denke ich, es müsste doch nicht sein, dass mein Kopf das Lied ständig repetiert. Tut er aber. Wie kann ich damit umgehen?*

P: Da ist der Verstand wenigstens beschäftigt, eine unschädliche Beschäftigung für ihn. Papaji erklärte mal, dass Mantren einfach eine unschädliche Beschäftigung für den Verstand seien. Lehne das Denken nicht so kategorisch ab. Denken ist ja nichts Schlechtes. Man kann leicht der Versuchung erliegen, alles, was im Kopf abläuft, von vornherein zu verteufeln. Aber der Kopf ist nun mal zum Denken da, so wie der Darm zum Verdauen. Der Darm verdaut so vor sich hin, und der Kopf denkt so vor sich hin. Ist doch erst mal nichts Schlimmes! Solange du gegen deine Gedanken ankämpfst, gibst du ihnen Energie und sie werden sich nur vermehren. Die alte Geschichte vom blauen Affen:

Ein Schüler erhält von seinem Meister die Aufgabe: „Meditiere eine Stunde und achte dabei darauf, dass du nicht an blaue Affen denkst!“ Der Schüler tut, wie ihm geheißen, und gerät in helle Verzweiflung, denn je mehr er sich bemüht, nicht an blaue Affen zu denken, desto mehr blaue Affen hüpfen vor seinem geistigen Auge herum.

Du musst nur nicht jedem Gedanken hinterher rennen. Wenn der Kopf fröhlich vor sich hinsummt, irgendwelche Mantren oder Lieder rezitiert, lasse dich davon einfach nicht stören. Das Problem entsteht in dem Moment, wo ein anderer Teil deines Kopfes zu urteilen beginnt. Das nämlich ist der gefährliche Teil des Kopfes, nicht der, der die Lieder singt. Der ist wirklich harmlos. Doch es gibt ja mehr Leute in deinem Kopf, und da wird es jetzt interessant. Da ist zunächst der, der die Lieder singt – harmlos. Dann meldet sich ein zweiter, so ein kleiner Zensor, der anmerkt: „Lieder singen ist jetzt aber nicht angebracht“. Dazu äußert sich vielleicht noch ein dritter: „Aber ich singe doch so gut“, woraufhin sich die ersten zwei streiten. Vielleicht taucht noch ein vierter auf: „Seid friedlich, Jungs“. Schon hast du das Chaos im Kopf. Und dann gibt's da noch einen, der permanent da ist: Er kommentiert alles. Das ist der Gefährlichste von allen. Er gibt sich sehr neutral, ist aber mit Vorsicht zu genießen. Das ist der, der immer alles weiß, der alles schon gehört hat. Aber wenn du diesen ganzen Haufen nicht so ernst nimmst, so wie jetzt, dann ist es okay.

Der Kommentator

F: *Ich stand vorhin bei einem Wasserfall, und in dem Rauschen war tiefe Stille und große Weite. Dann hat sich der Wasserfall von der Stille getrennt...*

P: Lass den Kommentator nicht immer dazwischenplappern, wenn du am Wasserfall stehst. Er scheint dir zu sagen, „Okay, jetzt ist Stille und Wasserfall zusammen“. Dann, einige Momente später, sagt er: „Oh Mist, jetzt hat sich der Wasserfall von der Stille getrennt. Wie kriegen wir's jetzt wieder zusammen?“ Ist es so? Lass dir nicht immer dreinreden! Wenn du am Wasserfall bist, sei am Wasserfall!

F: *Da ist noch einer dahinter, der sagt, wie ich damit umzugehen habe und was ich machen soll. Er sagt: Prüfe nach, ob es stimmt. Und so bin ich ständig am kontrollieren.*

P: Diese Teile des Verstandes nehmen alles sehr ernst. Der Kommentator nennt sich gern Beobachter. Du kannst nicht gegen ihn kämpfen, doch du musst ihn auch nicht unterstützen. Alles was du gegen ihn zu unternehmen versuchst, unterstützt ihn, gibt ihm Energie. Unterstütze nicht die plappernde Menge im Kopf, in der alle durcheinander reden und jegliches vernünftiges Denken verhindern. Es gelingt nicht mal mehr, eine Rechnung zusammenzuzählen oder ein Gedicht auswendig zu lernen. Wenn sich irgendeine Weigerung zeigt, zu fühlen, was auch immer zu fühlen ist, dann haben dich diese tyrannischen Gedanken am Wickel, denn sie werden dir immer einreden: „Achtung, Gefahr! Wenn du nicht aufpasst, wenn du mir nicht zuhörst, droht Gefahr". Wenn du aber sagst: „Okay, ich lebe gefährlich..."

Der Verstand ist schon ein komisches Organ! Wenn ich meinen Arm nicht brauche, lege ich ihn hin und er gibt Ruhe. Und so sollte es mit dem Verstand eigentlich auch sein. Aber er hat das nicht so gern, weil er der Meinung ist, er müsse immer und überall dabei sein. Immer wenn du ihn nicht brauchst, beginnt er umherzuhüpfen. Hinter diesem Herumgehüpfe des Verstandes versteckt sich Angst. „Um Himmels Willen! Wenn ich für einen Moment die Kontrolle verliere oder abgebe, wenn ich für einen Moment anhalte, könnte ich ja in die Unendlichkeit fallen." Also lasse ihn rennen und hüpfen. Du kannst ihn nicht beruhigen und du kannst nicht gegen ihn kämpfen. Aber du kannst aufhören, ihm Energie zu geben. Und es gibt Lücken! Am Ende jedes Gedankens, bevor der nächste beginnt, besteht immer eine Lücke. Nichts kann die Raumhaftigkeit des Raumes ändern, selbst deine Gedanken nicht. Die Raumhaftigkeit des Raums scheint zunächst in den Lücken auf. Sie ist immer da, aber dort scheint sie auf.

12. Der kurze und der lange Bambus

F: *Ich lenke mich ständig ab, um die Stille zu vermeiden, schaue Fernsehen, rufe Freunde an, lese ein Buch – immer auf der Flucht vor mir selbst. Denn ich habe Angst davor, Nichts zu sein.*

P: Eine Geschichte: Ein Schüler fragt seinen Zen-Meister: „Was bedeutet es, dass Bodhidharma aus dem Westen kam?“ Und der Meister sagt: „Warte, bis niemand mehr da ist, dann frage mich noch mal.“ Gut, Satsang ist vorbei, die Leute gehen heim, der Schüler bleibt da und denkt „Jetzt!“ Und fragt wieder den Meister: „Was bedeutet es, dass Bodhidharma aus dem Westen kam?“ Der Meister antwortet: „Warte, bis niemand mehr da ist, dann reden wir darüber.“

F: *Ich bin immer da, das ist das Problem.*

P: Aber *dieser* Schüler hatte das noch nicht verstanden. Er und der Meister gehen im Garten spazieren, und wieder fragt er: „Was bedeutet es, dass Bodhidharma aus dem Westen kam?“ Da denkt sich der Meister: „Was soll ich machen, ich muss die Leute da abholen, wo sie sind.“ Und antwortet diesmal: „Schau, dieser Bambus ist kurz, jener Bambus ist lang“.

F: *Ich habe verstanden, dass der Meister ihm zunächst sagen wollte: „Bei dir ist das Ego noch da“. Nur das mit dem Bambus habe ich nicht mehr kapiert.*

P: Echte Übertragung geschieht zwischen zwei Niemanden. Der Meister kann die Frage nicht wirklich beantworten, solange da „jemand“ ist, der Antwort will. Der Meister ist niemand, nur ein Spiegel. Aber der Schüler ist noch da und steht sich selbst im Weg und kann das in dem Moment nicht sehen. Er fragt zweimal, der Meister antwortet zweimal, und zweimal versteht der Schüler nicht. Da ein Buddha nicht anders handeln kann als aus Mitgefühl, muss er ihn da abholen, wo er ist. In diesem Fall genau bei der Tatsache, dass er das nicht verstehen kann. Und so gibt der Meister dem Schüler als Koan oder als Botschaft folgendes: „Schau, da ist ein langer Bambus, da ist ein kurzer Bambus." So schön! Das heißt...

F: *...Schau dir die Welt an?*

P: Ja, nimm es, wie es ist. Dieser Bambus ist lang, jener ist kurz. Sieh die Soheit der Dinge! Wachse im Sehen, Erkennen und Leben mit weniger und weniger Filtern, das heißt mit weniger und weniger ‚kleinem Universum', das einengt und Sehen unmöglich macht. Sei bereit, allem zu begegnen, wie es ist mitsamt dem Schmerz, mitsamt der Ungeduld, die manchmal auftaucht: „Langer Bambus, kurzer Bambus". Genau in diesem meditativ-sein, jetzt einfach sein, ohne Bewertung. Ja? „Langer Bambus, kurzer Bambus" enthält keine Bewertung, sagt einfach nur: So ist es. Nicht: kurzer Bambus ist besser, langer Bambus ist schlechter, oder ich hätte gerne nur langen Bambus oder nur kurzen Bambus oder am besten gar keinen Bambus oder nur noch Bambus. Einfach nur: „Langer Bambus, kurzer Bambus." Das hat eine solche Tiefe, ich kann es euch nicht beschreiben, das müsst ihr selbst sehen! In diesem: „Schau her, langer Bambus, kurzer Bambus" ist die gesamte Lehre Bodhidharmas enthalten. Das ist die Antwort auf die Frage des Schülers, genau wie die erste Antwort auch, nur dass er die Antwort „Langer Bambus, kurzer Bambus" vielleicht ein wenig leichter verstehen kann. Und in dem Verstehen von „Langer Bambus, kurzer Bambus" und in dem tiefer und tiefer Gehen damit geschieht Erkennen für den Schüler. In dem tiefer Gehen passiert auf einmal „niemand mehr da."

F: *Ich habe schon die Ausgangsfrage nicht verstanden, weil ich nicht weiß, wer Bodhidharma ist.*

P: Ist ja egal, auf jeden Fall scheint er aus dem Westen gekommen zu sein.

...großes Lachen bei allen...

F: *Also, das Programm sagt jetzt wieder: „Ihr lacht mich aus, das ist unfair. Ihr glaubt, weil ich das nicht verstehe, bin ich unwert", und so weiter. Und mir geht's wie diesem Schüler, mit dem der Meister erst dann reden will, wenn er nicht mehr da ist, also erst dann, wenn er erleuchtet ist.*

P: Nein, die lachen aus einem ganz anderen Grund. Es ist das Zen-Lachen, das da gerade ausbricht. Denn als Antwort auf deine Frage einfach zu sagen: „Auf jeden Fall scheint er aus dem Westen gekommen zu sein" ist dieselbe Antwort wie: „Langer Bambus, kurzer Bambus" und ist dieselbe Antwort wie „Keiner ist da." Deshalb lachen sie.

Gerade in einer Meister-Schüler Begegnung – der Meister sagt zu dem Schüler: „Wenn keiner mehr da ist, dann reden wir darüber" – greift oft diese spezielle Ausformung des kleinen Universums: „Aha, der Meister will mir sagen, ich bin nichts wert" oder: „Ich bin erst etwas wert, wenn ich erleuchtet bin", was in sich schon absoluter Blödsinn ist. Sobald dieses Programm hochfährt, kann die Botschaft, die ja in vollem Respekt und in voller Anerkennung der Buddhanatur des Schülers gesprochen wird, nicht ankommen. Das nennt man selbsterfüllende Prophezeiung!

F: *Ich merke jetzt gerade beim Zuhören: Das Einzige, was den Schüler eigentlich rausholt, ist sein Vertrauen in den Meister, dass er mit ihm spricht und keine Spielchen mit ihm spielt.*

P: Genau! Der Schüler könnte ja auch einfach gehen. Er könnte sagen: „So ein Idiot, dieser Meister, der redet ja nicht mit mir." Oder: „Ein solcher Meister, der erst mit einem redet, wenn man erleuchtet ist, hilft mir nichts, denn da brauche ich ihn ja nicht mehr." Man kann das immer weiterspinnen. Aber dieser Schüler ist ein wahrer Schüler, er hat Kaliber.

F: *Vielleicht waren deshalb so viele auf der Wanderschaft von Meister zu Meister.*

P: Das ist ja jetzt auch nicht anders. Aber dieser Schüler hat Reife. Er bleibt da. Er fragt einfach wieder. Er steht zu sich. Er steht zu sich so wie er ist, mitsamt seiner Verblendung, mitsamt seinem Nichtverstehen, und er ist ehrlich. Er sagt auch nicht zum Meister: „Ah ja, gut, das habe ich jetzt verstanden." Sondern er steht auch zu seinem Nichtverstehen. Er ist ein absolut authentischer Schüler.

Wie erkenne ich einen Buddha?

F: *Wie kann ich einen Buddha erkennen?*

P: Überall dort, wo du dich abtrennst, wo du durch irgendwelche Brillen schaust, siehst du die Buddhanatur nicht. Und allein schon das macht es ziemlich unsicher, einen Buddha zu erkennen. Aber prüfe trotzdem. Die Taoisten sagen, dass es drei Kriterien gibt: Freude, Furchtlosigkeit und Mitgefühl, die Bestand haben. Aber auch die erkennst du umso besser, je mehr du sie in dir erkennst. Das heißt: Letztlich entkommst du nicht – erkenne den Buddha in dir! Wenn du Buddha in dir erkennst, siehst du ihn sowieso überall, und dann ist es wieder egal. Aber die Frage ist signifikant.

Schau erst mal genau hin, prüfe. Renne nicht jeder tönenden Glocke hinterher. Und wenn du Vertrauen spürst, dann lasse es zu, dann ist es okay. Du hast geprüft, aber du kannst nie sicher sein. Sicherheit gibt's auch da nicht. Prüfe mit deinem Herz, mit allem, was bei dir an Klarheit da ist, soweit deine Klarheit reicht. Und wenn dann Vertrauen entsteht, dann vertraue einfach, denn das Vertrauen ist der wichtigere Teil. Irgendjemand hat mal gesagt: „Es ist gar nicht so wichtig, dass der Meister echt ist; wichtig ist, dass der Schüler echt ist."

Meister – Schüler

In der Stille begegnen sich zwei Nicht-Jemand. Das ist die intimste Beziehung, die es gibt. Das Wort Schüler-Lehrer-Beziehung tauchte auf. Ich tue mir bei diesem Thema mit den Worten immer recht schwer. „Lehrer“ gefällt mir gar nicht, denn es geht hier nicht um Wissensvermittlung. „Meister“ hat in unserer Kultur irgendwie so etwas Komisches und impliziert ein starkes Oben-Unten – das ist es auch nicht. Chögyam Trungpa nennt es „spiritueller Freund“, das stimmt auch nicht ganz und trifft es auch nicht wirklich. Mit Freunden geht man Bier trinken, und da herrscht oft eine gewisse Unverbindlichkeit, zumindest so, wie wir das Wort oft gebrauchen. In der Tiefe des Wortes „spiritueller Freund“ aber stimmt es. Ich habe kein Wort dafür. Wie gesagt, mein Herz ist offen, ich bin da und will nichts von euch. In dieser Beziehung geht es nicht um ein Spiel, sondern es ist eine ganz essentielle, auf den Grund gehende Beziehung. In ihr gibt es keinen Handel. Die Hingabe ist auch nicht einseitig. Ich bin voller Hingabe für euch.

Kein Wasser – kein Mond

F: *Wenn ich dich anschaue, dann empfinde ich große Liebe und eine sehr weite, große Mütterlichkeit. Wenn ich dann näher komme und dein Blick mich trifft, dann stockt mir für kurze Zeit der Atem, und dann ist da nichts mehr von großer Liebe, von Mütterlichkeit, ich habe dann keine Gedanken oder Gefühle mehr. Es ist einfach nur irgendeine Form von fließender Energie da, und ich kann weit und breit keine Pyar finden. Genauso geht es mir, wenn ich dich umarme.*

P: Und kannst du einen N.N. finden?

F: *Auch nicht. Da ist gar nichts!*

P: Ah. Wunderbar! Ja, sehr gut!

F: *Und dann stehe ich damit im Nichts. Das heißt, ich stehe eigentlich alleine da und umarme mich selbst. Da ist nicht mal dein Körper, gar nichts! Auch von mir nicht. Und das ist so paradox.*

P: Exakt. Wunderbar! Wunderbar! Genau so! Du bist sehr schnell im Durchschauen von Illusion! Du liebst die Wahrheit! Keine Pyar – kein N.N. Kein Wasser – kein Mond.

Der Weglose Weg

13. Wenn es heiß ist, sei vollständig heiß, wenn es kalt ist, sei vollständig kalt

Eines Tages fragte ein Mönch den Groß-Meister Tozan Gohon: „Wie können wir heiß und kalt vermeiden?" Tozan sagte: „Warum gehst du nicht irgendwo hin, wo es weder heiß noch kalt ist?" „Wo ist ein Ort, der weder heiß noch kalt ist?" Tozan erwiderte: „Wenn es kalt ist, sei vollständig kalt; wenn es heiß ist, sei vollständig heiß!"

Aus DOGEN ZENJI'S SHOBOGENZO

Wege

Nicht immer stand uns ein solcher Reichtum, eine solche Vielfalt an Wegen und Methoden zur Verfügung, so viele Möglichkeiten nach Hause zu kommen, in die Stille, zum Frieden zu gelangen wie heute. Zur Zeitenwende zum Beispiel, also vor zweitausend Jahren, war für die Menschen in Palästina nur ein Weg möglich: Jesus. Sie hatten weder Zugang zu buddhistischer Literatur noch zu anderen Formen des spirituellen Weges. Heute dagegen bietet sich uns eine große Vielfalt an Möglichkeiten und Wegen an, sie ist wunderbar und ein Segen für unsere Zeit. Alle diese Wege führen auf den Gipfel des Berges. Zugleich kann aber diese Vielfalt auch zu Verwirrung führen. Du gehst eine Zeitlang auf diesem Weg, eine Weile auf einem anderen, dann noch mal auf einem weiteren, aber das führt nicht zum Ziel, sondern du verirrst dich. Du wechselst an der Flanke des Berges von einem Weg zum anderen – mal hierhin, mal dorthin – ein Weg erscheint auf einmal zu steil und du gehst wieder bergab, oder ein Weg erscheint zu breit und du suchst einen anderen – so irrt man von Weg zu Weg.

Du musst in Bezug auf Methode oder Weg nicht stur sein. Wenn das eine nicht funktioniert, probiere eben etwas anderes. Wenn dich aber ein Weg wirklich im Herzen berührt, dann übe Beständigkeit, Maß und Disziplin.

Hilfsmittel

Alle Krücken sind erlaubt, wenn sie nötig sind. Wir müssen nicht puritanisch sein, sondern wir dürfen alles benutzen. Benutzt alles, was hilfreich ist, und dann lasst es wieder fallen. Alles ist erlaubt, insbesondere wenn dabei ein Zwinkern im Auge bleibt, wenn es nicht zu ernst wird. Das Zwinkern, das leichte Schmunzeln dabei gibt dem Hilfsmittel noch die besondere Würze und eröffnet von vornherein die Möglichkeit, es auch wieder fallen zu lassen, wenn es nicht mehr nötig ist. Dann verwechselt man nicht das Hilfsmittel mit der Wahrheit selbst.

Der Weg aller Buddhas ist ein wegloser Weg. Die Methode aller Buddhas ist eine Nicht-Methode, ist Methode, die keine Methode ist und trotzdem anwendbar und praktisch. Es ist Nicht-Methode, weil keine Erwartung enthalten ist – ein Bemühen, ohne etwas erreichen zu wollen. Mein Weg ist weglos, ohne Anfang und ohne Ende und immer „Gegangen, gegangen, hinüber gegangen, über Hinüber hinübergegangen. Heil dem Gegangenen."

Buddhanatur

Anhand dieses Thankas (Abbildung am Anfang des Buches) möchte ich einiges erklären. Die ganze Welt ist darauf dargestellt, mitsamt der Mitte, Buddhanatur, Tao, offener Raum, Selbst, Gott, oder „was die Welt im Innersten zusammenhält", wie Goethe es nannte – wie auch immer man davon spricht, ohne davon sprechen zu können.

Die Darstellungen auf diesem Thanka sind nicht gegenständlich, sondern symbolisch. Es ist ein Vairocana-Mandala, und im Zentrum dieses Mandalas ist Buddha – in diesem Fall als Buddha Vairocana – symbolisch dargestellt. Vairocana verkörpert All-Erleuchtetheit, Raumhaftigkeit und allumfassende Weisheit. Wenn wir ganz in dieser Mitte sitzen, still, unbewegt, ist trotzdem die ganze Welt existent – mit allem, was in ihr geschieht. Sie ist also nicht *nicht* mehr existent, aber aus der Unendlichkeit betrachtet ist alles, was existent ist, dasselbe wie die Mitte, ist in seiner Essenz Buddhanatur. „Form ist Leere und Leere ist Form. Form ist nicht verschieden von Leere. Leere ist nicht verschieden von Form“, sagt Buddha.

Aber du bewegst dich oft irgendwo am Rande des Mandalas. In deinem Bewusstsein und mit deiner Aufmerksamkeit bist du ganz mit dem beschäftigt, was du denkst zu sein, und du hast völlig vergessen, dass eine Mitte existiert, hast einfach vergessen, wer du bist und wo du herkommst. Du hast vergessen, dass du immer da warst, immer da sein wirst und dass das Tao, dass die Buddhanatur alles, wirklich alles vollkommen durchwirkt und vollkommen umfasst!

Was aus der Ferne betrachtet auf diesem Thanka vielleicht wie ein Muster für dich aussieht, sind in Wirklichkeit Buddhas. Aber so ist es oft auch im Leben: Man schaut nicht genau hin und sieht deshalb nur ein komisches Muster, von dem man nicht so recht weiß, was man damit anfangen soll. Sieht man aber genau hin, entdeckt man: Dieses scheinbare Muster besteht nur aus Buddhas.

Und diese wilden Wesen, die unten auf dem Thanka zu sehen sind, gehören auch dazu. Und im Übrigen – und das ist natürlich auf einem Bild nicht darstellbar – ist das Ganze natürlich nicht zweidimensional, sondern multidimensional, und auch nicht statisch, sondern in ständiger Bewegung, ohne dass sich die Essenz, die Mitte, bewegt.

Das Mandala ist als Stadt mit Toren, Straßen und Höfen dargestellt, und von jedem Punkt aus ist es leicht möglich, zur Mitte zu kommen, sich *hierher* auszurichten. Und darum geht es. Vergiss nicht, es geht um Buddhanatur in allem. Erinnere dich!

Wenn es heiß ist, sei vollständig heiß

Die Mitte, dieser Ort, der kein Ort ist, ist jenseits von Gegensätzen. Dazu fragte jemand Meister Tozan, und ich finde das sehr schön:

„Wie können wir heiß und kalt vermeiden?“

Der Schüler meint damit: Wie komme ich in die Stille, in die Mitte von allem? Aber er fragt zugleich nach einer Möglichkeit des Ausweichens, der Flucht, er fragt eigentlich: Wie können wir der Dualität entfliehen?

> Tozan antwortete: „Warum gehst du nicht irgendwohin, wo es weder heiß noch kalt ist?" Da fragt der Schüler: „Wo ist ein Ort, der weder heiß noch kalt ist?" Tozan erwiderte: „Wenn es kalt ist, sei vollständig kalt; wenn es heiß ist, sei vollständig heiß!"

Wenn wir versuchen, der Welt der Dualität zu entfliehen, befinden wir uns schon wieder ganz in der Dualität. Wenn wir sagen: „Ich will nur da sein, wo es warm und kalt nicht gibt, Geburt und Tod nicht gibt", stellen wir uns in Gegensatz zu Geburt und Tod, in Gegensatz zu warm und kalt, in Gegensatz zur ganzen Existenz, und wir vergessen, dass die gesamte Existenz mit Geburt und Tod, mit warm und kalt nicht von Buddhanatur getrennt ist.

Das bedeutet, dass warm nicht warm ist, wenn es kalt nicht gibt. Du kannst nicht leben, wenn es keinen Tod gibt. Also musst du nirgendwo hingehen, nichts vermeiden, entfliehen oder ändern, denn es ist exakt hier, exakt jetzt. Wenn du ganz heiß bist, wenn es heiß ist, wenn du ganz gegenwärtig bist mit dem was ist, dann bist du ungetrennt, still, in Frieden – selbst mitten in Hitze und mitten in Kälte, ohne die Welt der Phänomene künstlich wegzuleugnen. Wenn wir dem, was auch immer in uns an Erfahren, an Wahrnehmen, an Gefühl und auch an Gedanken passiert, wenn wir allem, was auch immer gerade ist, voll begegnen – ohne Rückhalt unsererseits, ohne Hintertürchen, ohne Ausweichen, offen – genau dann sitzen wir in der Mitte, und was ist, ist.

Die Ego-Versicherung

Wenn wir vergessen haben, wer wir sind, den offenen Raum vergessen haben, das vergessen haben, was nicht teilbar, nicht zu besitzen, nicht zu erreichen ist, wenn wir nicht wissen, wer wir sind, wenn wir die Göttlichkeit in uns nicht mehr wahrnehmen können und – da wir ja einen gesunden Menschenverstand haben – dann feststellen, dass Körper altern, Dinge sich verändern, Häuser zusammenstürzen, alle möglichen Ereignisse stattfinden, die uns die Vergänglichkeit aller Phänomene aufzeigen, die uns zeigen, dass alles, von dem wir denken, dass es Bestand hätte, irgendwann beendet sein wird, dann tritt Unsicherheit auf und Angst entsteht. Und aus dieser Unsicherheit und Angst entwickeln sich fortlaufend Strukturen und Kristallisationen des Ego in dem Versuch, dieser Unsicherheit und Angst zu entgehen. Aber das Ego ist nur eine Hilfskonstruktion, ein Gedanke, eine Struktur, die uns eine *Illusion* von Festigkeit, von Beständigkeit vorgaukelt.

Normalerweise versuchen wir, auf dem falschen Weg der Angst und Unsicherheit zu entkommen: Wir rennen überall herum und suchen etwas, woran wir uns vielleicht festhalten oder über das wir uns definieren könnten, was vielleicht Bestand hätte oder was uns vielleicht schützen könnte – aber wir finden nichts. In dieser sich ständig bewegenden, verändernden und vergehenden Welt passieren noch eigenartigere Dinge: Verteidigung, Anmaßung, Stolz, Neid, Gier entstehen aus Angst und Verunsicherung, geschehen aus dieser tiefsten Unwissenheit. So greifen wir nach materiellen Dingen, nach Geld, Besitz, Häusern, Menschen, Systemen, Ideologien, Erfolg, nach was auch immer, und für eine Weile kann uns das sogar ein Gefühl der Sicherheit geben – zumindest bis zum nächsten Börsencrash oder bis wir mit ansehen müssen, wie ein Flugzeug in ein Hochhaus fliegt. Häuser halten auch nicht ewig.

Stattdessen könnten wir anhalten, könnten immer wieder ganz still in der Mitte sitzen, genau dort, wo in diesem Thanka Buddha sitzt. Wir könnten still sein, in Frieden sein. Nur Sicherheit gibt's da nicht. Die Unendlichkeit, der offene Raum hat keine Haltegriffe. Und eine Person, ein Ego gibt's da nicht.

Der existentielle Schrecken oder die Geschichte von Jonas und dem Walfisch

F: *Wenn das Ich zu verschwinden beginnt, überfällt mich ein heftiger existentieller Schrecken, den ich kaum aushalten kann, und ich verschließe mich dann wieder. Wie kann man damit umgehen? Kann ich lernen, mit diesem Schrecken zu tanzen?*

P: Ja, es erscheint schrecklich und es geschieht leicht, dass man sich dann wieder verschließt. Das ist normal. Aber damit tanzen? Vergiss es! Es ist nur Schrecken. Du kannst nur kopfüber hineinspringen. Tanzen mit diesem existenziellen Schrecken ist zu harmlos. Mir ist es nicht gelungen, damit zu tanzen. Ein schönes Beispiel dafür ist Jonas' Geschichte aus dem Alten Testament: Der Walfisch verschluckte ihn. Ich glaube nicht, dass Jonas mit dem Walfisch getanzt hat. Jonas war ein Prophet. Propheten waren Menschen, die sich ganz in den Dienst des Göttlichen stellten. Gott schickte die Propheten oft in missliche Lagen, und Jonas wurde es irgendwann zu viel. Wahrscheinlich hat ihn ein Schrecken überfallen, und daraufhin versuchte er, den Dienst an Gott aufzukündigen und wegzulaufen. Aber es gelang ihm nicht. Wohin Jonas auch kam, Gott war schon da. Irgendwann auf seiner Flucht vor Gott gelangte Jonas ans Meer und reiste mit einem Schiff weiter, nur um möglichst weit weg zu kommen. Aber Gott ist auch Herr der Meere – er durchwirkt wirklich alles – und so schickte er einen großen Walfisch und einen gewaltigen Sturm. Die Besatzung des Schiffes wollte schon auslosen, wer von ihnen dem Meer geopfert werden sollte, um den Sturm und die Wellen zu beruhigen. Da sagte Jonas: „Werft mich ins Meer, denn ich bin die Ursache des Sturms!" Nachdem die Schiffsbesatzung Jonas ins Meer geworfen hatte, wurde er von einem Walfisch verschluckt. Später spuckte er Jonas genau an dem Ort, an dem Gott ihn haben wollte, wieder an Land. Das ist ein wichtiger Punkt: Dieser Mensch Jonas, der vor dem Schrecken und vor Gott auf der Flucht war, kommt in eine Situation, wo er erkennen muss, dass es kein Entrinnen gibt: Ein gewaltiger Sturm zieht herauf, und Jonas begreift, dass seine Freunde auf dem Schiff untergehen werden, wenn er sich Gott nicht stellt. Und so willigt er ein.

Gelegentliche Fluchttendenzen sind eine vollkommen natürliche Reaktion: „Oh, es ist zu viel! Es ist zu schrecklich!“ Aber es hilft nichts, denn genau wie Jonas bist du schon zu weit gegangen, und jetzt ist Gott hinter dir her! Wenn du das weißt, erkennst und annimmst, dann beginnt Hingabe zu blühen, und vielleicht sagst du dann sogar: „Beeil dich, friss mich!“

Aber du solltest nicht vergessen, wer oder was da in Wirklichkeit schockiert und in Schrecken ist. Das bist nicht du! Erschreckt und schockiert ist nur das Ego, diese Struktur, die du vor langer, langer Zeit aufgebaut und dich mit ihr identifiziert hast. Wenn also du es nicht bist, der geschockt sein kann, sondern es diese Struktur ist, die erschrickt, dann besteht genau in der Mitte dieses Schocks die Möglichkeit, anzuhalten und sich an das zu erinnern, was nie geschockt sein kann. Du hast das bereits erfahren: Es ist wie ein sich Erinnern an den Raum im Herzen, der Leere ist. Das ist alles, was nötig ist. Wir können alles verwenden, um das auszuprobieren, zum Beispiel Lärm: Mitten im Lärm zu sein und gleichzeitig die Stille im Zentrum des Lärms zu finden. Denn wenn sie dort nicht ist, dann ist sie nirgendwo. Dann ist alles Lüge, was ich erzähle.

Auch dieser Aspekt ist auf dem Thanka dargestellt: Diese schrecklichen, furchterregenden Gestalten unten auf dem Bild wirken sehr schockierend, und dennoch sind sie nicht wirklich schockierend, weil auch sie dieselbe Buddhanatur sind. Jesus sagte oftmals: „Fürchtet euch nicht!“ Und du, wirklich du, bist nie in Furcht gewesen. Erinnere dich einfach! Immer wieder zurückkommen in die Stille. Dieses Jetzt und Jetzt und Jetzt, das fast zeitlos erscheint.

Jetzt

F: *Wenn ich mich erinnere, dann gibt es kein Problem im Jetzt, aber manchmal scheine ich zu vergessen...*

P: Im Vergessen kommt die Zeit herein...

...Zeit, so wie wir sie normalerweise erfahren oder wie wir glauben sie zu kennen, stellt sich als eine Linie dar, die von hier nach dort führt, oder genauer gesagt irgendwie von dort hinten, hinter uns, aus der Vergangenheit durch das Jetzt hindurchführt und irgendwohin in die Zukunft weist. So erleben wir in dieser Wahrnehmung von Zeit stets eine Spaltung, eine Trennung in Vergangenheit und Zukunft.

Und was ist dann das Jetzt? In diesem gerade beschriebenen Konzept von Zeit existiert „Jetzt" nicht wirklich. Denn solange du so denkst und dich selbst für etwas Festes, Beständiges hältst, befindest du dich entweder in der Vergangenheit oder in der Zukunft. Zum Beispiel: Du denkst jetzt an das Abendessen. Oder du erinnerst dich daran, wie du hierher gekommen bist. Oder du überlegst dir, warum du hierher gekommen bist. All diese Gedanken. In dieser Art Denkprozess bist du immer in vergangene Erfahrung und in Erwartung auf Zukunft gespalten.

In dieser Art Erfahrung existiert „Jetzt" nicht wirklich. Du lebst nicht wirklich, du bist nicht da, wo du bist, abgesehen von sehr kurzen Perioden, in denen sich etwas ereignet, was dich wirklich überwältigt: Guter Sex zum Beispiel, oder ein gewaltiger, wunderschöner Sonnenuntergang. Oder auch ein schrecklicher Unfall.

Du erlebst es, hörst davon oder siehst es, und für einen kurzen Moment steht die Zeit still. Und du stehst still. In diesem Moment existierst du nicht mehr als Ego. Ego braucht Vergangenheit und Zukunft. Es kann ohne diese zweidimensionale Zeitlinie nicht existieren. Und nach diesem Erfahren, nach dem Sex, nach dem Sonnenuntergang sagst du: „Oh, da war ich so glücklich". Und damit bist du schon wieder gespalten: „Ich war glücklich, und ich will es wieder haben."

Und dann setzt der Mechanismus ein, der Glücklichsein mit dieser speziellen Erfahrung verknüpft. Daraus schließt du: „Es ist der Sex, der mich glücklich macht." Oder du sagst, es sind die Ferien oder der Sonnenuntergang. Aber das ist einfach nicht wahr, denn du warst nicht aufgrund von Sex oder wegen des Sonnenuntergangs oder wegen der Ferien glücklich. Du warst glücklich, weil für einen Moment die Zeit stillstand... weil du stillstandest... und verschwunden bist. Wenn du das weißt, wenn du das erkennst, dann könntest du doch einfach verschwinden und glücklich sein!

Es geht darum, sich immer wieder zu erinnern, und wenn die alten Mechanismen greifen, wieder anzuhalten und zu verschwinden. Und loslassen und loslassen und loslassen!

Stille-Kruste

F: *Manchmal habe ich das Gefühl, ganz jetzt hier im Moment zu sein, und trotzdem fühlt es sich extrem schlimm an. Dann möchte ich, dass das Unangenehme aufhört. Eigentlich hatte ich gehofft, dass Stille ein Antidepressivum sei. Die Depression wollte ich nicht haben, und als besonders vertrackt habe ich empfunden, dass sie eigentlich kein körperliches Gefühl ist, sondern nur eine Stimmung. Ich habe mich abgetrennt gefühlt. Und darüber habe ich dann einen Schleier von Stille gelegt.*

P: Genau in dem Augenblick, in dem du willst, dass die Depression weggeht, dass sie aufhören sollte, bist du nicht mehr im Moment. Sobald dieser Gedanke kommt – Ablehnung, Hass nennt man das – bist du nicht da, bist du nicht im Moment. Niemand hat je behauptet, dass Präsenz oder Buddhanatur unangenehme oder schmerzhafte Situationen im Leben verhindern würden, die sich auch so anfühlen. Das ist nur dein Muster, dein an diesem Punkt gebundener Geist, der sagt: „Ah, wozu gehe ich denn in all die Satsangs und Retreats? Das mache ich doch, um schlimme Situationen zu vermeiden." Es soll sich nie wieder unangenehm anfühlen, oder?

Du hast Recht, Depression ist kein Gefühl, man fühlt sie nicht so wie Kopfweh. Kopfschmerz kann man empfinden, aber Depression ist ihrem Wesen nach eigentlich die Abwesenheit von Gefühl, ist tot. Aber meistens steht vor einer Depression eine Weigerung, die dich dieses ultimative Betäubungsmittel Depression hat entwickeln lassen. Depression ist nicht dasselbe wie fühlbare Traurigkeit. Das wird oft verwechselt. Was wolltest du vorher nicht fühlen?

F: *Trennung von Freunden tut mir weh, und diesen Schmerz will ich dann nicht fühlen.*

P: Du hast eine Schicht Trennungsschmerz, die du nicht fühlen willst. Du wirfst eine Depressionsbetäubungstablette ein und, so wie du es geschildert hast, kam schließlich oben drauf noch eine gute spirituelle Kruste, Stillekruste oder Advaitakruste folgender Art: „Ich weiß aber trotzdem die ganze Zeit, dass da Stille ist..." Das stimmt nicht ganz, da musst du aufpassen, verstehst du? Irgendwo brodelt in dir der Trennungsschmerz, die Depression, und oben darauf sitzt ein nettes spirituelles Sahnehäubchen oder Advaita-Sahnehäubchen. Aber die Buddhanatur findest du in der Mitte des Mandalas, das heißt du musst letztlich den ganzen Weg wieder zurückgehen: Stille-Kruste weg, Betäubungsmitteltablette wieder ausspucken, den Schmerz der Trennung oder was auch immer da ist, fühlen. Und dann... Stille.

Wenn du den Mechanismus durchschauen kannst und bereit bist, wirklich bereit bist, in die Mitte des Schmerzes zu gehen, dann findest du immer wieder Tore und Wege in dieser Stadt auf dem Thanka. Manchmal mag es ja ganz bequem erscheinen, den Mechanismus nicht zu erkennen, um der Notwendigkeit zu entgehen sich dem Schmerz zu stellen. Dann neigt man eher dazu, neue Geschichten über den alten Schmerz zu legen einschließlich der ‚Advaitakruste'. Wenn du aber den Mechanismus erkennst oder besser noch: erkennen willst, dann findest du immer wieder den Weg zur Mitte, den Weg über die Bereitschaft, über das Begegnen, über das Fühlen, über das Innehalten.

Es ist wichtig, die ‚Advaitakruste' – das Wort habe ich gerade erst erfunden – zu verstehen. ‚Advaitakruste' findet man ziemlich häufig in letzter Zeit, und ich befürchte, sie wird in nächster Zeit noch häufiger auftreten. Wenn es irgendwo in uns brodelt und wir dann eine Schicht von „Da ist ja niemand" oder „Es ist alles Illusion", „Macht ja nix, ist ja alles still", „Nie ist etwas passiert und nie wird etwas passieren", „ich bin nicht der Handelnde" oben drüber packen, – aber eben nicht als das authentische echte Erfahren in dem Moment, sondern als Kruste über all dem Mist – ist das eine üble Geschichte. Diese Kruste kann sehr hart werden, denn der Intellekt greift sich das sehr leicht und einfach. Es ist ja auch einfach zu verstehen und ganz leicht zu sagen: „Ja, das habe ich jetzt verstanden, da ist niemand. Okay, also ich bin jemand, der niemand ist. Und jetzt kann ich mir endlich all das holen, was ich immer schon wollte" oder Ähnliches. Verstehst du? Dieses Advaita-Sahnehäubchen nimmt viele Formen an.

Spirituelle Konditionierung

F: *Diese spirituellen und Satsang-Konditionierungen kenne ich gut. Aber meistens fühlt sich das mit der Zeit sehr schal an.*

P: Ja. Das ist das Gute daran. Aber auch schon für die Wahrnehmung von „schal" braucht man einen gewissen Grad an Wachsamkeit, weil „schal" auch manchmal wie Valium sein kann. Lieber schal, als der Schärfe der Situation zu begegnen. Das gibt es schon auch. Die Situation, das Jetzt, die Soheit der Dinge dagegen haben eine gewisse Schärfe, Klarheit.

14. Das Ego ist wie ein Äffchen, das von Baum zu Baum hüpft

„Das Ego ist ein Äffchen, das durch den Dschungel hüpft.
Ganz und gar gefangen im Reich der Sinne schwingt es sich
von einer Lust zur anderen, von einem Streit zum anderen,
von einer selbstsüchtigen Idee zur anderen.
Doch bedrohst du es, fürchtet es um sein Leben.“

LAO TSE (HUA-HU CHING)

Die grundlegende Verunsicherung des menschlichen Wesens als Chance

Wir haben über diese grundlegende Verunsicherung in unserem menschlichen Wesen gesprochen, die aus der Unwissenheit darüber entsteht, wer wir sind. Fast reflexartig bringt sie uns dazu, sehr schnell irgendetwas anzunehmen, wer wir sein könnten: Frau, Mann, Deutscher, Amerikaner, Afghane, gut, schlecht, gescheit, dumm, alles Mögliche. Das alles sind Bilder, die wir aufbauen, Bilder von uns, die alle nicht stimmen. Und irgendwie wissen wir sogar, dass sie nicht stimmen. Die Unsicherheit bleibt ständig im Hintergrund, oder? So ganz sicher ist man sich nie. Und das ist gut.

Diese Unsicherheit, die leise nagend im Hintergrund bleibt, so sehr wir uns auch bemühen, ein fest gefügtes Bild des „Ich“ aufzubauen, erweist sich eigentlich als die Chance des menschlichen Bewusstseins. Wir können die Unsicherheit nie ganz vergessen, nie ganz verdrängen – allenfalls zeitweise. Wenn wir uns dann irgendwann der Unsicherheit selbst stellen und entdecken: „Alles was ich dachte zu sein, bin ich tatsächlich nicht, kann ich gar nicht sein“, dann ist eigentlich erst die Frage möglich: „Wer bin ich denn dann?“ Nur dann richtet sich diese Frage der Selbsterforschung, die Ramana immer stellte, ganz nach innen, ganz in die Mitte. Vorher ist diese Frage, diese Methode eine tote Technik, denn ohne die Begegnung mit dieser tiefen Verunsicherung steht keine Dringlichkeit dahinter. Jetzt aber fliegt die Frage wie ein Pfeil ganz nach innen – und dort gibt es keine Antwort. Aber die Frage verschwindet. Jede Antwort, die man sich geben könnte, stimmt nicht. Die Notwendigkeit einer Antwort verschwindet jedoch, und die Frage löst sich in einer Gewissheit jenseits von Wissen auf. Diese Gewissheit beinhaltet aber nichts Umrissenes, nichts mit vier oder acht Ecken, nichts im logischen Sinn Definierbares, und ist trotzdem vollkommene Gewissheit. In dieser vollkommenen grundlegenden Gewissheit gibt es kein Fliehen und kein Ausweichen. Sie besteht die ganze Zeit über, die Mitte bleibt, und gleichzeitig ist alles fühlbar, lebbar, wahrnehmbar – tatsächlich und letztlich nur aus der Mitte heraus *wirklich* wahrnehmbar und fühlbar. Denn solange wir in die eigene persönliche Verunsicherung und in die daraus hervorgehende Verblendung und Anhaftung verstrickt sind, trübt sich jede Wahrnehmung, wird verstellt durch die Filter der Persönlichkeit, die Filter der Anhaftung, die Filter der Verblendung.

Aus der Mitte heraus, aus der Stille heraus, wenn keine Ausflüchte und kein Ausweichen vor dem was ist mehr existieren, erhält auch die Frage nach Tun oder Nicht-Tun eine andere Qualität. Oft ist Tun Aktionismus und eigentlich der Versuch, der Unsicherheit oder der Angst zu entgehen. „Hilfe, da passiert etwas, was machen wir denn jetzt?" Aber keiner weiß, was er machen soll. Wenn uns die grundlegende Gewissheit offensichtlich ist, ergibt sich trotzdem wenn nötig Handeln, aber kein Aktionismus und keine Übersprungshandlungen. Das Tun erhält eine Selbstverständlichkeit und dadurch viel mehr Genauigkeit, Akkuratheit. Und wenn es nichts zu tun gibt, dann gibt es nichts zu tun.

Das Sein ohne Identifikation mit einem Bild, ohne Identifikation mit einer Person schließt Menschsein in keinster Weise aus. Ganz im Gegenteil. Es ist dann nicht mehr eine Idee von Menschsein, sondern einfach Menschsein.

Lao Tse sagte, das Ego sei wie ein Äffchen, das von Baum zu Baum hüpft. Es hält sich hier, es hält sich da. Aber es muss ständig hüpfen, ständig irgendetwas greifen, ständig irgendwo festhalten. Wenn dieses Festhalten aufhört, bleibt nichts übrig. In dieser Nichtidentifikation zeigt sich alles auch nicht mehr so ernst. Viel Freude ist in allem enthalten. Nicht als eine aufgedrehte Freude, eher wie ein leises Glucksen.

Die Spielregeln des Ego

„Der Verstand, das Ego greift sich alles", sagte kürzlich jemand: Klar, alles greift sich der Verstand und alles greift sich dieses Ego, um daraus etwas zu machen. Durchgängige Aspekte dieses Ego-Verstand-Mechanismus sind Kausalität, Bedingtheit und Handel. Dieser Mechanismus kann nur in der Horizontalen denken, deshalb ist er sehr beschränkt. Das ist keine echte Intelligenz und keine Weisheit, sondern immer ein „wenn, dann", ein „um zu", ein „erst, dann". Und daraus entstehen Regeln: „Wenn ich... dann krieg' ich..." Das ist Bedingtheit, eins bedingt das andere. Das liegt daran, dass der Verstand nichts anderes kennt. Der Verstand kennt nichts, was keinen Anfang hat, er kennt nichts, was keine Ursache hat, er kennt nichts, was unbedingt ist, kennt das Unbedingte nicht. Er kann es nicht kennen, weil er selbst innerhalb der Begrenzung ist. Wenn es um Hingabe geht, denkt er: „Okay, gut, Hingabe. Wenn ich mich hingebe, kriege ich Erleuchtung!" Oder er denkt: „Wenn ich großzügig bin, bekomme ich etwas zurück!" „Wenn ich etwas Schönes schaffe, bekomme ich Anerkennung", „Wenn ich meditiere, bekomme ich Stille", „Wenn ich liebe, bekomme ich Liebe" – ihr alle kennt diese Mechanismen. So funktioniert das, und zwar mit allem. Etwas anderes kennt das Ego nicht.

Und wenn der Handel nicht funktioniert, dann folgen hauptsächlich zwei Reaktionsmuster: Das eine ist „Ooh, wieder war ich nicht gut genug, nicht tüchtig genug und so weiter." Oder man fühlt sich schuldig: „Ich hab's wieder nicht gut genug gemacht, hab' nicht gut genug meditiert, und deshalb keine Stille. Nicht genug geliebt, deshalb keine Liebe gekriegt, nicht großmütig genug gewesen, deshalb nichts zurückgekriegt, nicht gut genug gewesen, deshalb nicht in den Himmel gekommen." Das zweite Reaktionsmuster ist Zorn, Wut, Enttäuschung oder Neid: „Ah, der hat, warum ich nicht?", „Was stimmt nicht mit mir?", „Warum krieg' ich's nicht?" So simpel funktioniert das, immer dasselbe Strickmuster. Simpel und dennoch sehr vielschichtig, schillernd und immer wieder überraschend. Das Ego betreibt immer Handel, immer ein „dies für das". Jede Bedingung führt auch in die Vergangenheit und/oder Zukunft. Jetzt – da gibt es keine Bedingung. Wozu auch? Bedingung kann sich ja immer erst später erfüllen. „Ich liebe dich jetzt, liebst du mich später?" „Ja, ich gebe dir etwas, gibst du mir dann auch was?" In jedem Handel ist immer diese Verzögerung, er kann nicht jetzt passieren, ist nicht selbstverständlich. So hält dich das Ego in dieser Bedingtheit auf der Schiene von Ursache und Wirkung, gespalten in Hoffnung und Furcht, Vergangenheit und Zukunft, hält dich in Gebundenheit und Getriebenheit.

Das heißt umgekehrt: Immer und in allem, wo du bedingungslos bist, fällt das Ego auseinander. Da bleibt nichts übrig. Bedingungslosigkeit trägt in sich selbst die Qualität der Raumhaftigkeit, denn Bedingungslosigkeit hat keinen Anfang, keine Bedingung, keine Ursache, kein Ziel. Sie ist einfach. Das heißt: Wenn deine Großzügigkeit bedingungslos ist, deine Liebe bedingungslos ist, Mitgefühl bedingungslos ist, wenn Meditation, wenn Entschlossenheit bedingungslos ist, dann ist da kein Ego, kein Handel, kein Schachern, kein Greifen, kein Wollen. Dann machst du nicht Etwas aus DEM, was Nichts und Alles ist.

Bedingungslosigkeit in der Hingabe, in der Liebe, im Mitgefühl – Unendlichkeit! Liebe ohne Grenzen. Raum ohne Grenzen. Mitgefühl, so weit wie der Himmel. Keine Grenze, keine Trennung. Wenn du diese Unendlichkeit des Raums, diese Unendlichkeit deines Selbst, diese Grenzenlosigkeit der Liebe, des Mitgefühls, der Großzügigkeit und der Geduld entdeckst, dann halte auch das nicht fest! Wenn sich die Dimension ins Unbekannte öffnet, in die Unendlichkeit öffnet, halte das nicht fest. Nicht einmal die Hingabe festhalten! Hingabe, die man zu halten versucht, ist keine Hingabe. Sofort großzügig alles gehen lassen. In dieser Großzügigkeit eröffnen sich neue Dimensionen, tiefere Hingabe, mehr Weisheit – ohne Wissen. Immer tiefer und weiter und weiter und weiter, kein Ende. Kein Ende in DEM.

Das ist der weglose Weg, ohne Anfang, ohne Ende, der Weg aller Buddhas. Und immer weiter: „Gegangen, gegangen, hinüber gegangen, über Hinüber hinübergegangen, heil dem Gegangenen". So ist das!

Lücken

F: *Ich kann gut sehen, wie Identifikation entsteht, und trotzdem schnappt sich mein Ego das aufmerksam Sein.*

P: Das ist mein Dilemma: Ich muss Worte benutzen, zum Beispiel das Wort „aufmerksam". Manchmal sitzen wir auch und sind still zusammen, aber selbst da ist Missverständnis möglich. Es braucht auch Worte, aber jedes Wort kann sich so ein Affe greifen. Das ist so, ich kann es nicht verhindern. Ich kann nur immer wieder andere Worte benutzen, damit die Affen sie nicht so schnell erkennen. Du kannst immer wieder anhalten, immer wieder tief in dein Herz und dein Hara gehen, einfach da sein, das braucht keine Zeit. Es geht um die Lücken. Die Lücke zum Beispiel zwischen Schlafen und Wachen. In den Lücken passiert es zunächst mal, in der Lücke am Morgen oder in der Lücke zwischen zwei Gedanken. Lasse die Lücken sich in dein Leben ausbreiten.

F: *Alles existiert nebeneinander: Das große Loch, diese Lücken, das Bemühen und die Affen. Für mich ist es am schwierigsten auszuhalten, dass das alles nebeneinander existiert und dazwischen keine sichtbaren, keine begehbaren Brücken sind.*

P: Du musst ja auch nicht von Einem zum Anderen. Denn du bist nichts davon. Du bist nicht die Affen, nicht das Bemühen und nicht dies und nicht das. Du kannst gelöst bleiben und ohne irgendeinen Anspruch da sein. Am Morgen, wenn du ganz unschuldig aus dem Schlaf kommst, ist noch kein

Wunsch da, kein Anspruch, kein Haben wollen, keine Erwartung. Liebe ist da, Glücklichsein ist da, ohne dass du es gemacht hast, ohne dass du es überhaupt gewollt hast. Es ist einfach da. Nur das Wollen und Greifen und Halten steht dazwischen.

F: *Aber dieses Nichtgreifen-Wollen steht genauso dazwischen.*

P: Ja klar, das ist dasselbe Wollen. Noch mal: nicht kämpfen, auch nicht gegen das Wollen kämpfen! Du kannst aufhören, es zu füttern. Du kannst die Aufmerksamkeit, die Hingabe, das Feuer deines Herzens der Liebe geben, egal ob sie gerade in deinem Erfahren ist oder nicht.

Der Affe schwingt sich von Ast zu Ast

F: *Vorhin habe ich eine Ahnung davon bekommen, wie sich das Ego wirklich an jede Eigenschaft, positiv wie negativ, klammert und daraus eine Identifikation macht... Also, flapsig gesagt, wenn ich eine ganz spezielle Form des Nasenbohrens habe, dann kann es auch daraus etwas bauen.*

P: Klar. Das Ego lebt von Extremen. Und es schwingt sich von Ast zu Ast, von einem zum anderen. Von diesem Extrem zu jenem.

F: *Und dann gibt's noch eine Unterinstanz, die diesen schwingenden Affen nicht für gut hält.*

P: Das ist ein zweiter Affe. Ein Unterego. Und da gibt's noch viel mehr. Ein ganzer Wald voller Affen. Und Affen schnattern auch recht viel. Sie beobachten sich gegenseitig, und ein Affe schaut auf den anderen und sagt: „Uih, du schwingst aber stark, da kannst du abstürzen!" Und schon schwingt sich dieser so genannte kommentierende Beobachter – das ist ein ganz besonders gescheiter Affe – von Ast zu Ast. Doch er ist einfach nur ein Affe. Aber wenn du merkst, dass selbst das Schwingen und Hüpfen der Affen nur im offenen Raum möglich ist...

F: *Schaffen wir nicht mit solchen Gesprächen überhaupt erst den Urwald, in dem die Affen sich tummeln? Also ich kann dieses blöde Gerede über Ego kaum noch hören. Wenn ich da einsteige, was ich gerade tue, dann habe ich einen Urwald, in dem die Affen schwingen, aber ich muss ja nicht einsteigen. Wir sind doch im offenen Raum. Da gibt es doch das alles nicht, oder? Aber ich habe ja auch alles Mögliche, an dem ich mich festhalten und schwingen will.*

P: Wenn du wirklich still, wirklich in der Raumhaftigkeit bist, dann stört es dich nicht, wenn wir hier Strukturen betrachten, die Leiden schaffen. Und es ist auch nur ein Affe, der sagt: „Dieses blöde Gerede über Ego. Ihr blöden Affen, seid doch still!“ Und dann gibt's ja auch noch jenen Affen, der sich die Augen zuhält, der nicht sehen will. Dieser Affe denkt: Wenn ich nicht hinschaue, ist es nicht da. Dieser Affe sagt: „Ich will überhaupt nichts von Affen wissen. Wenn ich nicht hinschaue, dann gibt's keine.“ Und dann hält er sich den Mund zu und denkt: „Wenn ich nicht darüber rede, dann gibt es vielleicht keine Affen.“ Was du sagst, ist nicht falsch, aber die Art wie du es sagst, zeigt, dass es eigentlich ein Vermeiden des Hinschauens ist. Es ist *wichtig*, diese Strukturen zu verstehen!

Das ist die Urangst: Nur jemand, der glaubt, er existiert vielleicht nicht, muss irgendetwas tun, um zu beweisen, dass er ist oder sein darf. In Wirklichkeit bist du einfach. Aber nicht als ein Ego. Das Ego ist im besten Falle ein Hilfskonstrukt. Es existiert nicht wirklich. Das Ego ist wie ein Tamagochi. Tamagochis sind kleine Apparate, die die Japaner als Spielzeug erfunden haben. Tamagochis imitieren ein Baby, sind aber nur Plastikeier. Sie piepsen irgendwann, dann muss man sie füttern, das heißt auf einen bestimmten Knopf an diesem Ei drücken. Aber Tamagochis sind nur aus Plastik. Was macht ihr da aus euch? Wir machen Tamagochis aus uns. Wir sind strahlende Göttlichkeit voller Leben und machen billiges totes Plastik aus uns, das irgendwann piepst und schreit. Und dann rennen wir auch noch selber los, um das Plastikteil zu befriedigen.

F: *Ich sehe das auch. Aber mir ist jetzt einfach deutlicher geworden, dass ich diese Dinger nicht immer füttern muss.*

P: Ja, hör' auf, es zu füttern! Du kannst nicht gegen Tamagochis kämpfen. Du kannst nicht gegen das Ego kämpfen. Aber du kannst aufhören, es zu füttern. Dann piepst es noch eine Weile, und irgendwann ist der Strom zu Ende. Wenn du die Batterie nicht austauschst, dann stirbt es. Wenn du das Ego nicht fütterst, dann verschwindet es im Lauf der Zeit, denn es hat kein Leben, hat keine Lebenskraft.

Wir müssen über diese Dinge reden. Es ist wichtig zu verstehen, wie es funktioniert. Wenn wir nicht darüber reden und du nicht hinschaust und nicht verstehst, wie es funktioniert, dann gibt das Tamagochi weiter vor, ein Baby zu sein, und das Ego tut weiter so, als wäre es du. Aber natürlich: Dem Tamagochi gefällt es nicht, wenn ich euch das Geheimnis verrate. Es sagt dann: „Wieso müssen wir denn über Ego reden? Es ist doch sowieso alles okay." Und morgen kommt es und quält dich wieder mit allem Möglichen. Und du tauschst wieder mal die Ego-Batterie aus...

Ein Kaiserliches Ego

Es gibt eine Geschichte von Bodhidharma:

Zur Zeit Bodhidharmas lebte ein Kaiser mit einem normalen kaiserlichen Ego. Auch Kaiser haben Sehnsüchte und fühlen sich nicht wohl. Kaiser versuchen dann ihr Reich zu vergrößern, in der Hoffnung, dadurch glücklich zu werden. Er war ein kluger Kaiser, deshalb merkte er irgendwann: „Eigenartig, mein Reich wird immer größer, meine Armee wird immer stärker, alle Grenzen sind gut befestigt, aber glücklich bin ich immer noch nicht." Wenn man das merkt, ist das immer ein segensreicher Augenblick. Zu jener Zeit gelangten die Lehren Buddhas nach

China, und der Kaiser hatte wohl auch davon gehört und bei sich gedacht: „Ah ja, das liegt an diesem Ego.“ Und dann versuchte er, das Ego loszuwerden. Er ging zu verschiedenen Weisen, um sich diesbezüglich Rat zu holen, aber das Ego wurde er nicht los. Als er hörte, dass Bodhidharma in der Stadt sei, ging er sofort zu ihm und sagte: „Mein Ego ist immer noch da, und es will immer noch das Reich vergrößern. Ich weiß genau, das bringt nichts, aber ich werde es nicht los!“ Bodhidharma erwiderte: „Das ist kein Problem! Komme morgen wieder, und ich werde dein Ego erledigen. Aber wichtig ist, dass du es mitbringst! Also, komm morgen früh um vier, aber vergiss nicht, dein Ego mitzubringen!“ Der Kaiser ging nach Hause und dachte: „Um Gottes Willen, morgens um vier!“ Aber gut, er stand früh auf und ging zu Bodhidharma, der bereits mit einem großen Stock bewaffnet auf ihn wartete und zu dem Kaiser sagte: „So, wo ist jetzt dein Ego?“ Der Kaiser erwiderte: „Na ja, irgendwie da drin irgendwo.“ Bodhidharma: „Wo genau? Schau nach, wo ist es? Du musst es mir schon zeigen, sonst kann ich es nicht töten! Mach die Augen zu und suche es!“ Der Kaiser schloss die Augen, sagte nichts mehr und war still. Sie saßen so da, eine Stunde, zwei Stunden, drei Stunden, und irgendwann sagte Bodhidharma: „Also, wo ist es jetzt?“ Der Kaiser, der im Laufe dieser Stunden immer glücklicher und friedvoller aussah, sagte: „Ich kann's nicht finden.“ Er hatte zum ersten Mal wirklich meditiert. Er wurde immer glücklicher in diesen Stunden, immer schöner. Er war ganz hierher gekommen und ganz still geworden, konnte das Ich nicht finden und entdeckte die wahre Natur des Geistes. Was nicht heißt, dass dieser Kaiser dann heimgegangen wäre und nie mehr irgendeine Trübung erfahren hätte. Aber aus dem aufscheinenden Licht dieser Bewusstheit betrachtet konnte er all das nicht mehr wirklich ernst nehmen – das ist der Punkt.

15. Zeit und Ewigkeit

„Gate, gate, paragate, parasamgate, bodhi svaha. Gegangen, gegangen, hinüber gegangen, über Hinüber hinüber gegangen – Heil dem Gegangenen."

Buddha, Herzsutra

Auf das Thema Zeit möchte ich noch einmal zurückkommen. Wir stellten fest, dass es die Gegenwart, dieses Jetzt in unserer normalen Alltagswahrnehmung gar nicht gibt. Wir leben normalerweise gespalten in Vergangenheit und Zukunft. Umgekehrt heißt das: In dem Moment, in dem du als Person, als getrennte Entität nicht da bist, existiert auch keine Zeit im Sinne einer Spaltung in Vergangenheit und Zukunft, sondern nur Jetzt. Zeit ist ein Hilfskonstrukt. Wenn wir uns – wie wir es gewöhnlich tun – die Zeit als einen Zeitstrom, als Horizontale, als Zeitstrahl vorstellen, der von hier nach dort strömt, dann geht, mathematisch betrachtet, die Gegenwart, das Jetzt, gegen Null. In dieser Anschauungsweise bildet es einen unendlich kleinen Punkt auf diesem Strahl – genau gesagt: Nichts. Und so wird dieses Jetzt auch ständig übersehen. Aber an diesem Punkt, genau hier, wo die Zeit gegen Null geht, begegnen wir der Vertikalen, und eine andere Dimension öffnet sich. Diese Dimension nennt man Ewigkeit. Und in der Ewigkeit: Kein Ich.

Zeitlinien – Horizontale und Vertikale

Die ganze Geschichte von Ich verläuft auf der Horizontalen, auf dieser Zeitlinie von hier nach da. Zum Beispiel: „Weil ich einen Unfall verursacht habe, bin ich schuldig, und deshalb habe ich jetzt Angst, Auto zu fahren." Aber im Jetzt, wenn man genau an diesem Punkt ‚Null' in die Vertikale oder genau gesagt in die Multidimensionalität, in die Ewigkeit geht – gibt es keine Geschichte. Kein Ego, keine Geschichte, keine Schuld. Nur jetzt,

Ewigkeit, Unendlichkeit. Nur Gott, und du als Einzelner bist einfach nicht da. DAS ist letztgültig. Und trotzdem ist in diesem Ewigen, im Göttlichen, in der Buddhanatur auch die horizontale Linie enthalten. Alles Erfahrbare muss in DEM enthalten sein. Zeit ist in der Ewigkeit enthalten. Die Linie, die eindimensionale Gerade ist im Raum enthalten. Es verhält sich wie in der Geometrie: Eine Ebene enthält sämtliche möglichen Linien, ein dreidimensionaler Raum enthält sämtliche möglichen zweidimensionalen Ebenen, ein multidimensionaler Raum enthält sämtliche möglichen dreidimensionalen Räume. In der Vieldimensionalität sind Eindimensionalität und Zweidimensionalität enthalten.

In der Ewigkeit gibt's keine Haltegriffe

In diesem ganzen Durcheinander von Hin- und Herspringen zwischen den Extremen von Haben und Verlieren, von haben wollen und nicht bekommen, von Zorn und Eifersucht, und in der damit einhergehenden Verstrickung kommt alles nur noch mehr durcheinander und wird komplizierter, und wir beginnen, alles zu verwechseln. Wir verwechseln Kraft mit Macht, Wissen mit Weisheit, Beziehung mit Liebe: Das klingt in euren Erzählungen ständig an. Dabei sind das nur Verwechslungen – das ist alles. Da ist es dann notwendig, ein wenig zu sortieren und wieder Licht hineinzubringen. Euch muss klar sein, dass alles, was Osho oder Buddha oder ich oder sonst jemand über das Große Eine und seine Qualitäten sprechen, nie ganz richtig, nie ganz wahr ist. Es ist nicht sprechbar! Woraus alle diese Worte kommen, *das* ist wahr. Alle Buddhas sprechen aus DEM, aber sobald es gesprochen wird, ist es schon nicht mehr ganz richtig. Kaum ist es Wort geworden, stimmt es nicht mehr.

Alles in dem „Nicht-Bereich“ des Großen Einen hat kein Gegenteil, keine Gegensätze, nichts Auszuschließendes, keine Paare. Es gibt kein Gegenteil zu Liebe, zu Stille, zu Hingabe, und sie sind ohne Anfang und ohne Ende, ohne jede Bedingung. Sie sind bedingungslos in dem Sinn, dass sie durch nichts bedingt sind, anfangslos und endlos, ohne Ursache. Aber bedingungslos auch in dem anderen Sinn: Sie fordern nichts, sie verlangen nichts, fragen nach nichts. Liebe fragt nach nichts. Sie ist einfach da. Liebe hält nichts. Sie ist immer strahlend, ist immer da, und ist wirklich die Essenz von euch allen, von uns allen, von allem, von wirklich allem.

Und wenn wir uns verlieben, ist das wie das Spiegelbild des Vollmonds auf dem See. Du siehst nicht den Mond selbst, sondern eine Reflexion – sie erinnert dich. Wir erfahren eine Reflexion, ein Erinnern, und sind im Moment des Erinnerns von Liebe ungetrennt, bis wir aus Liebe wieder etwas machen, was man festhalten muss, haben muss, kriegen muss, verteidigen muss, bekämpfen muss, wie auch immer. Aus Liebe, Stille, Göttlichkeit, Hingabe kann man nichts machen, nichts damit anfangen, sie sind im herkömmlichen Sinn vollkommen nutzlos. Dennoch versuchen wir es, aber dann ist es nicht mehr Liebe, nicht mehr Göttlichkeit. Sie hält die Welt im Innersten zusammen, trägt und durchwirkt sie, ist immer da, lange vor der Welt oder nach der Welt. Überall und immer. Und in all dem gilt auch immer das „Gegangen, gegangen, hinübergegangen, über Hinüber hinübergegangen". In all dem gibt es keine Grenze. Es ist immer weiter, immer tiefer, immer hinüber, ohne Ende. Und in all dem, im offenen Raum, in Liebe und Frieden ist nichts zu halten. Da ist immer die Qualität von Ewigkeit, und in der Ewigkeit gibt es keine Haltegriffe. Und in all dem ist immer die Qualität von Raum, und Raum ist nichts ausschließend, weder Inhalt noch Nicht-Inhalt. Liebe ist unendlich stark, und sie ist ganz sanft.

„Jetzt" ist kein Platz für Ich

F: *Du hast ja gesagt: Seid achtsam oder wach. Ich habe das in letzter Zeit häufiger geübt oder habe mich dafür entschieden, mich nicht davon zu schleichen, und mittlerweile spüre ich auch, was das bedeuten kann. So habe ich heute abend mal nur gegessen und nichts anderes getan als gegessen. Dabei habe ich mich manchmal ertappt, wie meine Gedanken ab-*

schweiften, dann habe ich mich wieder auf mein Essen fokussiert, habe gekaut und geschmeckt. Das war total berührend. Es hört sich komisch an, aber... es berührt mich jetzt noch. Ist das, wenn auch vielleicht nur für einen kurzen Moment, Erleuchtung? Ist es das?

P: Ja! Rinzai wurde gefragt, was denn Erleuchtung ausmache. Er antwortete: „Wenn ich esse, dann esse ich; wenn ich schlafe, dann schlafe ich."

F: *Wenn ich arbeite, arbeite ich. Wenn ich in den Himmel schaue, schaue ich in den Himmel. Wenn ich lebe, lebe ich jetzt und nichts anderes.*

P: Genau. Und, ja, es ist höchst berührend.

F: *Ich wusste gar nicht, dass es so einfach ist. Jaaaa! Das heißt, ich muss mich nur dafür entscheiden, das zu tun, was jetzt ansteht. Da zu sein und präsent zu sein. Mich macht die Entdeckung so glücklich, dass es so einfach ist – einfach nur da sein – und dass es nichts ist, für das ich irgendwie noch ganz viel tun müsste, um dahin zu kommen, oder für das ich mich anstrengen, irgendwelche Sachen lernen müsste, wie ich immer dachte.*

P: Ja, einfach essen, wenn du isst.

F *Das ist irgendwie was ganz anderes als das ganze Advaitagerede. Das ist dann gar nicht mehr wichtig. Das spielt dann einfach keine Rolle. Es ist einfach gar nicht da.*

P: Bist denn du noch da?

F: *Nein, Essen ist da. Ja, ich habe dann keine Zeit dafür, mich ums „Ich" zu kümmern. Beides geht nicht gleichzeitig.*

P: Genau, das geht nicht gleichzeitig. Im Jetzt ist kein Platz für „Ich".

Zeit und die Filter alter Emotion

F: *...Ich habe das Gefühl, dass mir soviel alter Schmerz bis zum Halse steht und kurz davor ist, aufzubrechen!*

P: Wunderbar, lassen wir den alten Schmerz aufbrechen. Die Zeit ist reif, wieder aufzumachen. Einen solch immensen Schmerz, der für uns als Kind nicht ertragbar ist, kapseln wir ab. Auch der Körper kapselt einen Splitter, den du dir einziehst und nicht entfernen kannst, ab – ein guter Mechanismus. Das Dumme daran ist nur, dass es nicht ganz funktioniert, denn er wird nicht wirklich entsorgt. Der Splitter sitzt immer noch im Fleisch und erinnert dich immer wieder: „Da war noch was, da war noch was." Er hält dich fest. Und im Laufe der Zeit wird die Angst vor diesem Splitter immer größer, und der Splitter selbst wird in unserer Vorstellung viel größer, als er wirklich ist. Wir machen immer mehr daraus, bauen immer mehr Schichten von Angst, Vorstellung und Vermeidung darum. Dadurch schmerzt es noch mehr, und noch mehr Angst entsteht. Wenn wir aber endlich dazu bereit sind, dem zu begegnen, dann tut es zwar weh, aber es ist gar nicht so schlimm, wie wir dachten.

Das ist auch so ein Aspekt von Zeit, den ich noch nicht erwähnt habe: Wir sammeln alle möglichen großen und kleinen emotionalen Erinnerungen in unserem System an. Solange wir daran festhalten und diese emotionalen Erinnerungen irgendwo ungefühlt und ungelebt abgespeichert bleiben, erinnern sie uns immer wieder. Und dann wirst du zum Beispiel wütend auf deinen Mann, aber in Wahrheit hat diese Emotion überhaupt nichts mit deinem Mann zu tun, sondern vielleicht mit deinem Vater, und du siehst deinen Mann nicht mehr. Du bist nicht mehr präsent, kannst nicht mehr wahrnehmen, kannst nicht mehr sehen, was jetzt ist, weil sich eine Menge Filter und unbewusste Erinnerungen aus der Vergangenheit vor deine Wahrnehmung legen. Das ist auch eine Funktion der Zeit, eine Funktion der Identifikation. Lasse diesen Schmerz kommen, er darf da sein, und in der Tiefe davon, ganz still, ist grundlegende Gutheit, die von dem ganzen Mist nicht berührt ist.

16. Fluchtpunkt Spiritualität

„Die Wirklichkeit der Dinge zu verleugnen heißt ihre Wahrheit zu verfehlen. Nur der Leere zu folgen heißt sich gegen die Leere zu wenden. Den Erscheinungen nachzujagen heißt ihren Ursprung zu verfehlen. Im Augenblick innerer Erleuchtung gehen wir jenseits von Erscheinung und Leerheit."

SOSAN

Fluchtpunkt Spiritualität

Wir können uns nicht in die Unendlichkeit flüchten und so tun, als wären wir nicht mehr da. Wir können nicht so tun, als wäre im Tao Yin und Yang nicht mehr enthalten. Dieser Fluchtversuch in die Unendlichkeit ist ein Trick des Verstandes und des Egos.

In diesem Zusammenhang begegnete mir etwas mich sehr Berührendes. Die meisten von euch kennen wahrscheinlich das Buch von Suzanne Segal. Zufällig blätterte ich neulich in der amerikanischen Originalausgabe des Buches und fand dort ein Nachwort von Suzannes Therapeut, der sie über lange Zeit auf sehr schöne Art begleitet hat. In diesem Nachwort, das in der deutschen Ausgabe des Buches noch nicht enthalten ist, beschreibt er folgendes: Als Suzanne nach diesen langen Phasen von Angst und Öde auf einmal Weite und Ungetrenntheit erfahren hatte, hatten sich Menschen um sie gesammelt. Sie war strahlend, voller Liebe und in der ständigen Erfahrung, diese Weite zu sein. Aber auf einmal, nach nicht allzu langer Zeit, traten heftige Energiephänomene auf. Sie war sehr erschöpft und bemerkte, dass die Furcht, die mit der Erfahrung der Weite verschwunden war, wiederkehrte, und dass sie mehr und mehr den Kontakt zur Weite verlor. Ihre Freunde bemerkten, dass ihre Präsenz abnahm. Suzanne zog sich von den Menschen zurück.

Jetzt tauchten Erinnerungen an Missbrauchserfahrungen als Kind auf. Ihrem Therapeuten pflichtete sie in einem Gespräch bei, als er annahm, dass die Furcht und die Erfahrung der Öde aus einer Abspaltung eines Persönlichkeitsteiles, einer Dissoziation[1] ihrer Persönlichkeit herrühren könnten, die letztlich auf diese Missbrauchserfahrungen zurückzuführen wäre. Mehr und mehr driftete sie aus ihrem Erfahren, Weite zu sein, heraus. An einem bestimmten Punkt erkannte sie dann, dass sie die Weite benutzt hatte, um sich vor ihren Gefühlen und dem schmerzhaften Prozess, sich mit ihrer Kindheit auseinanderzusetzen, zu schützen. Ihre Freunde hofften für sie, dass ein Integrationsprozess einsetzen würde, aber Suzanne wurde sehr krank. Ein Hirntumor wurde diagnostiziert, an dem sie bald darauf starb. Ihre Freunde bezweifelten die Authentizität ihrer Realisation nie, mussten aber dennoch zusehen, wie ihr diese Realisation zwischen den Fingern zerrann und sie zutiefst verwirrt und frustriert zurückließ, und wie sie vor ihrem Tod keinen Frieden mehr finden konnte.

Ich kann ihrem Therapeuten nur zustimmen, wenn er die Notwendigkeit und Wichtigkeit von Integration betont und die Frage nach der Unterscheidung zwischen einer dissoziativen Persönlichkeitsstörung und wahrem Erwachen aufwirft. Mich hat das sehr berührt. Ich mag Suzanne sehr gerne. Sie ist irgendwie wie eine Schwester für mich, obwohl ich sie nicht persönlich kennen gelernt habe.

An Suzannes Geschichte wird sehr deutlich, wie tief dieses Missverständnis gehen und wie subtil es sein kann! Und damit hat sie uns allen einen großen Dienst erwiesen. Gerade damit, und durch ihre Offenheit, mit der sie darüber sprach, zeigt sich der Bodhisattva in ihr. Selbst Suzanne Segal, die wirklich weise

[1] Wenn ein Mensch versucht, inneren Schmerz oder Angst abzukapseln, dies aber nicht gelingt, dann kann es passieren, dass er ganze Anteile der eigenen Person innerlich abschneidet, abspaltet, um so vor diesem Schmerz geschützt zu sein. Das geschieht meist nicht bewusst. Man nennt das eine dissoziative Persönlichkeits-Störung und sie kann manchmal sehr weit führen bis hin zu einem Verlust des Ich-Gefühls, das dann jedoch kein mystisches Erfahren, keine meditative Erfahrung und kein Erwachen ist, sondern eine Krankheit, eine Spaltung.

Menschen um sich hatte wie zum Beispiel Jean Klein oder auch ihren Therapeuten, der anscheinend sehr klar in seinem Sehen ist, ist diesem Missverstehen nicht auf die Schliche gekommen. Sie hat nicht erkannt, dass sie auf der Flucht war.

Sei da! Ja, mit deinem ganzen Wesen. Hau nicht ab! Füße auf dem Boden. Wirklich, höre auf zu fliehen! Versuche nicht, dem Leben zu entkommen, auch all dem nicht, was du als Widrigkeit empfindest!

F: *Ich habe das nicht ganz verstanden. Meinst du, Suzanne hat sich davongeschlichen, weil sie gestorben ist, oder wie?*

P: Nein, überhaupt nicht. Es geht um einen Abspaltungsvorgang in der Seele. Sie übersah, dass Integration notwendig ist. Es ist so: Wenn ungefühlter Schmerz da ist, geheime Angst, die nicht gesehen, nicht erfahren wird, wenn da Unerfülltes welcher Art auch immer ist, und dann ein spirituelles Erfahren, ein Satori, meditative Versunkenheit, Erfahren von Weite, von Samadhi geschieht, und es benützt wird, um diesem Schmerz oder dieser Angst zu entkommen, dann ist es ein Davonschleichen. Dann ist das eine sehr subtile und schwer zu durchschauende Form von Unterdrückung und Vermeidung. Wir entkommen diesem Integrationsprozess nicht, indem wir uns in das Reich der Götter entziehen.

Auch Therapie ist nicht hinreichend, denn letztlich ist es Meditation, die das Abschneiden der Wurzel von Leiden wirklich ermöglicht. Wenn man Integration nicht zulässt – auf welche Art auch immer, das muss nicht Therapie sein, das kann ganz praktisch geschehen, kann ganz alltäglich sein – dann steht unsere Meditation auf tönernen Füßen. Zugleich: Wenn nur Integration im Sinn von Therapie passiert, ist das zwar heilsam und wunderbar für den Menschen, aber nur bis zu einem bestimmten Punkt, denn Therapie dreht sich immer noch um „Ich“. Das Ergebnis wäre ein höchst integriertes, wunderbares Ego, aber das ist es auch nicht. So fliegt auch hier der Vogel mit zwei Schwingen. Letztendlich können wir uns nicht mit Hilfe von noch so guter Therapie, Integration, systemischer Therapie und was auch immer man so machen kann, um die Tatsache herumschleichen, dass es uns als Ego, als Person gar nicht gibt. Aber wir können uns auch der Notwendigkeit der Heil-Werdung, der Integration der verletzten Teile in uns und auch der Notwendigkeit der Überwindung oder Auflösung von Anhaftungen und Vasanas aller Art nicht entziehen, indem wir uns hinter Sätzen wie „Es gibt kein Ego, alles ist eins", „Ich bin die Weite, ich bin DAS", „Da ist ja keiner" und so weiter verschanzen. Da lügen wir uns selbst in die Tasche. Und wir können uns auch nicht vor all dem drücken, indem wir uns in eine meditative Versunkenheit zurückziehen. Das wäre dann sowieso nur Schein-Meditation – eine Flucht, die sich als Meditation verkleidet.

F: *Wie finde ich heraus, dass ich mich nicht selbst betrüge? Wie kann ich das wissen?*

P: Indem du dir angewöhnst, ehrlich zu sein.

Davonschleichen

F: *Kann man sich überhaupt davonschleichen?*

P: Man kann's versuchen. Davonschleichen passiert häufig, und wo Davonschleichen ist, ist Ego. Wer sonst sollte sich davonschleichen und wohin? Letztlich ist es immer ein Davonschleichen vor dieser grundlegenden Angst, der Angst vor dem Tod, vor Vernichtung, vor Nichtexistenz. Und zunächst schleicht man sich davon, indem man einfach nicht an diese Angst denkt oder sich ein schönes Haus baut, eine gute Beziehung schafft oder an die richtige Religion glaubt oder alles Mögliche tut, um in den Himmel zu kommen oder gutes Karma zu schaffen. Und am Schluss schleicht man sich in ein Land des spirituellen Abhebens davon. Selbst gut sein wollen, unschuldig sein wollen, alles was versucht, das Bild von ‚dir' aufrechtzuerhalten, ist letztlich ein Davonschleichen. Und es ist ein Davonschleichen, wenn man versucht, der Notwendigkeit und Herausforderung auszuweichen, ein ganzer, integrer, heiler, lebendiger menschlicher Mensch zu sein. Dazu ist es notwendig, Ego und Persönlichkeit sich erst einmal entwickeln und kristallisieren zu lassen. Osho sprach oft über die Notwendigkeit, das Ego und die Persönlichkeit sich zuerst kristallisieren zu lassen, bevor Loslassen und wahre Hingabe überhaupt möglich sind. Es ist ein Davonschleichen, wenn man versucht, der Notwendigkeit der schmerzlichen und anstrengenden Konfrontation mit altem Schmerz, mit alter Verletzung, und auch dem Verletzen anderer, mit karmischen Mustern und unbewussten Inhalten des Geistes zu entkommen. Es ist ein Davonschleichen, wenn man der Soheit der menschlichen Inkarnation ausweicht. Und jedes Davonschleichen ist Flucht, ist Trennung, ist – auch wenn es sich (Pseudo)-Spiritualität, (Pseudo)-Meditation oder (Pseudo)-Erwachen zum Vorwand nimmt – Ausdruck des Ego und Ausdruck von Egoismus.

Still sein bedeutet aufzuhören zu fliehen

F: *Wenn ich spazieren gehe, wird manchmal die innere Stille so direkt, dass ich das Gefühl habe, mein Körper löse sich darin auf. Es fühlt sich wie Watte an und ich bekomme einen leichten Schwindel, so als ob ich gar nicht mehr richtig im Körper wäre. Dadurch werde ich unsicher, weil ich das Gefühl habe, ich könnte umkippen. Kannst du dazu etwas sagen?*

P: Fest auftreten! Die Erde spüren! Wenn du fest auf dem Boden stehst, kippst du nicht um. Spürst du denn in diesen Momenten des Wattegefühls noch die Erde?

Manchmal wird Schweben mit Meditation verwechselt. Und manchmal glauben Menschen, Schwerkraft und Erde würden Stille verhindern. Kein offensichtlicher, aber ein sehr subtiler, unbewusster Gedanke, und dennoch ein Missverstehen. Die Erde verhindert Stille nicht. Dahinschweben wird oft mit Meditation verwechselt. Es ist nicht dasselbe, fast schon ein Gegensatz. In Meditation sein heißt ganz da sein, ganz still und ganz da, ganz klar, nicht in irgendeinem watteartigen, schwammigen, abgehobenen Schwebezustand. Dieser Schwebezustand kann ganz nett sein, kein Problem, wenn du weißt, was du tust. Er ist genauso nett wie eine Flasche Wein zu trinken oder ähnliches. Man ist nicht mehr ganz da, sondern irgendwohin entflohen. Es gibt eine Menge Menschen, die nicht so gerne hier sind. Aus irgendeinem Grund sind sie nicht so gerne da, sind sie nicht so gerne im Körper, nicht so gerne auf der Erde. Und wenn das der Fall ist, ist es besonders wichtig, den Kontakt mit der Erde zu wagen, wirklich herzukommen, ganz herzukommen, endlich geboren zu werden, da zu sein. Es ist gar nicht so schlimm. Es gibt keine Abkürzung, was das angeht. Du kannst mittels Erleuchtung nicht die Inkarnation vermeiden! Sondern *erst* hier ankommen, *erst* ganz da sein, dann erst ist Meditation, ist Stille, ist Frieden möglich. Du kannst Spiritualität nicht als Fluchtmöglichkeit in eine „bessere Welt" missbrauchen! Und: Spiritualität muss sich im ganz Alltäglichen bewähren.

Bardo der Meditation

F: *Meine Erfahrung ist, dass das weh tut. Insofern ist da ein Riegel vor der Flucht.*

P: Eben nicht ganz, wie uns die Geschichte von Suzanne zeigt. Es schmerzt, und das hat sie auch gespürt. Sie hat die Frustration gespürt, aber zwischendrin gab es eine ziemlich lange Phase des Davonschleichens in einen spirituellen Zustand, was sie selbst nicht wahrnehmen konnte.

Die Tibeter nennen diese Form des Davonschleichens ‚das Reich der Götter' oder ‚der Bardo der Meditation'. Für Tibeter sind Götter keine vollkommenen Wesen, sondern einfach Wesen, nur ein bisschen anders als wir. Unter anderem unterscheiden sie sich von uns dadurch, dass sie viel länger leben, aber irgendwann sterben sie doch. Das vergessen die Götter aber, weil ihr Leben so lang ist. Und sie befleißigen sich spiritueller Praxis und lieben es, in einem meditativen Zustand zu schwelgen. ‚Blissed out' nennt man das in der Sannyas-Sprache. Das wäre ja alles schön und gut. Das Problem ist nur, dass da die ganze Zeit *jemand* ist, der schwelgt, jemand ist, der diesen Zustand von meditativer Versunkenheit aufrechterhalten will und nicht daran denken möchte, dass diese Erfahrung auch wieder aufhören könnte. Und im Festklammern an diesem spirituellen Zustand und dieser spirituellen Erfahrung und dieser meditativen Versunkenheit entsteht automatisch – im Reich der Götter ebenso wie sonst überall auch – das Gegenteil davon: Frustration und Verzweiflung. Diese Form von meditativer Versunkenheit, die immer noch ego-verhaftet ist, ist eine Gipfelerfahrung von ‚Ich', in der Halten und Festhalten geschieht, und in der deshalb selbstverständlich auch eine unterschwellige Furcht vorhanden ist. Denn ganz tief drinnen ist den Göttern sehr wohl bewusst, dass sie das nicht halten können. Aber da geschieht sehr viel Verdrängung: „Nur ja nicht merken, dass es zwischen den Fingern zerrinnt, solange da Finger sind!" Solange da Hände sind, die greifen, Hände sind, die halten, Hände sind, die etwas in Besitz nehmen wollen – und sei es meditative Versunkenheit –, wird zwangsläufig all das zwischen den Fingern zerrinnen. Und das erlebte Suzanne am Ende ihres Lebens. Wir können nichts halten!

Das Wesentliche ist, zu sehen, dass es da nichts zum Halten, zum Greifen, zum Streben, zum ehrgeizig sein gibt. Und das ist eine gute Nachricht. Sie widerspricht nur den normalen Mustern. Aber, wie wir ja bereits festgestellt haben, kommen die normalen Muster sowieso nur aus der Verunsicherung, und da beißt sich die Katze in den Schwanz.

Samadhi, Selbstbefreiung – Dissoziation

Gleichzeitig gibt es natürlich bei Mystikern, Buddhas, Bodhisattvas und weit fortgeschrittenen Yogis Zeiten sehr tiefer Meditation, in denen kein Körpergefühl und keine Wahrnehmung der Umwelt mehr vorhanden sind. Sie sind für die Dauer dieser Meditation völlig in DEM verschwunden, sind in absoluter Offenheit des Bewusstseins völlig in Samadhi aufgegangen. Der Unterschied zum Bardo der Meditation, zum Schwelgen im Reich der Götter besteht darin, dass in ihrem Fall *kein* Jemand mehr vorhanden ist, der daran festhält, der darin schwelgt, der danach strebt, oder es später wieder zurück haben möchte. Der Unterschied besteht darin, dass hier kein Vorteil, kein Gewinn gesucht wird, und keine Gier, kein Ablehnen, kein Ego, auch kein spirituelles Ego, mehr vorhanden sind. Und der Unterschied besteht darin, dass diese Menschen, die das Ego in mystischem Erfahren vollkommen aufgegeben haben, in keinster Weise vor irgendetwas flüchten oder irgendetwas zu vermeiden versuchen – weder im Innen noch im Außen. Sie vermeiden keinen Schmerz und keine Angst, sondern stellen sich präsent, wach, bewusst und ungeteilt allem. Im täglichen Leben sind sie in Frieden, einfach, menschlich, präsent und voller Mitgefühl. Hier liegt auch der Unterschied zwischen dissoziativer Persönlichkeitsstörung und wahrem Erwachen, wahrer Befreiung.

Abgestürzt!

F: *Kann ich an äußeren Erfahrungen, wie zum Beispiel einem Autounfall oder einer Krankheit erkennen, dass ich etwas vermeide?*

P: Der Autounfall selbst oder die Krankheit bedeuten nicht zwangsläufig ein Vermeiden, sondern sind einfach das Geschehen des Momentes, sind die Soheit der Dinge in dem Moment, wo sie geschehen. Du verursachst einen Unfall, Schuldgefühle tauchen auf – weiche dann dem Schuldgefühl nicht aus! Das ist der Punkt. Die Tendenz in einer solchen Situation ist ja zunächst, sich auf alle mögliche Art zu rechtfertigen und zu beruhigen. Das System startet alle möglichen Prozesse, um das Empfinden von dem, was eigentlich vorhanden ist, zu vermeiden. Das sind Angewohnheiten. Aber die kann man sich auch wieder abgewöhnen. Das können wir wirklich, dafür stehe ich gerade. Es ist möglich, einfach dazustehen und offen allem zu begegnen, was ist. Egal was kommt.

F: *Bisher habe ich gerne sortiert. Das Gute habe ich alles mitgenommen, und das andere habe ich irgendwie versucht, zur Seite zu schieben und nicht zu sehen.*

P: Genau so ist es üblich, und das ist Dualität. Das ist Trennung.

F: *Gerade vor dem Unfall hörte ich Meditationsmusik im Auto. Ich fühlte mich sehr wohl und wollte anschließend zu einer Meditation gehen, war also in einer sehr glücklichen und euphorischen Stimmung, und dann passierte der Unfall.*

P: Genau. So stürzt man aus dem Reich der Götter heraus. Genau so!

F: *Das hat mich auch nachdenklich gestimmt, ja. Meine Güte, warum passiert mir das jetzt, gerade in so einem Moment?*

P: Deshalb! Es ist ein Segen, ein Wecker, der rasselt: He, Mädchen wach auf!

Nicht an spirituellem Erfahren festhalten

F: *Heute Morgen, als du sagtest ‚nimm den Raum wahr', öffnete sich plötzlich ein Raum in mir, den ich vorher noch nie gesehen hatte. Das war eine ganz enorme Erfahrung, die ich auch aufrechterhalten kann. Also, ich kann diesen Raum wiederfinden.*

P: Versuche bitte nicht, aufrechtzuerhalten. Du hattest eine reale Erfahrung. Das ist wunderbar, und es ist wichtig, dem treu zu sein. Aber Vorsicht, du sprichst jetzt in der Vergangenheit, das heißt, wir sprechen über vergangene Erfahrung. Was ist jetzt?

F: *Ich kann es herholen. Es war für mich, als weite sich mein Brustkorb, es entstand Raum.*

P: Du redest immer noch in der Vergangenheit. Was ist jetzt?

F: *Im Moment geschieht es nicht.*

P: Ah. Gerade hast du gesagt, du kannst es herholen. Mach doch mal!

F: *Ich weiß nicht, ob ich das jetzt im Moment kann.*

P: Entweder du kannst oder du kannst nicht. Und wenn du kannst, kannst du auch jetzt. Schau, das ist der Punkt: Erwarte nicht, dass dasselbe Erfahren immer wieder passiert. Halte an keinem noch so spirituellen Erfahren fest!

Nicht festhalten, lass' dich überraschen! Und nicht hinterher rennen, denn sonst machst du aus DEM ein Etwas. Dann geht es nach dem alten Muster von ‚das war so schön, ach, das möchte ich wiederhaben'. Genau wie man es mit Autos oder Männern oder Urlaubserlebnissen zu tun gewohnt ist. Das ist spiritueller Materialismus. Dann schlägt man das innere Fotoalbum auf, aber es ist doch nicht dasselbe.

Die Wahrheit ist in jedem Moment immer neu, immer frisch. Verstehst du?

Begegnung mit Anhaftungen

Ich möchte noch einmal auf einige Aspekte eingehen, die bereits zur Sprache kamen:

Die Notwendigkeit der Integration, Erlösung alter Verletzung und alten Schmerzes, sowie die Notwendigkeit der Auflösung und Überwindung von Mustern und Anhaftungen, und natürlich die Notwendigkeit des Sterbens des Ego.

Es geht hier nicht um Integration des Persönlichen. Aber es ist notwendig, dass die unbewussten Inhalte des Geistes, die Haken und Ösen – die Hindus und Buddhisten nennen sie Vasanas oder Anhaftungen, wir nennen sie vielleicht Trips oder Konditionierungen und Traumata – in der Bereitschaft allem zu begegnen ins Licht, an die Oberfläche kommen. Es ist unabdingbar, all das anzuschauen, es zu umarmen, es anzunehmen. Daran kommen wir nicht vorbei.

Die Notwendigkeit der Begegnung mit diesen Dingen wurde von keinem echten Mystiker jemals abgestritten. Nur hatten die Menschen der Vergangenheit andere Methoden. Wenn ihr zum Beispiel über die Wüstenväter des Christentums lest: Sie haben sich eingehendst mit ihren Egostrukturen auseinandergesetzt, mit allem, was in ihnen an Gier, an Stolz, an was auch immer vorhanden war. Sie gingen in die Wüste und benutzten als Methode Gebet, Fasten, Einsamkeit. Die gesamten Inhalte des Unterbewusstseins kommen zwangsläufig hoch, wenn du allein in der Wüste sitzt. Aber das geschah immer freiwillig, und es geschah nicht, um ihr Leben auf die Reihe zu kriegen, um hinterher in Kairo besser zu leben als vorher, sondern es geschah um der Wahrheit willen, um der Liebe Gottes willen, wie die Wüstenväter gesagt hätten. Auch in anderen Traditionen, in der Begegnung des Schülers mit dem Meister zum Beispiel, wurde immer damit gearbeitet. Es gibt in allen Traditionen – in der christlichen Tradition, in der der Yogis sowie in der tibetischen Tradition – viele Geschichten, die davon erzählen.

Immer ist dieser Prozess der Bewusstwerdung und der Lösung der Strukturen und Anhaftungen auf verschiedene Arten mit verschiedenen Methoden praktiziert und für grundlegend wichtig erachtet worden. Natürlich sind mönchische Traditionen, Einsiedlertraditionen und Meister-Schüler-Traditionen auch teilweise und immer wieder missverstanden und falsch gebraucht worden. Aber alle diese Traditionen haben große Mystiker und große Erleuchtete hervorgebracht. Diese Bewusstwerdung, Konfrontation, Begegnung, Integration und Auflösung muss geschehen, sei es vor oder nach dem ersten Erwachen, vor oder nach dem ersten Satori – ja, man kann da auch noch was nachholen –, aber irgendwann muss es passieren. Es gibt auch in unserer Geschichte und Kultur so viele erprobte Möglichkeiten. Und seit hundert Jahren haben wir zusätzlich auch das Instrument der Psychotherapie, warum es nicht benutzen? In Poona haben wir es sehr intensiv benutzt. Osho hat Therapie immer mit einbezogen, aber stets in Verbindung mit Meditation.

Ob das jetzt im Rahmen einer Psychotherapie passiert oder auf tausend und eine andere Art, ist zweitrangig. Wenn es – sei es aus Trägheit, Nichtverstehen oder sonstigen Gründen – nicht geschieht, kommt es früher oder später zu Frustration, Erleuchtungsfrust, Post-Satori-Depression! (Satori ist ein Aufblitzen der Wahrheit, ein zweifelsfreies bewusstes, aber vorübergehendes Erkennen der Wahrheit). Das sage ich nicht einfach so, sondern ich erlebe das bei Menschen immer wieder. Ich höre es, ich sehe es, ich erhalte sehr viele Briefe, und viele haben die Nach-Satori-Depression zum Thema. „Na ja, die Erleuchtung hält auch nicht das, was ich mir erhofft habe. Ich stecke ja immer noch in der Scheiße." Das liegt erstens an der Verwechslung von Satori und Erleuchtung, und zweitens ist es notwendig, die versteckten, die subtilen und weniger subtilen Egoanteile anzuschauen, willkommen zu heißen, zu integrieren, zu umarmen und sich auflösen zu lassen. Das Ego muss *wirklich* sterben. Entweder taucht also Frust auf, oder die andere Möglichkeit – von der ich auch immer wieder höre – ist, dass Menschen, wenn Egoanteile nicht angeschaut, nicht aufgelöst werden und auch keine Bereitschaft dazu besteht, nach einem Satori beginnen, den Meister zu spielen. In diesem Zusammenhang kommt es dann häufig zu Machtmissbrauch, spirituellem Missbrauch, sexuellem Missbrauch, Unterdrückung von Menschen, Disrespekt gegenüber Menschen.

Wenn also diese Haken, Ösen, Anhaftungen, Identifikationen, Ego-Reste, Konditionierungen, Sünden, Muster (wie auch immer man sie benennt) nicht aufgelöst und überwunden werden, dann bleibt einfach Schleier, und das Ich kommt wieder. Garantiert! Und Stolz, Gier, Machtbestreben, Depression, Frustration, Hass, Neid, Eifersucht, wie auch immer das jeweilige Muster angelegt ist, kommen wieder.

Wenn wir das weglassen und sagen: „Ah ja, alles bestens, die Welt ist Illusion, ich bin niemand, alles in Butter", folgen zwangsläufig Frustration oder Missbrauch. Das, was als mehr oder weniger subtiles Ego geblieben ist, wird unter dieser Watteschicht von Pseudo-Erleuchtung, Pseudo-Spiritualität, Pseudo-Advaita oder Advaita-Dualismus richtig gut wachsen, wird richtig gut und stark und kräftig werden und auf die eine oder andere Art – im Negativen oder im Positiven – wieder zum Vorschein kommen. Als negatives Ego, also das frustrierte, depressive „Ich armer Tropf-Ego", oder als positives Ego „Wow, wie bin ich gut".

F: *Ist es möglich, dass die Person in so einem Fall sich als erleuchtet erlebt und gar nicht bemerkt, was tatsächlich geschieht, gar nicht bemerkt, dass da ein spirituelles Ego am Werke ist?*

P: Dann ist da keine Erleuchtung, sondern Unbewusstheit.

Therapie allein reicht auch nicht

Die andere Seite: Nur Integration reicht auch nicht. Viele Therapiemethoden sind wunderbar. Bleiben wir aber bei der perfekten Therapie stehen – wenn es die gäbe, was ich nicht glaube – dann hätten wir ein perfekt integriertes, wunderbar funktionierendes Ego. Alles liefe wunderbar, Ehe, Beruf und so weiter. Man wäre halbwegs freundlich und nett, und es gäbe keine große Reibung mehr. Aber dieser Zustand hält nicht, garantiert! Therapie hält nicht vor, weil die letztendliche Ursache von all diesem Schmerz und Leid nicht beseitigt ist.

Das Ende der emotionalen Verwicklungen und des Leidens ist gekommen, wenn das Ego stirbt. Bis dahin ist Befriedung immer temporär, weil die Wurzel immer noch da ist. Es ist wunderbar, aber es bleibt Stückwerk. Der Ich-Gedanke, das Ego bleiben, und damit kommen die nächsten Probleme. Dann die nächste Therapie…

Da fehlen Meditation, Stille, Anhalten. Und es fehlt ein Meister. Wenn wir zum Beispiel die Familie perfekt geordnet haben, alles erlöst ist und alle nicht beachteten Vorfahren integriert sind, dann ist da immer noch die Illusion ‚ich habe Familie'. Jetzt fehlt der Schritt, den Jesus tat, als er einmal seiner Mutter begegnete und sie mit den Worten schockierte: „Ich habe keine Mutter." Was in der Therapie oft auch fehlt, ist die richtige Ausrichtung. Normalerweise wünscht man das Leben besser zum Laufen zu bringen, etwas zu reparieren oder besser hinzukriegen, damit die Ehe wieder läuft, man sich mit der Familie besser fühlt, im Beruf Erfolg hat, damit man lebensfähiger ist.

Aber die Ausrichtung, um die es hier geht, ist eine ganz andere: Es geht um die alleinige Ausrichtung auf das Göttliche, auf das Letztendliche, auf die Wahrheit. Wenn ich mir dann aus dieser Ausrichtung auf die Wahrheit heraus alle meine Muster anschaue und mich wie die Yogis und Wüstenväter damit konfrontiere, es fühle – aber mit der letztendlichen Motivation, das *ganze* Ich fallen zu lassen –, dann hat das einen ganz anderen Aspekt, einen ganz anderen Geschmack. Es geht hier um Selbstbefreiung und Befreiung vom Ich, von allen Egoresten, von Wollen, von Ablehnen, von Verblendung, von Gier, Neid, Eifersucht und Hass jeder Art. Es ist wichtig, das tief zu verstehen.

Therapie und Meditation

F: *Therapie ist also sowohl im Rahmen der Stärkung des Egos als auch im Rahmen eines spirituellen Weges möglich?*

P: Richtig, exakt. Das Ego muss sich kristallisieren. Erst dann kann eine endgültige Einsicht auftauchen, dass es nur Illusion war. Es ist paradox, aber es scheint wirklich so zu sein: Solange diese Illusion von Ego nicht perfekt ist, besteht immer noch die leise Hoffnung, davonzukommen. Zum Beispiel: „Wenn ich doch endlich die Anerkennung kriegen könnte, dann wäre ich vielleicht doch glücklich." Solange diese leise Hoffnung besteht, kann das Ego – das nie existiert hat – nicht sterben. Solange gehofft werden kann, doch noch die Heimat auf dieser Welt durch irgendetwas zu finden, solange ist die Bereitschaft nicht komplett.

In der Bedingungslosigkeit verschwindet das Leiden

F: *Ich hatte immer die Vorstellung, wenn ich meinen Schmerz fühle, er also integriert ist, dann wäre er weg.*

P: Manchmal ist er weg, manchmal nicht. Und, wenn du dir vorstellst und erwartest, der Schmerz würde damit weggehen, benutzt du das Fühlen als Trick. Aber das Gute daran ist, dass dieser Trick nicht funktioniert. Deshalb ist es wirklich eine Nicht-Methode. Die Akzeptanz, die Hingabe, das „Ja" muss bedingungslos sein! Wenn du sagst: „Gut, ich fühle den Schmerz, und dann wird er schon weggehen", dann ist es kein „Ja", sondern das Ich macht wieder einen Handel daraus. In der Bedingungslosigkeit verschwindet das Leiden. Schmerz ist da, aber kein Leiden. Das Leiden entsteht aus dem Abwehren, Greifen, Halten, aus dem „Nein".

Spiritueller Missbrauch

F: *Ich höre immer wieder von Erwachten, bei denen ganz seltsame Dinge passieren: Macht, Ego,...*

P: Ich auch. Das ist unter anderem der Grund, warum ich zunehmend über diese Fallen spreche und nicht nur sage: „Es ist alles okay, und ihr seid sowieso das Göttliche", was ja die Wahrheit ist. Für den Menschen ist Integration notwendig. Von wo sonst sollen Integrität, Authentizität, von wo soll Individualität herkommen, die eindeutig auch Blüten des Erwachens sind? Integrationsarbeit heißt, auf die Erde zu kommen, heißt da zu sein, bereit zu sein zu leben, egal wie das Leben ist, heißt bereit zu sein, Schmerzen zu spüren, und heißt sich nicht in ein „Lala-Land" von „Alles-ist-wunderbar" zurückzuziehen. Auch das ist Großzügigkeit: Sich nicht gegenüber der Soheit der Dinge im Innen wie im Außen zu verschließen. Das ist die Großzügigkeit der Begegnung, der Kommunikation und die Großzügigkeit, sich genau so zu zeigen wie man ist.

17. Der Weg der Welt – der Weg der Buddhas

"You wanna laugh you wanna cry
You cross your heart and hope to die
'til it's over and then – ssh ssh
it's nice and quiet – ssh ssh
but soon again
starts another big riot"

(Auszug aus „It's oh so quiet" von Björk, Text: HANS LANG/ BERT REISFELD) Published by Peermusic (UK) Ltd.

Der Weg der Welt – der Weg des Pendels

Das ist der Weg der Welt in allen Bereichen. „Wow, das ist es jetzt, super! Ich werde geliebt, ich bin sicher, ich bin angesehen, ich bin wer. Ich bekomme, was ich brauche." Warum brauchen wir überhaupt etwas? Weil wir Mangel empfinden! Warum wollen wir geliebt werden? Weil wir die Liebe in uns vergessen haben. Und so rennen wir und rennen von einem Eck zum anderen, rundherum, auf und nieder, ein ständiges Herumgerenne. Das geht immer schneller und schneller (was nicht schlecht ist, denn wenn es ganz schnell ist, bleibt es stehen). Wir rennen von einer Verliebtheit in die nächste; Verliebtheit – Entliebtheit, von einem Job zum nächsten, von einem Lehrer zum nächsten und immer wieder das Gefühl: Wow! Jetzt habe ich es! Halten, halten, halten! Uuuups, geht nicht! Verloren. Und dann wieder: Wo bekomme ich es wieder her? Greifen, greifen, greifen! Halten, halten, halten! Und dazwischen Krieg, jede Menge Krieg, Neid, Stolz und Zorn: „Ich bekomme von dir nicht was ich haben will, was ich brauche, was mir zusteht" – Zorn. „Der hat, was ich gerne hätte" – Neid. Oder: „*Ich* hab es!" – Stolz. „Ich hab's, und du hast's nicht!" – Arroganz.

Da herrschen Mangelempfinden und Panik, sonst müsste man nicht von einem Punkt zum anderen rennen, hin und her und auf und nieder. So halten wir das Rad in Bewegung. Wenn sich etwas der Spitze nähert, muss es umkippen: So funktionieren Yin und Yang, so funktioniert diese Welt, und das können wir nicht aufhalten. Lao-Tze sagte: „Haltet die Schläuche halb gefüllt, hört bei der Hälfte auf." Denn wenn wir noch mehr Geld und noch mehr Verliebtheit, noch mehr Ekstase, noch mehr Energie haben wollen und ansammeln, dann muss es umkippen, dann folgt Depression als logische Konsequenz. Das ist der Weg der Welt: kein Ende dieser Pendelbewegung, kein Ende dieses Strebens, dieser Frustration, dieses Leidens. Im Osten nennt man das das Rad der Wiedergeburt. Das Rad der Wiedergeburt während *eines* Lebens! Wir halten es durch ständiges Haben-wollen in Bewegung: „Mehr, mehr!", oder „Endlich, bitte, bitte, bitte! Ich brauche, ich brauche, ich brauche!" Das hält das Rad in Bewegung und erzeugt immer mehr Unzufriedenheit und neues Leiden. Ja, so ist das. Es ist, als würde man die Türme, die ihr in dem Kreis des Mandalas auf dem Thanka seht, als Griffe benutzen und das Rad kräftig anschieben. Es bewegt sich von einem Leben zum anderen und natürlich auch während eines Lebens. Immer dieselben Geschichten. Das ist der Weg der Welt, kennst du ihn?

Und all das gilt sowohl für den Bereich der Materie, der Gefühle, der Beziehungen, der Handlungen, des Denkens, als auch für den Bereich der Spiritualität. Solange Spiritualität mit egoistischem Streben, mit Gier, Ablehnung, Ignoranz, Neid, Eifersucht und Stolz verwoben ist, gelten auch hier die Gesetze des Weges der Welt, findet auch hier die Pendelbewegung statt, kommt es auch hier zu Unzufriedenheit und neuem Leid.

Der Nicht-Weg der Buddhas

Der Weg der Buddhas ist kein Weg, er ist ein Nicht-Weg. Anhalten, Dasein, Sein in Offenheit, kein Brauchen, kein Halten, kein Greifen, kein Abweisen. Und wieder ist es wie mit der Horizontalen und der Vertikalen – genau dasselbe wie mit Zeit und Ewigkeit, wie mit Wissen und Weisheit! Im Anhalten öffnet sich die Vertikale, öffnet sich der Weg der Buddhas: Dasein – was nicht Starre bedeutet, sondern viel Bewegung! Aber die Bewegung geschieht in einem natürlichen Fluss aus dem Innersten, aus der Mitte heraus, nicht in einem Bemühen, irgendwohin zu kommen, sondern einfach, weil Bewegung passiert: Frühjahr, Sommer, Herbst und Winter folgen aufeinander, wir werden älter, wir gehen, wir atmen ein, wir atmen aus, wir tanzen und wir sitzen, wir arbeiten und wir ruhen – das geht alles weiter. Und die Beweglichkeit nimmt eher zu als ab – da ist viel mehr Flexibilität, ohne Intention, ohne Brauchen, ohne Gier, ohne Hass.

Der Weg der Buddhas ist ein Nichtweg der Hingabe und der Liebe. Diese Liebe ist nicht jene, die sich in diesem Auf und Nieder von Verliebtheit und Liebeskummer bewegt, sondern ist Liebe, die nichts braucht, die einfach da ist, in solcher Fülle, in solcher Selbstverständlichkeit. Gate, gate, paragate, parasamgate, bodhi svaha. „Gegangen, gegangen, hinüber gegangen, über Hinüber hinüber gegangen. Heil dem Gegangenen!" Ja, tiefer, tiefer, tiefer. In diesem Nicht-Weg der Buddhas ist keiner, der geht.

In dem Moment, in dem sich an diesem Nicht-Punkt von Jetzt die Ewigkeit, die Unendlichkeit, der offene Raum offenbart: kein Weg, kein Wanderer, niemand da. Kein Halt, keine Sicherheit im herkömmlichen Sinn, aber absolute Klarheit, absolute Gewissheit, Weisheit. Kein Schwanken von Ekstase zu Depression und zurück, sondern gelassene Heiterkeit in allem. Kein Ernst, keine Verbissenheit, aber Ernsthaftigkeit. Keine Anhaftung, aber Stand, Wurzeln. Kein ‚Ich', aber Sein. Nicht Nichtexistenz, sondern absolute Existenz ohne diese eigenartige Konstruktion von ‚Ich'. Das ist der Weg der Buddhas.

Das Pendel

F: *Wenn ich in Schuldgefühlen, Angst, Verlassenheitsgefühlen, Gedanken steckte und anschließend wieder herauskomme, dann bin ich unheimlich dankbar und empfinde sogar diese schwere Zeit, die ich zuvor hatte, als sehr gut, manchmal sogar als schön. Aber immer erst hinterher. Es ist unheimlich schwer, das in dem Moment des Erfahrens als schön anzusehen! Warum ist es denn so schwierig in dem Moment?*

P: Kein Mensch sagt, dass du es als schön betrachten sollst, wenn es nicht schön ist.

F: *Gut, aber dieses Wehren, dieses nicht akzeptieren, dieses nicht haben wollen.....*

P: Ja, das ist das Pendel. Es geschieht etwas Unangenehmes, und das magst du nicht, das ist ganz menschlich und normal. Aber in dem sich dagegen Wehren taucht Leiden auf. Irgendwann geht dann das Unangenehme vorbei, und dann kommt dieses schöne Gefühl, wenn der Schmerz nachlässt. Und daraus entsteht dann bei dir der Gedanke: „Wow, super!" Denn dieses schöne Gefühl des nachlassenden Schmerzes kannst du nicht haben, wenn kein Schmerz da war. Und schon tauchen wieder Befürchtung und Hoffnung auf: Die Hoffnung, dass dieses Angenehme bleiben möge, und in der Hoffnung ist die Furcht enthalten, dass es doch nicht bleibt. Und das Leben geht weiter, und wieder geschieht etwas Unangenehmes: „Oh, wenn's doch bloß vorbei wäre. War das schön, als es angenehm war!" So drehst du dich immer weiter und weiter. Versuche mitten im Unangenehmen stehen zu bleiben, sitzen zu bleiben, still zu bleiben, ohne die Unannehmlichkeit des Unangenehmen zu verleugnen. Padmasambhava hat auch nicht gesagt: „Sind das schöne Leichen! Und so nette Ungeheuer!" Das wäre Schwachsinn – wird aber auch immer wieder gemacht! Das wäre ein weiterer Versuch, der Tatsächlichkeit der Dinge auszuweichen, indem man sie einfach umbenennt und versucht, Schmerz zu Vergnügen zu machen. Das ist es nicht! Es ist wirklich die knallharte offene Begegnung mit dem was ist, ohne Beschönigung, ohne Trostpflaster, ohne Schutz und ohne Halt, einfach nur, weil's das ist, was jetzt ist. Ohne Hoffnung! Ganz schön verrückt, nicht? Verstehst du?

Sein – Wesen – Ich

F: *Wenn da niemand ist, wer empfindet dann die Schönheit, Trauer, Liebe?*

P: Das Empfinden ist da. Dazu braucht es keine Person. Das Wesen ist da, aber nicht diese fest gefügte, definierte und bestimmte Struktur von Ich. Osho hat es so formuliert: „Wenn mein Ich nicht da ist, ist mein Wesen immer noch da." Ja, das Wesen, das Sein bleibt und ist viel offensichtlicher und offenbarer, und auch Individualität ist da. Präsenz ist da, Gott ist da, Liebe ist da, Raum ist da, Lachen ist da.

Raum ist ungefärbt

F: *Wo bleibt in der Stille, im Raum eine Qualität wie Liebe? Ist das wie eine Farbe im Raum? Es ist für mich, als wenn das ein gefärbter Raum wäre... und vielleicht hätte ich es manchmal auch gerne als eine Erfahrung von Liebe oder von Positivem...*

P: Raum ist prinzipiell ungefärbt. Nenne es ruhig Raum. Ich benutze immer fünf Wörter gleichzeitig, um es irgendwie zu neutralisieren, denn wenn ich nur ‚Gott' sage, kommen alle möglichen Bilder, wenn ich nur ‚Raum' sage, kommen bei anderen Menschen auch wieder Bilder, wenn ich nur ‚Liebe' sage, kommen Bilder, deshalb benutze ich meistens drei oder vier verschiedene Worte hintereinander, weil ich versuche, das Ganze wieder zu entfärben.

F: *Mein Erfahren von Raum hat so etwas Leeres, als ob ich ihn rein halten muss. Ich gerate immer wieder in eine Polarität zwischen Leere und Fülle. Raum als Leere, und Liebe als Fülle.*

P: Du musst den Raum nicht rein halten. Er ist rein aus sich. Raum ist vollkommen ungefärbt und beinhaltet trotzdem alles, auch alle Farben, denn nur im Ungefärbten ist Farbe möglich. Raum ist wirklich alles umfassend, ist völlig ungefärbt, aber jede Farbe kann in ihm erscheinen. Dieselbe Qualität von Raum, egal ob sich jetzt Dinge darin befinden oder nicht.

Wir müssen nicht die Stühle rausräumen, um den Raum wahrzunehmen zu können. Du darfst natürlich die Stühle auch rausräumen, aber es bleibt derselbe Raum – mit Stühlen und ohne Stühle.

Liebe, dein ureigenstes Wesen

F: *Ich suche nach der Liebe, und jetzt sagst du: Liebe ist kein Gefühl. Ich warte immer auf ein Gefühl. Woher weiß ich, dass Liebe da ist? Oder wie komme ich da hin?*

P: Ich kann Liebe nicht beschreiben. Ich kann sie nur sein. Ich kann sie nicht irgendwo suchen, ich bin sie. Schau, es ist nicht mal möglich ‚Erdbeere' wirklich zu beschreiben. Wenn schon das nicht geht – um wie viel weniger ist es möglich, Liebe zu beschreiben! Und wie soll ich das beschreiben, was dein eigenes ureigenstes Wesen ist? Nur eine Idee von Liebe, ein Bild von Liebe ist beschreibbar. Eine Idee von Liebe kann sich so oder so anfühlen. Aber Wahrheit ist jenseits von irgendeiner Idee. Und all die Liebe wie Mutterliebe, die Liebe zu einem Partner, zum Beruf und so weiter ist sozusagen ein Teil davon, kommt aus dem heraus, ist wie ein Widerschein der Liebe im täglichen Leben. Liebe ist dein ureigenstes Wesen! Sie braucht keine Erklärung, keinen Beweis. Du musst sie nicht suchen – sie ist, was du bist! Du kennst sie. Jeder kennt sie. Nichts Fremdes. Zugänglich in jedem Moment, immer da, immer Fülle.

F: *Es ist so ein Gefühl, als hätte ich es lange vergessen, und jetzt wäre es wieder da.*

18. Hingabe und Großzügigkeit

Heute Nacht ist Vollmond. Der Vollmond rührt an unser Herz und bringt das wässrige Element in uns in Wallung. So wie die Flut mit dem Mond steigt, steigen auch unsere Säfte. Und unsere Säfte werden vom Herz bewegt. So kommt Emotion in Bewegung. Damit kannst du wurlig, quirlig, aufgeregt werden, kannst das Spiel von Verstrickung in Emotionen spielen – nichts dagegen einzuwenden – aber es ist Verstrickung, ist das alte Spiel. Der Mond besitzt aber auch eine klare Qualität. Er ist im Zen ein Symbol für den Erleuchtungsgeist. Diese Qualität, die viel tiefer als Gefühle reicht, unterdrückt Gefühle nicht, aber sie schaut tiefer, tiefer als die Oberfläche des Meeres, das sich in Ebbe und Flut bewegt. Dann darf immer noch die Wallung der Gefühle auftreten, aber da ist Klarheit, und die Wallung wird dabei nur schöner.

Hinter den Wallungen versteckt sich in der Tiefe deines Herzens die Sehnsucht nach Hingabe. Wenn du dich tiefer auf die eigentliche Sehnsucht einlässt, dann gibt es nichts, was du machen kannst. Hingabe kann man nicht produzieren. Man kann nur aufhören, sie zu verhindern, man kann aufhören, vor ihr wegzulaufen. Hingabe kann man sich nicht vornehmen. Sie gehört zu den Qualitäten, die aus der Ewigkeit kommen und nie erst morgen passieren, sondern immer jetzt. Hingabe kann keine Absicht haben, sonst wäre sie keine. Hingabe ist tiefstmögliche Entspannung, tiefstmögliches Loslassen, ein Aufhören. Und in diesem Aufhören des Kämpfens, im Hingeben gibt es niemanden, der das tut, und gibt es kein Objekt. Hingabe ist ganz pur, führt nirgendwo hin, ist einfach vollkommen offen, vollkommen hingegeben,und du bist nicht mehr da! Das wurde im Westen „die mystische Hochzeit" genannt, eine Hochzeit des Selbst mit dem Selbst, von dir mit dir, von dir mit Gott – ohne Unterschied. Darin ist absolute Freiheit ohne jemanden, der frei ist, absolute Glückseligkeit ohne jemanden, der glückselig ist. Absolute Bewusstheit ohne jemanden, der bewusst wäre. Und auch das geht tiefer und tiefer und tiefer, immer von jetzt zu jetzt zu jetzt, ohne Ende.

Brüte keine Eier

F: *Dieser Ausdruck „bedingungslose Hingabe" berührt mich immer wieder. Auch wenn ich es jetzt ausspreche, fängt alles in mir zu vibrieren und zu zittern an, und ich weiß gar nicht, was es ist. Was ist denn wirklich „bedingungslose Hingabe"? Ich habe immer das Gefühl, ich verstehe das überhaupt nicht, und das macht mich unendlich traurig...*

P: Das ist auch nicht zum Verstehen. Aber dein Herz kennt es.

F: *Aber was schiebt sich dann immer darüber, da kommt so viel Hoffnungslosigkeit... Du sagst, mein Herz verstünde das, und ich weiß, dass das stimmt. Aber wieso glaube ich denn dann, dass ich es nicht verstehe oder nicht weiß, was es ist?*

P: Dieser arme Verstand versucht halt auch, mitzukommen.

F: *Und der legt mir dann das Ei.*

P: Der legt dir dann das Ei. Das macht ja auch noch nichts. Setze du dich aber nicht drauf und bebrüte es!

Großzügigkeit und Bedingungslosigkeit

Dieses sich Öffnen in Hingabe nennen die Buddhisten Großzügigkeit, Großmut. Großzügigkeit ist die erste Paramita, die erste Tugend der Bodhisattvas. Sie gilt aber nicht nur für Bodhisattvas, sondern für alle Menschen. Sie ist nämlich sowohl ein „geschicktes Mittel" und eine „gute Methode" (gehört in die Abteilung Nicht-Methode) um das, was allem zugrunde liegt, deine wahre Natur, die Natur des Geistes, Buddhanatur zu entdecken, als auch Teil der natürlichen Art die Buddhanatur zu leben. Denn es endet ja nicht mit dem Entdecken der Buddhanatur.

Großzügigkeit, Offenheit, Rückhaltlosigkeit sind nicht Dummheit – auch da kann ein Missverständnis auftreten. Großzügigkeit ist selbstverständlich, ohne ein Tun oder ein Haben dahinter. Eine Scheingroßzügigkeit von oben nach unten herab, nach dem Motto „Ich hab' ja so viel und du hast nichts, also gebe ich dir etwas ab, du armer Tropf" ist nicht Großzügigkeit, sondern Arroganz. Großzügigkeit ist eine innere Haltung: sich einfach dem zu öffnen, was da ist, sich unwissend dem großen Einen zu öffnen und fließen zu lassen, nicht zu halten. In der Großzügigkeit ist es unmöglich, sich an spirituellem Erfahren festzuhalten: Du lässt sofort wieder los. Wir machen nicht wieder etwas Festes aus dem Großen Einen. Und wir schachern nicht mit Gott.

Großzügigkeit gehört zu den bedingungslosen Dingen. Kein Streben nach irgendetwas, kein Rückhalt und keine Versicherung. Deshalb ist Großzügigkeit auch ein Ausdruck der Furchtlosigkeit und umgekehrt. Großzügigkeit kommt aus Fülle, nicht aus Mangel, und in der Großzügigkeit verschwindet die Illusion von Mangel, von Brauchen, verschwindet die Illusion von Halten und Besitz. Da ist kein Rückhalt, keine Absicherung, keine Versicherung nötig. Um Missverstehen vorzubeugen: Ich spreche von inneren Dingen und nicht von der Krankenversicherung, die ist einfach Teil der Welt wie sie bei uns gemacht ist, sie gehört zur Soheit der Dinge. Sie stört genauso wenig, wie vernünftige Dinge für den Körper zu tun. Aber da, wo wir hingehen, ist keine Versicherung notwendig. Großzügigkeit heißt auch zu leben, wenn Leben ansteht und zu sterben, wenn Sterben ansteht, zu lachen, wenn Lachen ansteht und zu weinen, wenn Weinen ansteht. Großzügigkeit heißt auch nichts zurückzuhalten, heißt sich der Raumhaftigkeit aller Dinge, der Raumhaftigkeit, die allem zugrunde liegt, und der Fülle, die diesem vollkommen leeren Raum innewohnt, immer bewusst zu bleiben. Und natürlich zeigt sich diese innere Haltung der Großzügigkeit und des Großmuts ganz praktisch im täglichen Leben. Das ist keine Übung nur für zurückgezogene Stunden, sondern auch beim Autofahren, beim Essen und vor allem auch im Zusammensein mit Menschen und allen Wesen.

Hallo, sieht mich jeder?

F: *Ich suche nach Anerkennung. Das ist schon immer ein Grundmuster von mir.*

P: Die Suche nach Anerkennung verursacht viel Schmerz. Da fällt mir wieder Lao Tse ein, der sagte: „Wenn Menschen dich loben oder dir mit Anerkennung und Ehre entgegenkommen, solltest du weggehen und dich zurückziehen." Man sollte diesem Verlangen nach Anerkennung nicht nachgeben. So geht Lao-Tse damit um.

Wenn der Hunger, gesehen zu werden so stark ist, dann kannst du nicht mehr wahrnehmen, dass du gesehen wirst. Dann gelangst du in eine Mangelspirale. Wenn du diese Vorstellung „Ich suche Anerkennung" hast, dann stehst du schon in dieser Erwartung von Anerkennung: „Kommt sie, oder nicht?", und selbst wenn sie kommt, wird es dir nie genug sein.

F: *Ja, ich weiß um diese Gier, und sie hängt sich grundsätzlich an jede wie auch immer geartete Großzügigkeit.*

P: Du hast ein riesengroßes, großzügiges Herz. Die Offenheit, die Großzügigkeit ist da, und gelegentlich kommt dann so ein kleiner Irgendwer und streut Gift in den Brunnen. Großzügigkeit hat kein Ende. Auch sie verlangt ein Gehen und Hinübergehen und noch weiter Hinübergehen. Großzügigkeit ist bedingungslos und fragt nicht nach Anerkennung.

Ich sehe ein riesengroßes Herz voller Liebe und Großzügigkeit. Richte deine Aufmerksamkeit und deine Hingabe darauf, immer weiter und weiter und weiter. Dann hat die Gier keine Chance. Kämpfe nicht gegen die Gier oder die Gedanken oder die Identifikation, nein: Hinüber und noch mehr hinüber und noch mehr hinüber. Wuchere mit deinen Talenten. Im Vertrauen auf die vorhandene Großzügigkeit und Fülle und auf dein Herz werden diese Bilder von dem, der anerkannt und erfolgreich ist, von selbst unwichtig. Irgendwann wird es keine Frage nach Gewinn mehr geben. Aber bitte nicht kämpfen, sondern gießen!

19. Geduld – Ungeduld; Sehnsucht – Gier

Geduld und das Konzept von Zeit

Es soll einmal einen Mann gegeben haben, der zu spät zum Essen heimkam. Seine Freunde fragten ihn: „Wieso kommst du zu spät?“ Da sagte er: „Ich habe dem Weizen beim Wachsen geholfen.“ „Gut“, antworteten sie, und nach dem Essen gingen sie auf das Feld hinaus, und siehe da, der ganze Weizen war verdorrt. Was hatte der Mann gemacht? Er war sehr fleißig durch alle Reihen gegangen und hatte überall an den Weizenhalmen gezogen, um ihnen beim Wachsen zu helfen. Das ist Ungeduld!

Wir sprachen über Großzügigkeit und Großmut. Großzügigkeit transzendiert die Illusion von Mangel. Großzügigkeit transzendiert die Illusion, die wir uns über Materie machen. Großzügigkeit ist das Ende dieses Musters von Handel. Großzügigkeit beendet Geiz und Gier und löst die Illusion der Beständigkeit der Materie und die Illusion von Besitzen auf. Großzügigkeit ist bedingungslos – das ist implizit. Kein Handel, keine Bedingung, einfach so. Aber Großzügigkeit ist nicht dumm, sie ist sehr intelligent, hat nichts mit Ausnützen oder sich ausnützen lassen zu tun.

Geduld transzendiert das Konzept von Zeit und löst die Illusion von Sorge und Eile auf. Sie ist die zweite Paramita. Diese Illusion von Ego lebt ganz gehörig von der Energie, die der Handel und die Bedingung geben, aber auch gehörig von der Nahrung Zeit. Außerhalb der Zeit, wenn wir uns nicht zwischen Vergangenheit und Zukunft bewegen, genau jetzt gibt es kein Ego. Da musst du einmal hinschauen! Weil man aber in den Gedanken lebt „Ich sollte, müsste, wollte irgendetwas Bestimmtes haben oder irgendwas Bestimmtes loswerden, oder irgendetwas nicht mehr erfahren müssen oder in den Himmel kommen“ taucht Ungeduld auf: die Enge in der Zeit.

Auch Geduld ist nicht dumm – sie hat nichts mit Aushalten zu tun – sondern Geduld ist mutig, ist Langmut, ist offen und hat einen klaren Blick auf „Was ist jetzt?". Sie ist in Einverständnis mit dem Jetzt. Geduld bringt dich immer zum Jetzt zurück. Geduld ist wie Ananda am Teich, mit und ohne Fische, mit und ohne Schlamm. Geduld ist Padmasambhava in diesem Tal voller Widrigkeiten, von dem ich euch neulich erzählt habe. Er sitzt da und fragt nicht: „Wann hört das endlich mit diesen blöden Leichen auf?" Ja, da lacht ihr jetzt! Genau das macht ihr, wenn ihr ungeduldig seid. Es ist nicht überliefert, wie lange er da saß, Tage, Wochen, oder waren es Jahre? Zeit ist ein sehr unsicheres Phänomen, von dem wir sowieso nicht genau wissen, wie es funktioniert, und das wir meistens falsch verstehen. Meistens wird das Einzige, was sicher ist, vergessen – nämlich das Jetzt.

Geduld brauchst du zunächst mal mit dir selbst. Geduld mit allem, was so auftaucht. Alles geschieht zur rechten Zeit und auch im rechten Ausmaß. Geduld brauchst du dann auch mit den anderen, mit dem, was bei ihnen so auftaucht und damit, was das wiederum zwischen euch bewirkt. Geduld braucht es auch mit der jeweiligen Situation, sei sie nun gerade angenehm oder widrig. Was nicht heißt, dass man nicht ändern könnte, was geändert werden kann. Aber es ist möglich, im Moment offen und klar da zu sein, verfügbar für das, was jetzt ist. Wenn wir in Gedanken immer schon bei einem Ziel sind, von dem wir nicht mal wissen, ob es das gibt, nehmen wir nicht oder zu wenig wahr, was an Potential, an Möglichkeit jetzt vorhanden ist.

Je mehr wir mit Geduld, Langmut, Großmut, Offenheit und Großzügigkeit im Jetzt sind, umso mehr verschwindet die Zeit. Und mit der Zeit verschwindet die Illusion, verschwindet das Ich. Taucht Ungeduld auf, dann ist das erst mal nur ein Gedanke, nichts Dramatisches. Sei auch mit der Ungeduld nicht ungeduldig – sie ist nur ein Gedanke! Sie ist auch eine Welle auf dem See oder eine Wolke am unbegrenzten Himmel. Betrachte sie einfach als das, was sie ist – kein Drama, einfach eine Wolke. Erst eine Wolke, dann eine Welle. Die Wolken sind mehr die

Gedanken und die Wellen auf dem See mehr die Gefühle, die dann hinterher kommen.

Aus der Stille, aus DEM, was bleibt, aus dem Blickwinkel des Großen Einen sind Geduld, Großzügigkeit, Mitgefühl eine natürliche Eigenschaft, untrennbar und keine Übung. Aber das Große Eine, die Leere ist dennoch kein luftleerer Raum, sondern das Spiel der Energie, das Spiel von Yin und Yang geht weiter, und du begegnest allen möglichen Umständen und Gefühlen: Schnee fällt, Schnee schmilzt, Eiszapfen wachsen, Eiszapfen schmelzen. Wenn aber in all dem die Erinnerung, das Bewusstsein, die Achtsamkeit, die Meditation bestehen bleiben, dann darf das ganze Spiel passieren. Und es ändert sich nichts an der Geduld, ändert sich nichts am ständigen Loslassen, an der Großzügigkeit, dem Großmut, dem Gleichmut, es ändert sich nichts an der Unendlichkeit.

Deshalb existiert kein Widerspruch zwischen Tao und Yin/ Yang. Dieses freudige Spiel ist Ausdruck der Freude des Einen, ist die Ausstrahlung der Freude des Einen, das sich selbst in dem ganzen Spiel erkennt und sich in jedem Moment im ganz Konkreten manifestiert. Die drei – es sind keine drei, sondern sie sind völlig ungetrennt – nennt man die drei Körper Buddhas: 1) Dharmakaya – die ursprüngliche Raumhaftigkeit, Offenheit, Leere, ist völlig ungetrennt von 2) Sambogakaya – dem Auftauchen von Energie, von Ausstrahlung und Freude und von 3) Nirmanakaya – dem Auftauchen von Manifestation und dem Wiederverschwinden von Manifestation. So ist es wirklich möglich, in jedem Moment in DEM zu bleiben, ohne die Manifestation zu verleugnen und ohne das Spiel zu verleugnen. Dann ist Geduld keine Frage, Großzügigkeit keine Frage. Es geht gar nicht anders. Dann ist Mitgefühl keine Frage, und es taucht kein Leiden auf. So schaut es von innen aus, aus DEM.

Angenommen du schaust gerade nicht aus DEM, kommt die *Übung* der Geduld ins Spiel. Du schaust vollkommen durch deine Verwirrung, durch die Illusion, durch alle Schleier... besser gesagt du schaust *nicht* durch, sondern *auf* die Illusion, auf die

Schleier. Aber du hast eine Ahnung, einen Geschmack, eine Erinnerung an die Ursprünglichkeit, an die Gegenwärtigkeit, an die Ewigkeit, denn sonst würdest du das Buch nicht bis hierher lesen. Sofern Bereitschaft zu wissen da ist, weißt du in dem Moment: ich schaue gerade aus der Illusion auf die Illusion, und du kannst dich erinnern: „Okay, ich bin zum Beispiel ungeduldig – was will ich eigentlich, wo will ich hin, was kann das sein?“ Da sind Geiz und Furcht, und du kannst ergründen: „Was halte ich da und was macht das, wie fühlt sich das an?“ Du kannst einfach bereit sein, dem, so wie es sich darstellt und anfühlt und wie es in diesem Moment für dich ist, in aller Offenheit zu begegnen. Wenn man der Verwirrung selbst, dem Geiz selbst, der Ungeduld selbst begegnet, und auch der Schutzlosigkeit der Begegnung selbst begegnet, dann enthüllt sich in der Mitte der Verwirrung Klarheit selbst, und in der Begegnung mit dem Halten kommt es zum Loslassen. In der vorurteilsfreien Begegnung mit den Widrigkeiten entdeckst du die Ewigkeit der Buddhanatur. Es ist also notwendig, die Begegnung mit dem Schmerz der Dualität zuzulassen. Keine Verleugnung! Nicht: „Es ist ja sowieso nicht real!“ – sondern die direkte Begegnung ohne Schutz, ohne Bild und ohne irgendetwas damit erreichen zu wollen. Das ist die Übung von Geduld. Es geht nicht anders, als in Bewusstheit loszulassen und loszulassen und loszulassen. Dabei verbleichen alle Bilder im Lauf der Zeit, die Bilder von der Zukunft, die von der Vergangenheit, das Bild von dir, wie du warst, das, wie du bist, das Bild von dir, wie du gern wärest, das Bild von dem, was du hast und was du gerne hättest und was du nicht bekommen hast. Das alles löst sich auf, es taut. Verstehst du?

Geduld ist keine dumme Übung von „Zähne zusammenbeißen“, durchhalten, aushalten, sondern es ist die Anerkennung der eigenen Unbegrenztheit, die Anerkennung der Unendlichkeit der Gegenwärtigkeit. Und auch Großzügigkeit ist nicht Dummheit, ist kein sich-über-den-Tisch–ziehen-lassen, sondern ist die Anerkennung der Fülle, die Anerkennung des Reichtums, der da ist. Und auch die innere Haltung und Qualität der Geduld muss sich ganz praktisch im täglichen Leben zeigen und erweisen.

Ungeduld, die Epidemie des Jahrhunderts

F: *Das kann aber lange dauern, manchmal Tage oder Wochen oder wer weiß wie lange!*

P: Leben kann es auch dauern! Aber was ist Zeit? Was ist lang, was ist kurz? Von wo aus schaust du, wenn du sagst: lange?

F: *Von der Mitte aus.*

P: Von der Mitte aus? Wie definiert sich lange? Oder was ist für dich lang, was kurz? Wo fängt lang an, wo hört kurz auf und was ist dazwischen? Diese Begriffe haben nicht viel Bestand. Zeit hat in diesem Bereich keine Relevanz. Wenn du einen spannenden Film anschaust, dann scheinen zwei Stunden ganz kurz. Wenn du aber Dienst hast wie diese Polizisten, die da draußen vor der Botschaft Wache schieben, was glaubst du, wie lang da zwei Stunden werden? Was ist lang und kurz? Sehr subjektiv und immer verschieden. Sei nicht dagegen, dass dieses Hin und Her in diesem Prozess des Stillwerdens, Bewusstwerdens passiert. Das ist der Lernprozess. Sei nicht ungeduldig! Ungeduld ist eine schreckliche Krankheit und in dieser Szene weit verbreitet. In der Ungeduld äußert sich die Gier, und die Gier ist ein Riesenhindernis. In der Meditation wird das Jetzt zur Ewigkeit, alles fällt zusammen in DEM. Zeit ist ein ganz kleines Universum.

Sehnsucht, eine Schwester der Hingabe

F: *Was ist der Unterschied zwischen Gier und Sehnsucht?*

P: Auf den ersten Blick – wenn man nicht genau hinschaut – könnte man die beiden verwechseln. In der Gier steckt ein Nein, in der Sehnsucht ein Ja. Sehnsucht ist ein Gefühl, ein Brennen und Ziehen, ein Sehnen im Herz. Die Sehnsucht verbeugt sich. Sie sagt: „Oh ja, ich sehne mich nach dem Göttlichen. Ich liebe das Göttliche. Ich fühle mein Herz brennen." Die Sehnsucht fragt noch nicht einmal nach dem Ziel der Sehnsucht, sondern ist in sich selbst göttliches Feuer.

Die Gier weiß immer genau, was sie will und was sie nicht will. In der Gier sind sofort Bild und Vorstellung davon vorhanden, was man haben möchte, und auch darüber, bis wann – nämlich am besten gleich. Sie ist ein Nein zu dem, was jetzt ist.

Die Sehnsucht ist „inbrünstig“, sagt Rumi, ist heiß, ist im Herz, ist göttliches Feuer selbst. Die Sehnsucht frisst dich auf. Mit der Gier versuchst du alles andere aufzufressen. Die Sehnsucht ist eine Schwester der Hingabe. Die Gier ist eine Schwester des Hasses.

20. Mitgefühl

Nicht du trägst die Welt, die Welt trägt dich

F: *Ich habe gelegentlich das Gefühl, als würde ich die ganze Welt tragen.*

P: Die Welt trägt dich! Du kannst die Welt nicht tragen. Und dieses Gefühl, du trügest die ganze Welt, ist Arroganz. Wer bist du, die ganze Welt zu tragen?

F: *Ich meine das Leid, das ich sehe, wie es auf der Welt aussieht – wie viele Kinder, wie viele Menschen sterben. Es fühlt sich sehr, sehr schwer an. Ich habe schon gemerkt, dass es aus dem Loch in mir kommt, aus dem Alleinsein, aus der Getrenntheit in mir. Aus meinem Umfeld kommen viele Menschen zu mir und wollen Rat. Selbst für meine Eltern habe ich den Psychologen gespielt, als sie sich trennen wollten.*

P: Das ist nicht gut, es ist ungesund. Vorsicht! Sei zuerst in Frieden mit dir! Das ist der erste Schritt, und dann schau noch mal auf die Welt. Dann fühle, aber sei erst in Frieden mit dir. Die Trennung in dir, der Krieg in dir, die Ablehnung oder auch das Gefühl, nicht ganz da sein zu wollen – das lässt dich leiden. Sich für die Welt opfern zu wollen ist manches Mal versteckter Selbstmord: „Ich will eigentlich nicht da sein, aber zugeben, dass ich nicht da sein will, das will ich auch nicht." Und dann „opfere" ich mich. Dein Fühlen kommt dann nicht aus Fülle, nicht aus Überfluss, sondern es ist der Versuch, deinem eigenen inneren Mangel auszuweichen.

F: *Ich verstehe das sehr gut, denn ich habe mich irgendwann entschieden: Leben ist angesagt!*

P: Mir fällt Jesus ein, der sagte, er wolle die Schuld der Welt auf sich nehmen. Das habe ich lange missverstanden. Ich habe lange fälschlicherweise gedacht, er sei wohl einem Traum aufgesessen: Die Welt zu erlösen und ihre Schuld auf sich zu nehmen wäre ein Traum, wäre Illusion, das geht nicht.

Aber Jesus, ein wahrer Buddha, war sich seines Seins als Gottessohn und seines Seins als Menschensohn, wie er es nannte, ständig vollkommen bewusst. Er lebte in dieser Gewissheit, dass es Schuld nicht gibt. Aber als Bodhisattva konnte er sich nicht von den anderen Wesen abtrennen. Er konnte nicht sagen: „Okay, ich bin Gottes Sohn, und ihr auch – alles wunderbar – und tschüss." Er konnte sich nicht abtrennen von dem, was auf der Welt geschieht, konnte sich nicht abtrennen von dem, was in der Horizontalen passiert. Er hat das nie getan. Jesus hat die Horizontale nie verleugnet. Er ist zugleich vertikal und horizontal (*Pyar zeigt ein Kreuz*). Und in diesem Nichtverleugnen der Horizontalität und Nichtverleugnen der Vertikalität konnte er sich von seinen Brüdern und Schwestern nicht abtrennen. Und so empfindet er das Schuldgefühl, das auf dieser Welt vorhanden ist, und sagt „Ja, ich nehme es an", obwohl er genau weiß, dass es Schuld letztendlich gar nicht gibt. Das ist Mitgefühl. Er sagt einfach ‚Ja'. Und das nimmt eine sehr praktische, sehr konkrete Form an. Er lässt sich am Ende vom Gericht schuldig sprechen und sagt nichts dazu. Und trotzdem weiß er die ganze Zeit um seine Unschuld, lebt er die ganze Zeit in der grundlegenden Gewissheit, in tiefstem Frieden. Es ist wirklich beides da in ihm: Die absolute Gewissheit des Friedens, die sich letztlich auch in dieser äußerst schwierigen Situation bewährt, und gleichzeitig das Anerkennen und auch der Respekt vor dem, was innerhalb des Reiches Gottes passiert, was im Raum, was in der Welt der Phänomene geschieht. Jesus hat sich nicht davongeschlichen. Er ist nie auch nur einen Fußbreit gewichen.

Aus der Fülle, eben nicht aus innerer Getrenntheit, sondern aus All-Eins erwächst das Mit-Empfinden mit allem. Jesus lebt in Fülle, in Stille, in Gebet, in Hingabe, in absoluter Bedingungslosigkeit und in absolutem Dasein, er weicht nicht zurück. Und aus dieser Fülle erwächst Mitgefühl als natürliche Aktivität der Fülle, als natürliche Schwingung. Sei also in Frieden und fürchte dich nicht!

Tonglen

Osho nannte Tonglen „Atisha's Heart", und diese Methode stammt tatsächlich von Atisha, einem großen tibetischer Meister. Ganz wichtig ist, und Atisha sagt das auch selbst: Man muss diese Praxis mit sich selbst beginnen, sonst wird es ein Märtyrer-, Opfer-, „Ich-tu-was-für-die-Welt-Ding". Die Methode geht so: Du nimmst, was auch immer passiert, was auch immer in dir da ist, mit dem Einatmen in dein Herz, auch den Hass, die Aggression, die Hitze. Die Tibeter beschreiben das als heißen Rauch. So fühlt es sich an. Du atmest das ein, und du atmest Freude, Friede und Stille aus. Das ist ungefähr das Gegenteil von dem, was man im „Positive Thinking" lernt. Wir atmen ein, was da ist und sich unangenehm anfühlt, und das Herz ist groß genug für alles. Und dann atmen wir alles aus, was an Licht und Freude in uns ist, und zwar genau dorthin, woher das Unangenehme kam. Und wenn das mit uns selbst funktioniert, wir uns selbst Frieden, Stille und Mitgefühl geben können, dann können wir es irgendwann auch mit dem, was von außen kommt. Das ist Alchemie. Sie verwandelt Gift in Segen. Jedes Gift, das einem begegnet, wird zu einer weiteren Gelegenheit, noch mehr Frieden daraus werden zu lassen, wird zu einer weiteren Gelegenheit, tiefer zu gehen, in Mitgefühl zu sein, wach zu sein, wird Gelegenheit zu mehr Hingabe. Das ist ein großer Schatz.

Füge nicht dem Meer des Leidens deinen Tropfen Bitterkeit hinzu

F: *Ich habe in deinem Buch und auch bei anderen Erwachten gelesen, dass alles in Ordnung ist, wie es ist. Das mag auf eurer Stufe stimmen, aber unsere relative Welt ist ehrlich gesagt in einem furchtbaren Zustand.*

P: Ja. Und mein Herz blutet, blutet bei vielen Dingen. Ich spüre einfach Schmerz, genau wie du. Der erste Schritt ist, *deinen* Schmerz dabei zu fühlen und anzunehmen. Normalerweise ist es ja so, dass viele Aktionen aus der Motivation entstehen, den eigenen Schmerz loszuwerden. Und da stimmt es schon nicht. Nimm den Schmerz, den du empfindest, an. Er ist trotz allem am Ende deiner. Sei in Frieden mit dem, was in deinem Herz ist. Dann erst kann Mitgefühl erwachsen. Und Mitgefühl ist sehr mächtig. Mitgefühl heißt aber nicht Aktionismus. Es muss nicht heißen, dass du auf eine Demo gehst, schließt aber auch das nicht aus. Mitgefühl kann tätig sein oder einfach seiend, strahlend. Im einfachen Annehmen dessen was ist, geschieht tiefe Transformation. Das ist der einzige Weg, den ich sehe.

F: *Ich will das aber nicht akzeptieren, so wie es ist.*

P: Dann haben wir ein Problem.

F: *Ich will nicht die linke Backe hinhalten, wenn mir auf die rechte geschlagen wird. Ich schlage zurück.*

P: Du kämpfst schon so lange. Wenn du kämpfst, dann kämpfe mit Freude. Ganz aufrichtig, ganz gerade, ganz ehrlich, ganz offen, ohne Verstecke. Immer im Bewusstsein des Lichts, im Bewusstsein der „grundlegenden Gutheit der Dinge", wie Chögyam Trungpa es nennt. Nur wenn du in tiefer innerer Bewusstheit der grundlegenden Gutheit der Dinge bist, kannst du ein Krieger sein. Ansonsten bist du Opfer. Und wenn du noch so oft zurückschlägst, du bleibst Opfer!

Die grundlegende Gutheit ist das Gesetz des Universums. Es ist nicht an dir, darüber zu urteilen. Es ist nicht an uns, wirklich nicht. Aber ich spüre deine Bitterkeit und deinen Schmerz, und ich kann auch nichts anderes tun im Moment, als es einfach fühlend und offen da sein zu lassen.

Gewalt ist nie eine Lösung. Du kannst es vergessen, für den Frieden zu kämpfen, das endet oft nur in Demonstrationen, auf denen faule Tomaten geworfen werden. Eine andere Art von Krieg. In erster Linie erzeugen die Bitterkeit in deinem Herzen, der Unfrieden in deinem Kopf den Krieg. Und das ist der einzige Punkt, wo du ansetzen kannst. Das ist alles. Und das geht nicht ohne Akzeptanz. Jeder Krieg entsteht aus Nicht-Akzeptanz. Jeder Krieg entsteht aus Gier. Und in jedem Krieg denkt jeder, er sei auf der guten Seite.

Also füge dem Meer des Leidens nicht noch deinen Tropfen der Bitterkeit hinzu. Im Gegenteil: Lerne Bitterkeit aufzunehmen, zu essen, zu fühlen bis in die Tiefe! Fühle den Schmerz, wenn er da ist. Nicht, wenn er nicht da ist. Sondern einfach nur, wenn er sowieso da ist, wenn du das nächste Mal etwas von dem siehst oder erfährst, was du den furchtbaren Zustand der Welt nennst. Dann nimm es in dein Herz. Lasse nicht noch zusätzlichen Hass, sondern Liebe daraus entstehen. Natürlich heißt das nicht, dass man sich nicht hinstellen und sagen könnte: „He, Mann, was machst du denn da?" Das hat damit nichts zu tun. Probiere es aus!

21. Achtsamkeit – Wachsamkeit – Präsenz

Zerstreuung

In dem wunderschönen Film „Broken Silence", der auf liebevolle und humorvolle Weise die Absurdität spiritueller Konzepte aufzeigt, sagt ein Mönch: „Die Furcht vor dem Tod treibt uns dazu, uns ständig zu zerstreuen", nicht dazubleiben, zu rennen und zu rennen und zu rennen. Zerstreuung kann auf zweierlei Weise geschehen: Man rennt von einem zum anderen – Autos, Frauen, Männer, Häuser, Jobs... – im Außen Erfüllung suchend, doch nicht wirklich findend. Das ist die eine Art, wie man die Tatsache verdrängt, dass dieser Körper nicht ewig hält.

Die andere Art ist, sich zu weigern zu leben. Das ist leben, als wäre man schon tot. Man begräbt sich sozusagen lebendig und fängt erst gar nicht zu leben an, denn dann ist es vielleicht nicht so schlimm, wenn man stirbt, man ist ja eh schon tot. Diese Art des Verdrängens geschieht ein bisschen unbewusster, ist aber genauso wirksam. Aber auch die Untoten sterben.

Wie du dich auch drehst und wendest, du entgehst dem Sterben des Körpers nicht, und es ist nichts Schlimmes dabei. Aber „da ist nichts Schlimmes dabei" nur zu hören, hilft zunächst nicht, sondern es muss dein eigenes Erfahren sein. Dein Erfahren wird es dann, wenn du in der Tiefe des Jetzt, in der Tiefe der Gegenwärtigkeit, in der Tiefe deines Herzens immer wieder und wieder DAS findest, was jenseits aller Phänomene ist. Das ist dein ursprüngliches Gesicht. Um dieses Erfahren zu entdekken, ist es so wichtig, dass es diese kleinen Tode gibt, jeden Tag, diese kleinen Frustrationen, die Schmerzen, die Enge, die Wut, was auch immer an Leiden auftaucht. Denn nur dann, wenn du in der Mitte davon wieder die Unsterblichkeit entdeckst, ist es echtes Erfahren. Genau da ist es zu finden. Also, schön dableiben! Es ist dein Erfahren von „ich bin nicht der Körper" und „ich bin nicht die Gefühle, nicht die Gedanken...". Es ist deine innerste Essenz. Jetzt, immer, jetzt.

Genauigkeit – Achtsamkeit

F: *Es braucht wirklich Genauigkeit, Bewusstheit ins Leben zu bringen…*

P: Man braucht Genauigkeit, Achtsamkeit, die ganze Zeit über. Nicht drei Tage hier im Retreat und dann vielleicht eine Stunde morgens, eine halbe abends, und die Zeit dazwischen benehmen wir uns wie Ego-Batzen, nein! Meditation, Achtsamkeit, Hingabe, Liebe sind den ganzen Tag durchgängig. Und erwarte nicht, dass immer alles sofort so ‚funktioniert'. Sei bereit dazu immer wieder hinzufallen. Dann stehst du wieder auf, fällst wieder hin, so ist das – kein Drama. Denn in diesem Anspruch von ‚ich muss jetzt sofort perfekt laufen können' liegt Stolz – das eine Extrem. Dann fällst du trotzdem hin, und dann taucht Scham auf – das andere Extrem. Das ist auch ein Pendel, an dem der Affe schwingen kann. Kein Anspruch, aber Bereitschaft!

Der Achtsamkeits-Punkt

Manchmal greift und übernimmt ein Muster dermaßen machtvoll, und die Unbewusstheit in dem Muster wird zugleich so groß, dass du nur warten kannst, bis es vorbei ist. Wenn du Glück hast, taucht viel Gefühl dabei auf, das du annehmen und fühlen kannst. Taucht ein solches Muster auf, besteht bis zu einem bestimmten Punkt die Möglichkeit, anzuhalten, da zu bleiben. Das ist die bewusste Entscheidung. Es gibt die Möglichkeit, nicht auf den Gedanken, nicht auf das Muster zu springen, sondern unbewegt zu bleiben. Aber wenn du diesen Punkt verpasst hast und das Muster, der Film unaufhaltsam abläuft, macht auch das nichts. Jeder Film endet irgendwann. Und das Leben wird dir eine neue Gelegenheit geben, den Punkt der Achtsamkeit bei diesem Muster zu erkennen. Neue Runde, neues Glück!

Der Wachsamkeitswächter

F: *Wenn du von Großzügigkeit, von Wachsein erzählst, dann stürzen sich alle meine Affen aus dem Urwald auf diese Wor-*

te. Sie nehmen und packen sie und sagen: „Ich hab's doch schon immer gesagt, du musst aufmerksam sein!" Dieser spirituelle Affe ist immer der Oberaffe. Dieses Paradox von Nicht-Identifikation und Wach-Sein. Jeder einzelne Affe sagt: „Ja, ich weiß es, habe ich doch schon gesagt, du musst da aufpassen. Ich muss wach sein!" Mein Ich hört das ganz stark.

P: Das ist ein Missverständnis von wach sein. Wach sein heißt nicht, einen Wächter aufzustellen, der an jeder Hausecke mit einer Taschenlampe leuchtet und Notizen macht. Wachheit ist nicht kontrollierend, aber präsent, ist die ganze Zeit da! Wenn du genau hier an diesem Punkt bist, wo auf einmal alles verschwindet, insbesondere du, dann ist in diesem Moment keine Identifikation da, ist Wachheit da, denn die Wachheit, der reine Raum von Bewusstheit ist schon lange da gewesen, bevor irgendeine Identifikation in der Geschichte auftrat.

Die entspannte Katze

F: *Wenn ich wahrnehme, dass es sozusagen ein bestimmtes Maß von Energie für Wachsamkeit braucht, dann frage ich mich, ob ich sozusagen noch früher anfangen muss, zum Beispiel rechtzeitig schlafen gehen oder mich gesund ernähren und so weiter, was man ja alles eigentlich tun möchte, aber nicht immer tut.*

P: Ich glaube, du hast eine falsche Vorstellung von Wachsamkeit.

F: *Erzähl mir, wie es richtig ist.*

P: Ungefähr wie bei einer Katze, die in der Sonne liegt. Ganz entspannt, total entspannt. Aber du siehst an ihren Ohren, dass sie ganz präsent und wach ist. Und wenn irgendwo etwas raschelt, ist sie da – ohne Verzögerung. Aber es kostet die Katze, glaube ich, keine Energie. Die Katze ist ein Bild. Ich habe das Gefühl, für dich ist Vertrauen wichtig. Für dich geht Wachsamkeit leicht in Kontrollieren und auch in ein dich Schützen über, in: „Wie bringe ich die Dinge zusammen?" Das ist nicht nötig. Nichts Soldatisches, kein Wachsoldat. Es ist eher Vertrauen in die Wachheit nötig. Lasse dich hineinfallen.

22. Die Wurzel des Leidens, die vier edlen Wahrheiten und der achtfache Pfad

Die Wurzeln des Leidens sind immer dieselben: Ablehnung, Gier und Nichtverstehen. Und die drei hängen miteinander zusammen, tanzen miteinander. Das ist im Rad der Lehre in der Mitte dargestellt – sieht aus wie ein Yin und Yang mit drei Abteilungen statt mit zweien: Die Wurzeln des Leidens. Die Illusion, das Nicht-Verstehen und die Ablehnung dessen was ist und die Gier, dass es anders sein sollte als es ist, lassen das Leiden nicht weniger, sondern mehr werden auf der Welt. Du fügst noch einen Tropfen hinzu. Das Rad des Lebens dreht sich durch alle Bereiche der Welt. Und immer mehr Verwicklung geschieht. Wenn du weiterhin versuchst, irgendwo an der Peripherie dieses Rades Dinge zu ändern, drehst du das Rad nur weiter: Etwas geschieht, und dann – Reaktion. Und wieder Reaktion und Gegenreaktion und Reaktion und Gegenreaktion, immer weiter und weiter und weiter, von Geburt zu Geburt zu Geburt. Auf jede Geburt folgt ein Tod, folgt eine Geburt, folgt ein Tod, und zwischen Geburt und Tod kommt immer Leiden. Zwar kommt auch Schönheit, aber du entkommst dem Leiden nicht, wenn du nicht an dessen Wurzel gehst. Du kannst die Wurzel aber nie woanders ausreißen, sondern nur bei dir.

Die Illusion von Ich

F: *Ich vergleiche mich immer mit anderen: „Oh, der ist aber schon weit, und das hast du ja noch nicht oder das hast du schon…" Daraus resultiert dann dieses Gefühl der Unzulänglichkeit und der Sinnlosigkeit.*

P: Das hat mehrere Schichten. Oberflächlich betrachtet geschieht irgendetwas, das dir nicht gefällt, und das löst etwas in dir aus. Mit dieser Schicht hast du in Therapien sicher schon viel gearbeitet. Unter dieser Schicht liegt das Vergleichen, wie du gesagt hast. Von dort kommt das her. Aber auch unter dem Vergleichen gibt es noch etwas: Woher kommt das Vergleichen?

F: *Vergleichen kommt daher, dass ich irgendwo einen Maßstab finden muss, wer ich bin – dass ich mich irgendwie in Beziehung setzen muss. Ich fühle meinen Wert nicht. Warum hört das nicht auf? Ich habe meinen Wert längst entdeckt.*

P: Was ist dein Wert?

F: *Also, mein wirklicher Wert ist dieser Raum, der immer weiter und immer friedlicher in mir wird. Das halte ich für meinen Wert und nichts anderes...*

P: Das stimmt nicht ganz. Hier kommt das Gift rein. Es ist nicht *dein* Raum, es ist nicht *dein* Wert, es ist einfach *nur* Raum. Er gehört dir nicht. Auch darüber kannst du deinen Wert nicht definieren.

F: *Aber ich fühle mich dort aufgehoben und getragen. Und das ist eigentlich genug.*

P: Nein, das ist nicht genug! Solange da jemand ist, der sich aufgehoben und getragen fühlen möchte, besteht immer die Gefahr, dass dieser Jemand auf einmal nicht mehr aufgehoben und getragen ist. Deshalb muss dieser Jemand ständig Kriterien schaffen, um festzustellen: Bin ich aufgehoben oder nicht? Ein Kriterium, das du dir schaffst, ist dieses Wertsystem, ist die Positionierung in irgendeiner Form von Gesellschaft und das Vergleichen. Schau, die Wurzel des Ganzen ist noch tiefer. Drei Schichten hatten wir jetzt schon. Darunter liegt der Wunsch nach Geborgenheit: Ich will geborgen sein! Dann kannst du diesem Wunsch natürlich alle möglichen schönen Etiketten geben, du kannst sogar sagen: „Ich will Erleuchtung" und damit meinen: „Ich will Geborgenheit".

Es ist eine Aufforderung an dich selbst, das nachzuprüfen. Ich behaupte jetzt einfach, dass jedes Leiden, jede Trennung, jede Hölle aus Gier und Ablehnung herrührt und die wiederum entstammen der Illusion von Ich und der Verblendung. Das ist die Wurzel des Leidens. Solange die Ich-Illusion, die Gier und die Ablehnung mitschwingen, egal ob in der Form von Besitz – „Mein irgendetwas“ – oder in der Form von Tun, Machen und Erreichen, ist Trennung, ist Leiden da. Selbst wenn man sagt: „Irgendetwas taucht auf, und *ich* beobachte das“, ist die Trennung da. In Wirklichkeit ist da einfach Beobachten, und wenn das Beobachten ganz klar ist, ist da nur Beobachten und niemand, der beobachtet.

F: *Ich habe eine panische Angst, verletzt zu werden.*

P: Ich kenne diese Angst von früher, aber jetzt kenne ich sie nicht mehr. Und ich kann dir nur sagen: Wirklich verschwinden kann diese Angst nur dann, wenn *du* verschwindest, denn diese panische Angst ist ganz fest mit dem verwoben, was du Ich nennst. Das jedoch, was du Ich nennst, gibt es nicht. Verletzung passiert, ich bin absolut verletzbar, aber es ist in Ordnung. Die Lösung heißt nicht, sich unverletzbar zu machen. Die Lösung heißt auch nicht, Möglichkeiten einer Verletzung auszuweichen. Sie heißt auch nicht, herauszukriegen, warum man so verletzlich ist. Sondern die Lösung heißt: „Ja“.

Die vier edlen Wahrheiten

Es geht um Verstehen, nicht im Kopf, sondern in der Tiefe deines Wesens. Buddhas erste Lehr-Rede, man nennt sie das erste Drehen des Rades der Lehre – die erste Runde – beinhaltete die vier edlen Wahrheiten.

Die erste Wahrheit: So wie das Leben normalerweise ist, ist da Leiden. Genau das erzählt ihr mir die ganze Zeit: „Hier tut’s weh, da tut’s weh, dort tut’s weh.“

Die zweite Wahrheit: Es gibt eine Ursache des Leidens. Die habe ich gerade zu erklären versucht. Die Ursache, die Wurzel sind immer dieselben, und zwar Begehren, Ablehnung und Ignoranz. Ignoranz heißt Nicht-Erkennen, Nicht-Durchschauen der Illusion von Ich und der Unbeständigkeit der Phänomene, der Leerheit der Phänomene.

Und die dritte Wahrheit: Es gibt einen Weg heraus. Es gibt eine Möglichkeit, Leiden zu beenden, sagt Buddha ganz klar, und ich sage das ebenfalls. Es gibt eine Möglichkeit, das Leiden wirklich samt der Wurzel zu beenden. Und das versuche ich gerade zu erklären. Ich sage nicht, wie man sich besser benimmt, wie man einfacher durch das Leben kommt, wie man sich Trost holt oder alle diese Dinge, von denen man erst mal annimmt, sie würden glücklich machen. Sondern ich versuche euch zu sagen, wie es möglich ist, Leiden wirklich zu beenden. Ich versuche es zu sagen, so gut ich kann. Das reicht aber nicht aus, denn es geht nicht um Glauben. Glauben bringt gar nichts, auswendig Lernen bringt auch nichts, Mitschreiben bringt auch nichts. Sondern es geht nur durch selbst schauen, durch die eigene Bewusstheit, die eigene Bereitschaft, die eigene Offenheit. Immer wieder Hingabe und Hingabe und Hingabe, und immer wieder Bewusstheit, immer wieder still sein.

Die vierte Wahrheit beschreibt den Weg aus dem Leiden. Buddha nannte ihn den Achtfachen Pfad. Wie ist es möglich, Leiden zu beenden, und zwar wirklich zu beenden, nicht nur zu lindern, nicht kurzfristig ein Pflaster draufzukleben, nicht die Umstände zu ändern, sondern: Wie wird Leiden beendet? Und dazu muss man wissen, was die Wurzel des Leidens ist. Wenn ich nicht weiß, wo die Wurzel ist, wo soll ich dann graben? Und es ist immer dieselbe Wurzel. Und es ist immer dieselbe Medizin.

Der achtfache Pfad

Die vierte edle Wahrheit ist der Weg, den Buddha in seinem ersten Drehen des Rades der Lehre gewiesen hat, um Leiden endgültig zu beenden und Befreiung zu erlangen – der so genannte achtfache Pfad. Dazu gehören: Rechte Erkenntnis, rechte Gesinnung, rechte Rede, rechtes Handeln, rechter Lebensunterhalt, rechtes Bemühen, rechte Achtsamkeit und rechte Versenkung.

Leiden hat immer dieselbe Wurzel. Nur seid ihr euch im Allgemeinen der Wurzel nicht bewusst, sondern bleibt oft in der

Geschichte des Leidens, der persönlichen Geschichte und in den Umständen hängen. Dieses Im-Außen-Bleiben und der Versuch, das Leiden im Außen zu beenden, Frieden und Glück im Außen zu finden, Ursachen in der Vergangenheit und Erfüllung in der Zukunft zu suchen, hält das Rad der Wiedergeburt in Bewegung. Die Wurzel des Leidens ist die ursprüngliche Illusion von Ich, die Illusion von Trennung, das Nicht-Erkennen der Unbeständigkeit der Phänomene, der Leerheit der Phänomene. Diesem Ich passiert alles Mögliche, und es versucht sich zu schützen, Umstände zu ändern. Widrigkeit taucht auf und „Ich" kämpft dagegen. Gedanken tauchen auf und „Ich" kämpft dagegen. Nette Sachen tauchen auf, und „Ich" greift danach und hält sie fest. Das hält das Rad des Leidens in Bewegung. Rechtes Erkennen: Irgendwann durchschaust du dieses Leiden und seine Wurzeln. Du hältst an, begegnest dem und du erkennst und entdeckst das still Sein, und in diesem Moment ist das Rad angehalten: Du bist die Nabe, bist vollkommen unverletzt. Und da ist nichts mehr zu suchen, kein Mangel, nichts zu halten, nirgends hinzugehen. Der Kampf hört auf, Hingabe geschieht, die Illusion wird durchschaut – niemand mehr da. „Gott zu kennen, bedeutet von ihm verschlungen zu werden", sagt Ramana. Der Geschmack von Ewigkeit und Göttlichkeit blitzt auf, und du bist ganz still.

Totalität – Disziplin

Totalität ist nötig, – so nennt es Osho, Treue nennt es Gangaji, Disziplin oder rechte Gesinnung nennt es Buddha. Ohne diese Disziplin, ohne rechte Gesinnung geschieht eine Verdinglichung dessen, was kein Ding ist. Es wird ins Regal gestellt in der Hoffnung, man könnte es bei Bedarf immer wieder hervorholen. Und zwischendrin geht das alte Geschnatter, geht der Egoismus, geht die Trennung weiter. Diese „Disziplin" ist auch eine Paramita, sie ist die dritte der Tugenden der Bodhisattvas.

Disziplin ist nötig, weil es tiefe Muster, Gewohnheiten und Tendenzen des Egoismus, des Wollens, des Hasses und der Verblendung gibt, die sich ohne Disziplin, ohne die Bereitschaft sie zu überwinden und aufzugeben, immer wieder einschleichen werden und dich so immer wieder an das Rad des Leidens fesseln können. Außerdem gibt es oft eine Furchtsamkeit im Geist: Diese Furchtsamkeit versucht immer einen kleinen Teil zurückzubehalten. „Hingabe – gut, schön. Bewusstheit – gut, schön. Aber ich behalte mir doch so ein kleines Stückchen Ego, so ein kleines Stückchen Abgetrenntheit, so eine kleine Sicherheit – vorsichtshalber! Falls das mit Gott nicht funktioniert, dann habe ich wenigstens das noch!“ Das funktioniert nicht. Du kannst nichts zurückbehalten. Es geht auf volles Risiko – keine Garantie, keine Sicherheiten, keine Reste. Es braucht Totalität, Disziplin.

Disziplin hat zunächst so einen komischen Beigeschmack – es klingt für uns irgendwie nach Regeln und Gesetz. Ich fand es auch immer schrecklich und habe immer gegen Regeln und Gesetze rebelliert. Aber hier geht es nicht um Regeln und Gesetze. Die Disziplin, die Buddha meint, die Treue, die Totalität sind nicht etwas, was man von außen auf ein ansonsten chaotisches Leben draufsetzt, um irgendwie zu versuchen, ein bisschen Ordnung in das Chaos zu bringen. Das wäre wieder der Versuch, im Außen etwas zu ändern. Wahre Disziplin und Totalität kommen direkt aus der Meditation, kommen aus der Liebe, aus der Hingabe, aus Einsicht. Auch Disziplin hat nicht die Absicht, irgendetwas zu verändern, hat nicht die Absicht, irgendetwas dafür zu erhalten, hat nicht die Absicht, Ordnung zu schaffen, sondern ist einfach die Ausrichtung, die es ermöglicht, dass Meditation, Hingabe, Stille das ganze Leben ergreifen. Meditation, Hingabe und Stille dürfen kein Ausnahmezustand bleiben, sondern müssen das ganze Leben bestimmen!

Rechtes Bemühen

F. *Ich wollte mal mein Studium abbrechen, habe mich aber dann aufgerafft, doch weiterzumachen. Ich mache Yoga und übe weiter, auch wenn es manchmal weh tut. Ich habe das Gefühl, dass diese Überwindung – zum Beispiel auch mal etwas zu tun, wozu man gerade keine Lust hat – oft schon notwendig ist.*

P: Was du beschreibst, ist Disziplin, ist rechte Gesinnung und ist rechtes Bemühen. Und natürlich ist es so, dass eines auf dem anderen aufbaut. Zugleich trägt aber jeder Punkt auf diesem Weg oder in diesem Prozess des Aufbauens wie in einem Hologramm die Vollendung in sich, und zweitens ist es so, dass, sobald Absicht mitspielt…

F: *…die Perfektion verloren ist.*

P: Ja. Das heißt, rechtes Bemühen – in deinem Studium, deinem Yoga, im täglichen Leben, im inneren und im äußeren Leben – ist wunderbar! Ein solches Bemühen ist nicht nur Bemühen, sondern *rechtes* Bemühen, das heißt ohne Absicht, ohne Handel, ohne Ziel. Dann baut sich von selbst auf, was sich aufbauen muss, aber du weißt es vorher nicht.

F: *Ist es trotzdem berechtigt, dass ich Yoga übe, obwohl alles weh tut und ich muffelig bin?*

P: Natürlich. Und es ist genauso berechtigt, zu sagen: „Heute setze ich aus." Am Ende hebt sich immer alles auf.

Auf der einen Seite dieser Messerschneide sind Trägheit, Ängstlichkeit und Feigheit: mir tut es gerade ein bisschen weh, und dann traue ich mich nicht mehr, denn es könnte ja wieder weh tun. Auf der anderen Seite liegen Aktionismus und Handel. Deshalb *rechtes* Bemühen und *rechte* Disziplin, Treue, Totalität, die sich aber nicht in irgendwelchen Übungen erschöpfen. Es geht nicht um Übungen, sondern um die Essenz. Man kann auch vor lauter Übung Gott vergessen. Dann wird die Übung zum Selbstzweck, ist leer und ohne Gehalt. Wenn sich in das Bemühen oder Üben das strebende Ich einmischt, dann ist Trennung da. Dann wird es blinder Aktionismus, dann kannst du zwölf Stunden am Tag Yoga üben und vierundzwanzig Stunden studieren, und du wirst davon lediglich einen flexiblen Körper und einen flexiblen Verstand bekommen. Wenn du alles im *rechten* Bemühen, das heißt entschlossen, aber bedingungslos und ohne Absicht tust, einfach nur, weil jetzt Yoga dran ist, jetzt Studium, jetzt dies – ohne Ziel, ohne etwas dafür haben zu wollen – dann ist alles Anbetung, Gebet, und trägt die Frucht selbst schon in sich. Es ist gar nicht nötig, damit irgendwo hinzukommen. Wenn dein Tun Gebet, wenn es *selbst* Hingabe ist, wenn es aus Liebe kommt, wenn es ohne Streben, ohne Absicht, ohne Ziel, ohne Gier, ohne Ablehnung ist, ist es rechte Bemühung und ist es der Bodhipfad selbst.

Rechte Gesinnung

Rechte Gesinnung, rechtes Handeln, rechtes Sich-Versenken und so weiter klingen nach Regeln und sind auch über weite Strecken als solche missverstanden worden. Nimmt man das lediglich als Regel, dann ist es, als würde man Plastikäpfel an einen verdorrten Baum hängen. Und das macht das alles so schrecklich, das macht Religion so leer, so tot. Das haben Jesus und Buddha nie gewollt.

Der Baum lebt, Meditation vertieft sich, Stille breitet sich aus, Hingabe wird tiefer und weiter, loslassen und loslassen. Bewusstheit wird klarer, Achtsamkeit taucht auf. In diesem Verschwinden von Ich in der Hingabe, in der Meditation, verschwindet auch das Leiden. Und es verschwindet alles, was Trennung vorgegaukelt hat. Dann sind Großzügigkeit, Geduld, Disziplin, Freundlichkeit vollkommen natürlich: nicht mehr ein Gebot von außen, sondern natürlicher Ausdruck der Stille.

Wenn aber wieder alte Tendenzen auftauchen, Trennung, Leiden, Zorn, Gier, Hass, Aggression oder Verzweiflung auftauchen, dann ist das einfach ein Hinweis, wieder still zu sein, wieder Hingabe zuzulassen. Nicht die Emotionen zu unterdrücken – das würde passieren, wenn man den achtfachen Pfad oder die Paramitas als Gebot verstehen würde – sondern einfach wieder da sein, es fühlen, ohne es jemanden an den Kopf zu werfen, und ganz nüchtern sehen: „Aha, da ist Anhaftung, da ist Illusion", es untersuchen, es ganz in der Tiefe wahrnehmen. In diesem fühlenden Wahrnehmen verschwindet der Wahrnehmende. Objekt und Subjekt verschwinden.

In dem Rad von Ursache und Wirkung, Karma und Wiedergeburt, Muster und Illusion wickelt sich alles auf und wird immer enger und enger. Eins folgt aus dem anderen, und immer mehr Bedingung entsteht. Und in diesem Rad der Lehre wickelt es sich wieder ab! Es ist wie eine gegenläufige Spirale, es löst sich wirklich auf! Auch das ist Praktizieren, ist Üben. Aber auch das ohne Absicht, ohne Sicherheit, ohne Ziel, nicht, damit es sich auflöst, sondern in Hingabe. Einfach immer jetzt. Und in der Bereitschaft der Begegnung mit was auch immer auftauchen mag. Und in Ehrlichkeit.

Rechtes Handeln

Wir sind immer noch beim achtfachen Pfad. Rechtes Handeln. Das klingt für den konditionierten Verstand zunächst auch wieder nach Gebot und Verbot – ähnlich wie bei Geduld, bei Großzügigkeit und Bemühen. Rechtes Handeln: „Parke nicht im Parkverbot!" Du sollst dies tun und jenes lassen – das ist das herkömmliche Muster. Das ist Moral, aber nicht rechtes Handeln. Moral ist eine notdürftige Krücke für menschliches Zusammenleben, wenn keine Bewusstheit da ist. Es ist ganz einfach! Wie in der Geschichte von dem Dieb, der zu Nagarjuna kam: Es ist unmöglich, gleichzeitig bewusst zu sein und zu stehlen. In Bewusstheit ist diese krumme Krücke der Moral nicht nötig. Das heißt: Bewusstheit und Handlungen wie Stehlen, Verletzen oder Lügen gehen nicht zusammen. Du kannst es probieren! Es geht nicht. Das ist rechtes Handeln.

Handeln heißt im Sanskrit Karma. Gewöhnliches Handeln, unbewusstes Handeln geschieht aus Reaktion, aus altem Muster, aus Erwartung auf die Zukunft, aus Haben-Wollen oder Nicht-haben-Wollen, aus Nicht-hinschauen-Wollen. Es ist eine Reaktion auf alles Mögliche und ist berechenbar. Wenn man jemanden halbwegs kennt, weiß man, wie er reagiert. Das wird ja auch zum Beispiel für Werbung ausgenützt. Dieses Handeln aus Muster heraus, dieses Handeln aus dem Ich heraus erzeugt neues Muster. Eine Reaktion erzeugt die andere. Das ist Karma.

Das ist ein Handeln, welches ein Handel ist: Ich tue etwas aus einem Warum und aus einem Wozu heraus. Das ist ein Handeln, das an Vergangenheit und Zukunft gebunden ist – Karma. In Bewusstheit, Präsenz, Hingabe und Stille, ohne Wollen, ohne Ablehnung, zufrieden, in Frieden, ist niemand da – kein Karma.

In DEM ist sowohl Handeln als auch Nicht-Handeln absolut möglich. Da ist nichts ausgeschlossen. Handeln aus DEM ist einfach spontan, nicht mehr Reaktion aus Muster oder Aktion aus Erwartung heraus, sondern ganz direkt, authentisch, aufrichtig. Rechtes Handeln fragt nicht nach Gewinn, ist kein Handel, hat keine Absicht. Es hat vielleicht eine Vision, aber die kann sich erfüllen oder auch nicht – das spielt keine Rolle. Dieses Handeln ist frei, will nicht so oder so scheinen, es ist natürliche, spontane, freudige Manifestation und absolut ungetrennt von Stille, von Liebe, von Hingabe. Das heißt Nishkarma – nicht anhaftendes Handeln. Durch Nishkarma entsteht keine neue Verwicklung. Deshalb heißt es: ihr sollt leicht auf der Erde gehen, ohne Spuren zu hinterlassen. Nishkarma ist rein, pur, ist Handeln in Reinheit. Dieses Handeln ist total, vollendet sich in sich selbst, hinterlässt weder Unerfülltes noch Bedauern. Da ist niemand, und trotzdem geschieht es in voller Verantwortung, nicht lasch, nicht träge, sondern ganz präsent. Nichts stört die Stille hier.

23. Wahrhaftigkeit und Aufrichtigkeit

Rechte Rede

F: *Könntest du etwas über das Thema Aufrichtigkeit im Zusammenhang mit dem achtfachen Pfad sagen?*

P: Aufrichtigkeit wird im achtfachen Pfad „Rechte Rede" genannt. Aufrichtigkeit braucht Demut, und Demut ist Mut. Das ist der Unterschied zwischen Aufrichtigkeit und Starre. Wenn Aufrichtigkeit aus dem Ego kommt, ist sie starr. Dann ist es: „Ich zeig's euch!" oder: „Schaut her, wie gut ich bin!" oder: „Habt ihr alle gesehen, wie toll ich das gemacht habe", oder Seelenstriptease oder solche Sachen. Einfache Aufrichtigkeit ist nur, zu sagen: „So ist es, wie es ist." Ohne Beschönigung und ohne Behässlichung. In dieser Aufrichtigkeit stellt sich die Frage von „richtig" nicht. Echte Aufrichtigkeit beinhaltet Loslassen, und zwar das Loslassen jedes Bildes von sich, jedes Anspruchs, das Loslassen der Abhängigkeit von der Meinung anderer, der Furcht vor Verletzung, das Loslassen des Strebens nach Gewinn. Selbst wenn der Gewinn nur ein Schulterklopfen wäre. Diese Gewinne sind so klein, und ihr verkauft eure Seele dafür! So schäbige Gewinne, nichts wert!

Aufrichtigkeit heißt auch, sich auf diesem Weg der Bodhisattvas, auf diesem weglosen Weg es sich einzugestehen, wenn Trennung auftaucht. Sie nicht abzutun, sondern zu wissen, dass es Leiden ist, nicht die Augen davor zu verschließen, sondern ehrlich zuzugeben: „Trennung ist aufgetaucht, Leiden ist aufgetaucht, Aggression ist aufgetaucht, da ist Unbewusstheit", und das wieder in die Meditation mit hinein nehmen. Nur in dieser Bereitschaft – und sie muss wirklich total sein – ist es möglich, das Leiden zu beenden, es wirklich für immer zu beenden.

Wahrhaftigkeit in kleinen Dingen

F: *Das ist ja ätzend, das ist ja fürchterlich! In allem so richtig wahrhaftig zu sein ist schwierig.*

P: Ich finde es eher anstrengend, sich dauernd Lügen auszudenken. Und sich dann noch merken zu müssen, was ich zu wem gesagt habe, um dieses Lügengebäude aufrechtzuerhalten. Irgendwann verplappert man sich, oder die Steuerprüfung kommt, und dann bist du doch dran. Das macht die Sache anstrengend und kompliziert. Sage ich aber einfach wie es ist, ist das unkompliziert. Es geht ohne Anstrengung.

F: *Gestern ertappte ich mich bei einem Punkt: „Da warst du nicht ehrlich, nicht sauber mit dir. Stehe dazu, dass du nicht sauber warst." Dann schämte ich mich, aber gesagt habe ich nichts. Das fühlte sich doppelt dreckig an: nach innen nicht sauber – nach außen nicht sauber. Dann war Hochalarm in mir... wie wenn alles voller Rauch wäre...*

P: Einfach da zu stehen und zu sagen: „So ist es gelaufen", ist das Ende des Sich-Versteckens. Du siehst, wie du deine eigene Würde im Lügen verletzt hast, und dann auch dazu nicht stehst. Dann ist es außen und innen dreckig. Aber in dem Moment, wo du dich öffnest und bereit bist, das deinen Freunden unter Tränen zu zeigen, mitsamt der Scham, ist es vorbei. Du zeigst es so schön, denn genau das, was du jetzt gerade machst, durchschneidet die Wurzeln dieses Ichs, das sich über andere definiert. Sobald du dich wirklich öffnest und zeigst, den Mut und die Furchtlosigkeit aufbringst und nicht versuchst, dich zu schützen, um zu zeigen, wie toll du bist, schneidest du das durch. Das ist Heilung!

F: *Es wurde mir plötzlich so klar, dass dieses simple Ehrlichsein nach außen auch in kleinen Dingen ein Teil der Wahrheit ist. Wenn ich mir sage: „Innen ist alles sauber und fein", reicht das nicht.*

P: Exakt, das ist Aufrichtigkeit.

F: *Ja, die Wahrheit ist absolut radikal, aber dass diese Ehrlichkeit und Aufrichtigkeit genauso radikal sind, dass es auch da keine Trennung gibt, war mir bis jetzt nicht klar.*

P: Ich versuche es ein bisschen nett zu verpacken, wie ein Osterei. Natürlich ist es ziemlich radikal. Aber das Wahrnehmen der Radikalität ist fantastisch! Wenn du diese Radikalität wahrnimmst, heißt das einfach, dass du spürst wie die Säulen des Ego ins Wanken kommen.

Wenn du die Wahrheit willst, musst du wahrhaftig sein. Denn so kommst du in Harmonie mit dem was ist, mit der Wahrheit des Seins. Und wie kannst du damit in Einklang kommen, wenn du nicht wahrhaftig bist, auch in kleinen Dingen?

24. Stolpersteine

Meditation verdrängt nichts

F: *Ich habe immer das Gefühl, dass ich etwas verdränge, wenn ich meditiere.*

P: Meditation verdrängt nichts. Ganz im Gegenteil: Sobald man anfängt, nicht mehr nur nach außen, sondern nach innen zu schauen, begegnet man erst einmal eher höllischen als himmlischen Dingen. Keine Ekstasen, keine Düfte, keine Buddhas, keine Engel – erst kommen all die kleinen Teufelchen. Wenn du keine künstliche Daunendecke von Pseudoseligkeit und kein falsches Lächeln darüber packst, sondern ganz realistisch, ganz pragmatisch, ganz nüchtern einfach nach innen schaust, dann kommt, was kommen muss, und im Allgemeinen sind das zunächst die Teufelchen. Also begegnest du ihnen. Und unter den Teufelchen ist auf einmal Ruhe. Aber du kommst nicht umhin, du entgehst der Begegnung mit diesen Schattenseiten, Teufeln und Dämonen in dir nicht. Und dann – genau in der Begegnung, im Ja-Sagen dazu, und im in Frieden sein damit ist Ruhe. Diese Ruhe ist echt und keine darüber gepackte Daunendecken-Pseudo-Ruhe.

Kundalini-Unfälle

F: *Eine Dame berichtet über energetische Erfahrungen, ein Aufsteigen der Energie in ihr.*

P: In all diesen Energiespielen, ob heftiger oder nicht so heftiger Art, steht gleichwohl die Nabe still. Da gibt es Wirbel und wilde Pferde, alles Mögliche an verrückten Dingen, die anderswo ausführlich beschrieben sind, doch das Wesentliche ist das, was in all dem still bleibt. Und gegründet in dem, was in der Mitte des Windpferdes still bleibt, kannst du das Windpferd in deiner eigenen Freiheit reiten, ohne es zu zähmen. Und es ist wunderbar, wenn das Windpferd sich ohne Technik von selbst erhebt. Windpferd ist ein Bild, eine Umschreibung für Kundalini. Alles muss aus der Stille heraus geschehen. Wenn man versucht, Windpferde zu züchten, zu trainieren oder zum Galopp zu zwingen, kommt es zu Kundalini-Unfällen: Zuviel künstlich erzeugte oder erzwungene Energie, die dann zu schnell hochsteigt. Das geschieht vor allem, wenn die Basis nicht stimmt: Im Sex-Chakra ist der Teufel los, aber man will unbedingt das Herz öffnen. Das führt zu Unfällen. Da steht alles auf dem Kopf. Und warum? Aus Gier und Ungeduld. Weil man denkt: „Super, Kronenchakra. Drittes Auge, super." Ja, das ist Gier. Gier und die Weigerung, die Wurzeln in die Dunkelheit wachsen zu lassen. „Ich will sofort Licht, und zwar ganz viel." Der Baum hat dann keine Wurzeln.

Furcht, etwas falsch zu machen

Es könnte vorkommen, dass der eine oder andere sich unterwegs gelegentlich fürchtet, etwas zu verpassen. Zum Beispiel die Erleuchtung zu verpassen, die Chance zu verpassen. Dieses Thema ist vielschichtig.

Erstens: Gelegenheiten, Chancen, Öffnungen und Lücken sind nicht berechenbar. Hier entsteht bereits häufig ein Missverstehen, indem man versucht, die Lücke oder den Moment der Chance zu berechnen: wann, wie, wodurch und so weiter. Und schon das funktioniert nicht. Letztendlich funktionieren die Fahrpläne der Existenz sehr wohl, nur eben anders, als wir denken. Also: es ist sowieso nicht kalkulierbar, nicht berechenbar.

Zweitens: Ganz offensichtlich taucht – und ich kenne das auch – unterwegs gelegentlich diese Furcht auf. Auch an dieser Furcht ist nichts falsch, sie ist ganz normal. Jeder von euch hat irgendwann die Frage nach Wahrheit gestellt (oder wie auch immer der Einzelne es für sich formuliert), und diese Frage an die erste Stelle gesetzt. Und da kann schon gelegentlich die Furcht auftauchen: „Oh, habe ich etwas verpasst, habe ich etwas falsch gemacht?" Insbesondere in Verbindung mit der Ungeduld: „Jetzt ist ja schon dieses und jenes geschehen, also müsste jetzt oder spätestens übermorgen der Zeitpunkt gekommen sein..." oder: „Warum ist er noch nicht gekommen?"

Aber es gibt verschiedene Möglichkeiten, mit der Furcht umzugehen. Wenn sie oder dieses Erschrecken oder – im schlimmsten Falle – dieses schlechte Gewissen kommt, dann kannst du entweder daraus wieder eine neue Geschichte machen, kannst dich in den zugehörigen Emotionen verheddern und verfangen, kannst in all die Geschichten von schlechtem Gewissen, von Ich-bin-ja-nicht-gut-genug hinein springen und dich darin ersäufen. Dann verpasst du den Zug bestimmt, denn das dauert länger. Insofern steht die Furcht im Weg, wenn man sie auf diese Art sieht und nicht nutzt.

Oder aber, du kannst die Furcht ganz einfach als das was sie ist nehmen, nämlich als einen Moment von „Uups, da war doch noch was". Einfach als Dharma-Bell. Höchstwahrscheinlich hat ja irgendetwas diese Furcht ausgelöst, an irgendeinem Punkt bist du eingeschlafen. Und dann auf einmal reißt es dich. Das ist gut, hält wach, macht wach. Erst tritt die Unbewusstheit auf, dann kommt der Schreck, und alle beide verwickeln sich. Der Schreck ist wirklich nur Anlass, wieder da zu sein. Und was könnte besseres passieren? Also, solltest du erschrecken, dann nicht gleich rennen, sondern einen Moment lang anhalten, cool bleiben! So wird diese Furcht genutzt und transformiert. Gott ist nicht berechenbar, daran muss man sich einfach immer wieder erinnern.

Buddhanatur ist immer genau hier

F: *Ich hatte einmal eine Erfahrung im Krankenhaus, vor vierzehn Jahren. Ich habe eine Vollnarkose bekommen, und der ganze Körper war voller Licht. Also, das war Glückseligkeit und ein Zustand...*

P: So was kommt vor. Kommt und geht.

F: *Den kann man nicht festhalten.*

P: Nein. Ist auch gar nicht nötig. Stell dir vor, es wäre immer so… das wäre nichts.

F: *Aber das verstehe ich unter Erleuchtung!*

P: Das? Dauernarkose? Nein. Das genaue Gegenteil! Es geht nicht um irgendeine Form von bestimmtem Erfahren. Licht im Körper, oder so.

F: *Licht im Körper und Glückseligkeit und in Liebe und ohne Zeit, ja?*

P: Ja, ist sehr schön. Mag es vielleicht auch irgendwo geben. Aber Buddhanatur ist nicht irgendwo, sondern immer genau hier, egal unter welchen Umständen. Mit Lichtkörper oder mit Dunkelkörper, egal. Mit diesem oder mit jenem Erfahren im Moment. Und das ist der Punkt: Die verschiedenen Formen von Erfahren in der Tiefe zu erforschen, in aller Friedlichkeit zu erforschen und die Buddhanatur in all dem zu entdecken – wirklich in allem.

F: *Da war irgendwie ein höheres Selbst hinter mir, irgendwie im Raum, das war ich und gleichzeitig alles. Das hat mich total festgenagelt, die letzten vierzehn Jahre, nur das…*

P: Ja, das ist ähnlich wie bei Papaji. Er war ein Krishna-Verehrer und hatte viele Visionen von Krishna erfahren. Und das erzählte er Ramana. Ramana antwortete: „Ja, ist schon recht, und wo ist dein Krishna jetzt?" Was du da berichtest, wo ist es jetzt?

F: *Ja, es muss ja irgendwo hier sein und auch weg.*

P: So, es müsste hier sein, denkst du? Alles, was irgendwann einmal war oder was in deinem Geist auftaucht, ist nicht verlässlich. Du rennst umsonst vierzehn Jahre hinter diesem Erlebnis her. In jedem einzelnen Moment ist dieselbe Buddhanatur, dieselbe Unendlichkeit. Dasselbe Selbst, dasselbe Licht und dasselbe Dunkel, in jedem Moment. Sobald du anfängst, es an irgendeiner bestimmten Erscheinungsform festzumachen, rennst du der Erscheinungsform statt dem Eigentlichen hinterher. So ist es dir jahrelang ergangen. Das macht nichts, es war nötig für dich, das so zu erfahren – auch wirklich zu erfahren, dass es nicht möglich ist, es sich wieder zu holen oder zu produzieren oder zu verdienen. Jetzt ist Zeit, dass du es einsiehst, und *hier* dasselbe entdeckst, immer wieder hier und hier und hier. Ohne Begriff, ohne höheres Selbst. Ohne alles.

Es ist ganz in der Mitte von allem, von Ungeduld und Traurigkeit, von Angst und Freude, von diesem leisen Gefühl von Unzufriedenheit auch. Immer ganz in der Mitte. Dieselbe Buddhanatur.

F: *Krishnamurti wiederum sagte, es gäbe keine Mitte.*

P: Natürlich, was Krishnamurti sagt, ist vollkommen richtig. In der Unendlichkeit gibt es keine Grenzen, und wo es keine Grenzen gibt, gibt es keine Mitte.

F: *Wo noch eine Mitte ist, ist noch ein Ich, sagt er.*

P: Klar, weil da noch Begrenzung ist. Trotzdem sage ich dir, gehe in die Mitte! Du kannst nicht da anfangen, wo Krishnamurti steht. Du musst da anfangen, wo *du* stehst. Und in deinem Erfahren *ist* Begrenzung. Und genau in der Mitte, genau hier und jetzt ist eine Tür, die keine Tür ist und die genau in dieses unbegrenzte, Mitte-lose, immer Mittige führt. Verstehst du?

Vasanas – Anhaftungen

F: *In meiner Beziehung habe ich immer Angst, dass mein Partner stirbt. Ist das nur eine Projektion meiner Angst vor meinem Tod?*

P: Das ist auch Angst vor dem Alleinsein. Es gibt keine Sicherheit, weder in Beziehung noch in Besitz. Alles ändert sich und vergeht und gibt keine dauerhafte Befriedigung. Das bedeutet „die Phänomene sind leer“. Wenn du dazu bereit bist, sie kommen und gehen zu lassen, wie es ihre Natur ist, entdeckst du das, was bleibt. Aber nicht umgekehrt. Wenn du versucht, in Beziehungen, in deinem Setup, in der Tatsache deines Lebendigseins im Körper eine Sicherheit zu finden, dann hast du auf Sand gebaut.

F: *Was ich daran erstaunlich finde, ist, dass ich mit meinem unsterblichen Selbst schon in Kontakt gekommen bin und diese Angst trotzdem da ist.*

P: Ich finde das nicht erstaunlich. Bei vielen Menschen herrscht heutzutage das große Missverständnis, dass mit einem „Ich bin schon in Kontakt gekommen" oder mit einem Satori, wie es die Japaner nennen, die Sache erledigt wäre.

F: *Nein, nicht erledigt. Aber zumindest habe ich einen Geschmack oder eine Idee davon erfahren.*

P: Ja und doch ist es trotzdem absolut notwendig, all diesen noch vorhandenen Anhaftungen, Identifikationen, Ängsten und Egostrukturen direkt, ganz offen, ganz nackt, ganz bereit zu begegnen und sie zu überwinden oder sich auflösen zu lassen. Das ist einfach so. Wie in der Geschichte von Ananda:

Zu der Zeit, als diese Geschichte mit dem Wasser, dem Fluss und dem Schlamm sich zutrug, war Ananda schon lange „in den Fluss eingetreten", wie Buddha das erste Erwachen nennt, hatte – in deinen Worten – „Kontakt erfahren mit seinem unsterblichen Selbst". Ananda erfuhr ein Erwachenserlebnis, ein Satori, und ist dann jahrzehntelang mit Buddha umhergezogen und musste warten, bis der Schlamm sich im Fluss gesetzt hatte, bis alle Anhaftungen und Leidenschaften zur Ruhe gekommen waren, bis das Wasser klar war. Seine endgültige Erleuchtung erfuhr er erst nach dem Tode Buddhas. Diese Vasanas kommen durch diesen Stromeintritt, dieses „in den Fluss eintreten", „in den Kontakt kommen" erst in ihrer Schärfe zum Vorschein. Ein natürlicher Prozess. Dir geht es so wie allen anderen hier auch. Auf welche Weise dann der Fluss für jeden einzelnen fließt, wie die Dinge passieren und wo besondere Anhaftung ist, das ist höchst individuell, ist für jeden anders und immer spannend. Nochmal: An jedem Punkt des Weges ist das Ziel immer mit inbegriffen. Das ist spannend. Gehe ganz tief hinein.

Die fünf Dhyani-Buddhas und die fünf Aspekte der Weisheit

„Ehre sei der vollkommenen Weisheit, der lieblichen, der heiligen! Avalokiteshvara, der heilige Herr und Bodhisattva zog auf der tiefsinnigen Bahn der transzendenten Weisheit dahin. Herabschauend von der Höhe erkannte er nichts als fünf Haufen, und er sah, dass sie in ihrem So-Sein leer waren."

BUDDHA, HERZSUTRA

Buddha	**Aksobhya**	**Ratnasambhava**
Weisheit	spiegelgleiche Weisheit	Weisheit der Wesensgleichheit
Namens-bedeutung	Der Unerschütterliche	Der als Juwel Geborene
Farbe	Blau	Gelb
Mudra (Geste)	Bhumisparsa Erdberührung	Varada Wunschgewährung
Zeichnung der Mudras	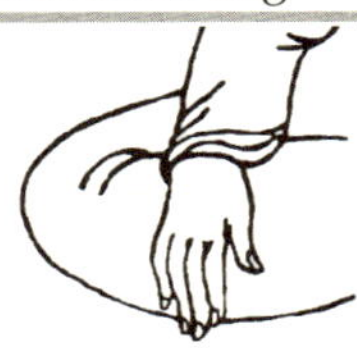	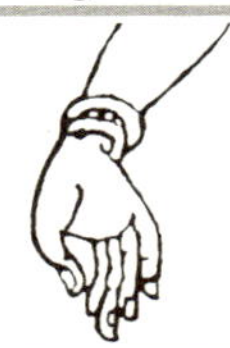
Symbol	Vajra	Juwel
Verkörperung von	Unerschütterlichkeit	Fülle Reichtum
Grundübel	Ablehnung Hass	Stolz keine Selbstachtung
Reich der:	Hölle	Menschen
Skandha Anhäufung	Form Körper	Empfindung
Element	Wasser	Feuer

Ich möchte über die fünf Buddhafamilien, die fünf Dhyani-Buddhas oder, wie man sie auch nennt, fünf Tathagatas sprechen.

Amitabha	**Amoghasiddhi**	**Vairocana**
unterscheidende Weisheit	allesvollendende Weisheit	raumumfassende Weisheit
Das unermessliche Licht	Unerschütterliche Kraft	Der ringsum Leuchtende
Rot	Grün	Weiß
Dhyana Meditation	Abhaya Furchtlosigkeit	Dharmachakra Lehren

Lotus	Doppelter Vajra	Rad der Lehre
Liebe	Furchtlosigkeit	Souveränität Meisterschaft
Gier Mangel Leidenschaft	Ehrgeiz Neid Paranoia	Ignoranz Unwissenheit Verblendung
Hungergeister	Eifersüchtige Götter = Asuras	Götter Tiere
Wahrnehmung	Handlung, Impuls, Geistesregung	Bewusstsein
Erde	Luft/Wind	Raum

25. Weisheit und Mitgefühl – Om Mani Padme Hum

Weisheit und Mitgefühl

Das Ganze ist ein bisschen wie eine Blume in einem stillen Garten. Das Thema lautet Weisheit und Mitgefühl. Weisheit ist unendlich, und Mitgefühl auch. Weisheit ist vollkommen ungetrennt von allem, Mitgefühl auch. Weisheit kann man nicht wissen, Weisheit kann man nicht einteilen, Weisheit kann man nicht mit nach Hause nehmen. Man kann sie nicht besitzen, sondern im Nicht-Wissen verschwindet die Trennung und der Glanz scheint auf. Weisheit selbst kann man nicht sprechen. Nur ihre Widerspiegelung, ihr Strahlen sind ausdrückbar. Man könnte es auch mit Licht vergleichen, das man durch einen Kristall scheinen lässt. Man kann die verschiedenen Farben sehen und wahrnehmen, wie eine Blume mit vielen Blütenblättern.

Alle Aspekte der Weisheit kommen aus dem Einen, Unendlichen, Unbegrenzten. Alle Weisheit kommt aus der Leere, die Fülle ist. Wahre Weisheit ist jenseits von Denkbarem. Sie ist nicht unterhalb von Denken, sondern jenseits. Der Duft der Weisheit, der Duft der Meditation, der Duft der Stille äußert sich als Mitgefühl. Weisheit und Mitgefühl gehen miteinander. So wie man Weisheit nicht besitzen kann, kann man Mitgefühl nicht geben. Im Mitgefühl gibt es niemanden, der gibt und niemanden der bekommt. Es ist vollkommen ungetrennt, vollkommen natürlich und spontan.

Die fünf Buddhafamilien, fünf Aspekte der Weisheit und sechs Lebensbereiche

Den fünf Dhyani-Buddhas oder Tathagatas kann man sowohl die Aspekte von Weisheit und Buddhanatur als auch die verschiedenen Aspekte der Verwicklung und Anhaftung des unerleuchteten Geistes zuordnen. Jeder der fünf Dhyani-Buddhas ist einer Farbe, einer Tageszeit, einem Lebensbereich, einem

Skandha und einer Geste = Mudra zugeordnet. Dem Tathagata Vairocana sind zwei Lebensbereiche (das Reich der Götter und das Reich der Tiere), den übrigen Tathagatas jeweils ein Lebensbereich zugeordnet. Diese sechs Lebensbereiche werden Reich der Götter, Reich der Asuras oder der eifersüchtigen Götter, Reich der Menschen, Reich der Tiere, Reich der Hungergeister und Reich der Höllenwesen genannt. Sie stehen symbolisch für verschiedene Muster, Anhaftungen, psychologische Gegebenheiten, Egostrukturen des menschlichen Wesens ebenso wie für die verschiedenen Arten von Illusion.

In der Mitte jedes dieser Bereiche sitzt Buddha in seinem jeweiligen Aspekt, ist Stille, ist Weisheit, sitzt ein Bodhisattva, der mit seinem Schwert der Weisheit die Illusion durchschneidet und in seinem Mitgefühl die Wurzel von Ego und Leiden durchtrennt. So finden wir in diesem Bild sowohl die Aspekte der Welt der Anhaftung, des Leidens, des Ego als auch die Medizin der Buddhas: Die geeigneten geschickten Mittel, um Leiden zu beenden und in Stille und Frieden zu sein.

Gautama Buddha ist eine historische Gestalt. Das Wort Buddha wird aber auch für jedes erleuchtete Wesen verwendet. Ich spreche hier von Aspekten der Weisheit, die aufscheint, wenn sich die Projektionen und die Illusion eines Ich im Licht der Wahrheit auflösen. Dieselbe Weisheit in allen Buddhas. Dieses Mandala, dieses Bild der Dhyani-Buddhas ist ein bildhafter Ausdruck von Wahrheit. Wir können ein Sutra oder einen Text aus der Bibel oder ein Gedicht von Kabir lesen, wir können aber auch Bilder betrachten, die Wahrheit spiegeln.

Om Mani Padme Hum

Auf tibetischen Gebetsfahnen finden wir auch jene fünf Farben, die den fünf Tathagatas entsprechen. Meistens wird darauf das Mantra Avalokiteshvaras OM MANI PADME HUM geschrieben. Mani, das Juwel, Padme, der Lotus. Das Juwel in der Lotusblüte: Weisheit und Mitgefühl sind nicht zu trennen. Auch OM und HUM sind nicht zu trennen. OM, der Klang, der Ur-Klang, mehr noch als Klang: Der Klang und zugleich der Raum, in dem

Klang entsteht, Alpha und Omega, Anfang und Ende, alles dazwischen und weit darüber hinaus. Und HUM als die ‚Klangwerdung' dessen, die Manifestation, die Formgebung, die dann wieder zurückgeht in OM. OM MANI PADME HUM ist nie zu Ende, sondern geht unendlich weiter: OM MANI PADME HUM, OM MANI PADME HUM, OM MANI PADME HUM... deshalb die Gebetsmühlen der Tibeter, immer rundherum, nicht OM und dann HUM und Punkt und fertig, sondern OM, dann HUM, dann OM, dann HUM, immer weiter und weiter, ohne Ende. Das Endlose ist in OM wie in HUM, in der Leere ebenso wie in der Form, ohne Unterschied im Urgrund und gleichermaßen in der Fleischwerdung. Das hört sich vielleicht ein bisschen theoretisch an, aber es ist auch praktisch. Zu verstehen ist einfach hilfreich, zu verstehen, was so geschieht und wie sich die Dinge ändern und gleichzeitig immer das bleiben, was sie immer waren – Urgrund, Stille, Göttlichkeit.

Die fünf Skandhas oder fünf Haufen

Verstehen hilft und hat auch mir dabei geholfen, mich nicht ständig in den Emotionen, in den Gedanken zu verheddern, in den fünf Skandhas, den fünf Haufen oder Anhäufungen, wie Buddha sie nennt. Diese fünf Skandhas, fünf Haufen oder Anhäufungen symbolisieren die fünf Aspekte, die fünf Elemente, aus denen die Welt der relativen Wirklichkeit, die Welt der Phänomene zusammengesetzt ist. Die fünf Skandhas sind: Form, Gefühl, Wahrnehmung, Handeln/Impuls und Bewusstsein.

Das Herzsutra beginnt mit: „Ehre sei der vollkommenen Weisheit, der Lieblichen, der Heiligen." Und weiter: „Avalokiteshvara, der heilige Herr und Bodhisattva zog auf der tiefsinnigen Bahn der transzendenten Weisheit dahin. Herabschauend von der Höhe erkannte er nichts als fünf Haufen, und er sah, dass sie in ihrem So-Sein leer waren."

Avalokiteshvara, der Bodhisattva des Erbarmens, ruht vollkommen in Stille, vollkommen in Frieden, in Klarheit, in DEM.

Er zieht auf der transzendenten Bahn der tiefsinnigen Weisheit dahin – er ist vollkommen hinüber gegangen, verschwunden in der Existenz, und ist voller Weisheit. Aus der Weisheit, der Stille, der letztendlichen Wahrheit heraus schaut er auf die Welt der Phänomene und sieht die fünf Skandhas. Er verleugnet sie nicht in ihrer Existenz und erkennt gleichzeitig, dass sie leer sind, sieht den illusionären Charakter dieser fünf Bausteine der relativen Wirklichkeit.

Avalokiteshvara geht – erlaube ich mir in barock-bayerischer Art sehr salopp zu formulieren – am Himmel spazieren. Er schaut aus der Weisheit heraus auf die Erde und sieht die Form und die Leere in diesen fünf Haufen. Er sagt nicht, es gäbe keine Form, sondern er sieht die Form einfach so, wie sie ist – die Soheit der Dinge. Dieser Haufen ist spitz, jener rund, der ist schwarz und der ist weiß, dieser stinkt, jener riecht gut... Er nimmt einfach wahr wie es ist, er nimmt wahr, ohne irgendetwas daraus zu machen, und er erkennt inmitten von Form die Leere und inmitten von Leere die Form.

Avalokiteshvara ist der All-Erbarmende, ist der Ausdruck von Weisheit und Mitgefühl. Er blickt aus der Buddhanatur, er schaut aus der Stille, aus der Göttlichkeit. Er sieht die Welt, die Menschen, die Muster und Konditionierungen, er sieht all das Leiden und er ist zugleich vollkommen in DEM. Er ist vollkommen in DEM, aber nicht ignorant gegenüber Form und Welt. Er hält sich nicht die Augen zu, sondern er schaut aus der vollkommenen Weisheit auf die Form, auf die Erde, und in der Form mitsamt ihren fünf Haufen sieht er wieder Leere. Und auch das geht immer weiter, geht immer weiter, wie OM MANI PADME HUM unendlich weitergeht: Aus der vollkommenen Weisheit wieder zurückschauen auf Form und in Form wieder Leere, vollkommene Weisheit entdecken, und von da wieder auf die Form schauen – kein Ende, kein Ende. Kein Ende des Entdeckens! Immer tiefer, immer subtiler und immer weiter – kein Ende in keiner Richtung.

Der Schleier der Illusion erschafft das Erleben der Welt

Diese fünf Skandhas oder Haufen entsprechen auch den sechs Lebensbereichen, die nichts weiter sind als verschiedene Filter, verschiedene Arten, die Welt zu erfahren. Avalokiteshvara sah, dass sie in ihrem Sosein leer waren, dass die Essenz der Haufen Leere ist: die Haufen haben keinen Bestand, sie kommen und sie gehen. Irgendwann wurden sie aufgehäuft, und irgendwann werden sie umgehäuft und abgeändert, irgendwann verschwinden sie, und die Essenz all dessen ist immer DAS, ist Leere, ist Göttlichkeit. Das heißt aber nicht, dass Avalokiteshvara sie nicht sieht und dass sie nicht existent im Jetzt wären! Es ist beides: Sein in der Leere, in DEM, *und* Wahrnehmung der Welt, wie sie ist: Sein in der Soheit der Dinge. Er sieht die Form *und* die Leerheit, und er bleibt in der vollkommenen Weisheit. Er beginnt nicht in den Haufen zu graben, um die Leerheit zu entdecken, er bleibt, wo er ist. Die Dinge, die Haufen, sind wie sie sind.

Durch unterschiedliche Sichtweisen, unterschiedliche Filter erschaffst du dir normalerweise die Welt. Besser: Du erschaffst dein Erleben von Welt. Nicht, dass du die Dinge in deinem individuellen Geist erschaffen würdest, so mächtig ist der Verstand dann doch nicht! Die Rose bleibt eine Rose, egal was du von ihr denkst. Aber was du dabei *erlebst* und *erfühlst*, hängt ab von der Art und Weise, wie du schaust und was du auf die Rose, auf die diversen Haufen projizierst oder nicht projizierst. Je mehr wir diese Schleier des Unverstands, der Dummheit, der Unwissenheit, die Schleier der Aggression, die Schleier der Anziehung, auch die Schleier der Gleichgültigkeit... je mehr Schleier wir weglassen, umso deutlicher erkennen wir die Haufigkeit des Haufens wie sie einfach ist, und zugleich die Buddhanatur, die wahre Natur, die absolute Wirklichkeit in uns genauso wie in allem – kein Unterschied.

Das erste Aufscheinen des offenen Raumes

Hin und wieder erfährt ein Mensch eine Art Einbrechen in die vollkommene Weisheit, in die Leere, und natürlich tritt dann oft Angst auf, weil sich Struktur auflöst, Halt auflöst, weil sich

Raum auftut. Wir benötigen Raum, keiner kann hier ohne Raum sitzen, und dennoch verursacht Raum in uns zunächst große Angst, wenn wir ihn in seiner Nacktheit, Offenheit und Unendlichkeit direkt zu erfahren beginnen: Raum, in dem keine Mitte existiert, keine Grenze, weder Ende noch Anfang. Wo keine Mitte und keine Grenze existiert, finden wir nichts zum Festhalten, gibt es keine Orientierung so wie wir sie kennen und kann es keine Struktur im Sinne einer Begrenzung geben – kein Ich. Und das ist sehr erschreckend.

Deshalb entwickeln sich oft verschiedene Gegenbewegungen: Entweder ein ganz schnelles Wiedererschaffen einer Struktur wie eine Art Rüstung, vielleicht sogar starrer als sie vorher war, oder es entsteht eine sehr subtile Form der Struktur, die aus der Weigerung besteht, die fünf Haufen zu sehen, um sich dann auf eine scheinbare Weisheit zurückziehen zu können, die sehr wohl die Existenz eines Ich erlaubt und vielleicht sogar bestätigt. Das nennt man spirituelles Ego, ein Ich, das sich in Gegensatz zur Form stellt: „Haufen? Ich habe nichts gesehen!" Das ist das Ego, das sich neue Struktur und Sicherheit zu erschaffen versucht, indem es zitiert: „Die Welt ist Illusion", und dabei geflissentlich die zweite Hälfte dieser Weisheit vergisst, die komplett lautet: „Die Welt ist Illusion, nur Brahman (DAS, Gott) ist wirklich, die Welt ist Brahman." Ich weiß, dass viele von euch diesen Schrekken, diese Weisheit, diesen Raum erfahren haben. Im tibetischen Totenbuch wird das Dharmata genannt: das Aufscheinen von Glanz, das Aufscheinen der absoluten Wahrheit. Dieses erste Aufscheinen der absoluten Wahrheit geschieht meistens sehr schnell wie ein Schwertstreich, und es ist das Beste was einem geschehen kann. Trotzdem rennt man erst mal weg.

Es ist so: Erst herrscht da normale Dummheit, die einen so dahintrotten lässt, und man hat keine Ahnung, wie und warum und woher und wohin man trottet, es geht einfach ohne große Ambition so dahin, nicht sonderlich aufregend, etwa so wie auf einer Schiene. Das ist der Lebensbereich der Tiere. So ergeht es sehr vielen Menschen, und ich nehme an, den meisten von euch ging es auch einmal so. Erst Schule, dann erster Freund, zweiter Freund, dann erstes Kind, zweites Kind, dann Hausbauen, eines ergibt das andere – die simple Intelligenz der Natur. Irgendwann wird dieser Trott, diese scheinbare Idylle wie von einem Blitz durchschnitten, und etwas anderes scheint auf: Eine Öffnung entsteht, und in dieser Lücke scheint die nackte Wahrheit auf. Das kann zum Beispiel geschehen, wenn ein geliebter Mensch stirbt oder etwas völlig daneben geht, wenn man sich total verliebt oder wenn man einem Meister begegnet. Plötzlich kann diese Unwissenheit über Transzendenz nicht mehr aufrecht erhalten werden. Kennst du das? Das löst großes Erschrecken aus. Dieser kurze Moment ist ein wunderbarer Moment, in dem eine riesengroße Öffnung von Herz und Geist ermöglicht wird. Aber oft – und es macht auch überhaupt nichts, das ist der Gang der Dinge – geschieht zunächst einmal eine Art Restrukturierung.

Der Apfel vom Baum der Erkenntnis

Der Moment, wo Adam und Eva vom Baum der Erkenntnis essen, ist ein wunderbarer Moment! Zwar raubt er die ursprüngliche, jedoch *unbewusste* Unschuld, eröffnet damit aber erst die Möglichkeit einer *bewussten* Unschuld. Mit diesem Moment ist der Traum vom Paradies zu Ende. Und wenn Adam und Eva ins Paradies zurückgelangen, geschieht das in einer völlig transformierten, transzendierten Art: Nicht mehr als Adam und Eva, sondern als Buddha, als Jesus. Der Wunsch, wieder in ein Paradies zurückzukehren, in dem alles so schön und einfach war – wo, wie es so schön heißt, Wolf und Lamm beieinander lagen – das wird so nicht funktionieren! Das ist Illusion! Der Weg ins Paradies ist ein Hinüber, Hinüber und ein gleichzeitiges Wiederentdecken der Unschuld. Nicht mehr eine Unschuld, die unschuldig ist, weil sie es auf Grund von Unbewusstheit nicht anders weiß, sondern sie ist jetzt eine Unschuld in Bewusstheit, in Klarheit. Jetzt trottest du nicht mehr wie ein Esel mit Scheuklappen dahin, sondern du bist frei, ganz frei. Dazu braucht es diese Schocks des Aufscheinens von Wahrheit, immer wieder. Dieses Aufscheinen geschieht nicht nur einmal, sondern oft, und damit eine immer tiefere Bewusstwerdung und ein immer tieferes Sich-Einlassen.

Tätigkeit und Meditation

F: *Ich habe viel meditiert, und jetzt habe ich das Gefühl, dass es Zeit für mich wäre, dieselbe Erfahrung in der Arbeit zu machen. Osho sprach ja auch von Andacht im Zusammenhang mit Arbeit.*

P: Osho sprach davon, total in dem zu verschwinden, was du tust, also auch keine Ambition damit zu verbinden. Das nannte Osho Andacht, Gebet. Und er sagte auch: Still sitzen, nichts tun. Beides! Das ist kein Widerspruch. Wenn man hierbei in die Extreme geht, sind auf der einen Seite Trägheit und auf der anderen Seite Ambition, Ehrgeiz, Aktionismus. Aber in der Mitte trifft sich alles. Dann bist du in der Tätigkeit ganz still, es entsteht kein Energieverlust, und es ist viel effektiver. Aber das interessiert dich dann schon nicht mehr.

F: *Wenn ich keinen Widerstand gegen die Arbeit spüre, die manchmal nicht so schön ist, dann steht alle Energie für die Arbeit zur Verfügung, und da ist auch Stille. Aber am Feierabend habe ich eher Lust, einen Wein zu trinken als mich hinzusetzen und zu meditieren.*

P: Trink doch den Wein! Wieso soll Weintrinken nicht meditativ sein? Bringe hier keine Gegensätze hinein! Meditation, Weisheit umschließt alles, auch das Weintrinken. Und wenn du Wein in Ruhe trinkst, wird er auch besser schmecken, und du wirst eher feststellen können, welcher Wein gut schmeckt und welcher nicht. Unterscheidendes Gewahrsein ist auch ein Aspekt der Weisheit. Du erkennst den guten Wein und erkennst zugleich das Wunderbare in allem. Das ist Weisheit.

Lebensqualität ist nicht Quantität

F: *Wenn man gutes Geld verdient, kann man guten, teuren Wein kaufen. Man hat mehr Lebensqualität!*

P: Das ist keine wirkliche Frage des Geldes. Lebensqualität mit Geld zu verknüpfen ist gefährlich, denn dadurch machst du dich zum Sklaven. Lebensqualität ist so einfach, du brauchst dazu nicht einmal Wein. Wenn Wein zur Hand ist, wunderbar, aber jede Kleinigkeit hat dieselbe Fülle. Das ist ein Punkt, an dem unterscheidende Weisheit ins Urteilen umschlagen kann, und dann ist es nicht mehr Weisheit, sondern Trennung, ist nicht mehr das Staunen und Anerkennen des Wunderbaren in all dem, sondern Greifen beginnt: „Ich will den besseren Wein." Da ist eine ganz feine Linie, wie die Schneide eines Messers. Auf der einen Seite liegt Gleichgültigkeit und Trennung, Urteil auf der anderen. Weisheit findet sich in der Mitte. Qualität ist Qualität und nicht Quantität. Der weit verbreitete Glaube, Lebensqualität würde durch viel Geld höher, stimmt nicht. Dieser Glaube kann dich in Extremen fesseln: Man pendelt zwischen den Extremen von Gier/Ehrgeiz und Trägheit, zwischen den Extremen von Materialismus und Spiritualität. Es geht um die Mitte, es ist nicht dies und nicht das, sondern das Einschließen von allem. Solange du Lebensqualität an Geld knüpfst, hast du Existenzängste. Wenn du überhaupt Leben mit Geld verknüpfst, dann hieße das: „Kein Geld – kein Leben." Existenzangst heißt: „Ich habe Angst, vernichtet zu werden."

Was wir allgemein als Existenzangst bezeichnen, steht im Zusammenhang mit Geld, aber es gibt eine existenzielle Angst, die unter all dem liegt: Die Angst vor dem Sterben. Die Angst, da könnte vielleicht tatsächlich unendlicher Raum sein, und die Angst, dass es diese kleine festgefügte Struktur von „Ich" nicht gibt. Daher versucht die Struktur, sich mehr Struktur zu verschaffen, auch durch Geld, und schon ist die Existenzangst wieder da. Aber wenn du für einen Moment innehältst und dich in die Mitte dieses Strudels setzt, der sich zwischen den Extremen von Spiritualität und Materialismus dreht, wie ist das dann?

F: *Diese Momente kenne ich auch. Dann ist das alles kein Problem!*

P: Das sind Momente der Meditation, Momente von Weisheit und Stille.

Harken, Säen, Düngen – ohne Erwartung

F: *Dieses Aufblitzen der Wahrheit – braucht es dafür einen bestimmten Nährboden? Mir schwebt ein Bild von etwas wie Gnade vor, einem Garten, auf den Sonnenlicht und Regen fallen. Oder ist es wie das Harken der Beete? Ist das Harken in Stille sitzen?*

P: Beides! Das Aufblitzen geschieht einfach, geschieht ganz von Natur aus. Es ist nichts, was du tust. Vorher und auch danach ist Harken oft notwendig, um diesen Samen, der in dich gefallen ist, zu unterstützen. „Harken" kann durchaus in Stille sitzen sein, aber eigentlich ist es einfach das immer wieder Zurückkehren zu DEM – Religion im eigentlichen Sinne! Religio heißt, sich immer wieder zum Eigentlichen zurück zu verbinden. Bewusstheit, Dasein, Bereitschaft, Akzeptanz, Geduld. Das ist Harken. Wie harkst du denn?

F: *Still sein zum Beispiel, kreativ sein, malen, oder im Garten sein, Boot fahren, so etwas.*

P: Das sind wunderbare Sachen. Male Bilder einfach, um zu malen, sei still einfach, um still zu sein. Setze kein Überziel dahinter, kein „um zu!" Was für eine Saat hast du gesät, und welche Frucht erwartest du?

F: *Das weiß ich nicht.*

P: Das ist gut. Bleibe dabei: Du säst, du harkst, du düngst, aber erwarte nichts. Wie bei einem Samen-Überraschungspäckchen: Vielleicht sind es Brennnesselsamen, vielleicht sind es Kürbisse.

Warum fliehe ich die Wahrheit immer wieder?

F: *Immer wieder verschwinden zwischendurch die Grenzen. Dann bin ich nicht mehr da, dann ist einfach nur noch Sein. Ich habe keine Angst dabei, kein Gefühl einer Bedrohung. Das ist das*

Schönste. Ich genieße das. Es ist die Wahrheit schlechthin. Warum wende ich mich trotzdem immer wieder ab und erlebe immer wieder Rückfälle in die Identifikation?

P: Du beschreibst einen natürlichen Prozess. Hier zeigt sich eine subtile Identifikation: „Das ist das Schönste, und ich genieße es." Da ist *jemand*, der beurteilt, *jemand*, der erfährt, und *jemand*, der erfahren möchte. Und andere Identifikationen schwingen auch noch mit. Die Inder nennen sie Vasanas, latente Anhaftungen. Sie tauchen einfach auf, und nur in der wiederholten Begegnung mit ihnen und dem Schmerz, den sie auslösen, und zwar mitten *in* der Identifikation und nicht von irgendwoher aus der Ferne, disidentifizieren sie sich im Laufe der Zeit.

Das Land „Immer-Angenehm"

Dein Inneres ist reich – nicht nur durch die Fähigkeit, Freude zu empfinden, sondern auch durch die Fähigkeit, Schmerz zu empfinden, es ist reich durch das Ganze. Wie könntest du wirklich Freude empfinden, wenn du Schmerz nicht kennst?

Du wirst kein Land von „immer angenehm" finden. Das gibt es einfach nicht auf dieser Welt. Und es sich vorzustellen oder davon zu träumen, wie schön es doch wäre, wenn es das gäbe, hilft nichts, sondern treibt dich noch stärker in die Frustration.

Das heißt aber nicht, dass Unangenehmes nicht unangenehm ist. Die Dinge sind, was sie sind, und Empfindungen sind auch, wie sie sind. Manches Mal gibt es die Möglichkeit einer Änderung und manches Mal nicht, das gehört auch dazu. Aber sich dieses „Immer-Angenehm" vorzustellen oder zu wünschen, ist dumm.

F: *Immer nur das Angenehme – das wäre, wie wenn Avalokiteshvara die fünf Haufen nicht sehen würde.*

P: Ja, das wäre Ignoranz. Oder aber Avalokiteshvara träumt von Haufen aus Gold und von schönen Frauen, aber nicht von Misthaufen – dann aber wäre er nicht Avalokiteshvara, und schon gar kein All-Erbarmender. Oder aber Avalokiteshvara hält sich die Augen zu und sagt: „Also diese Welt da unten, ich glaube, die gibt es gar nicht." Das wäre auch nicht Avalokiteshvara, sondern ein arroganter Kerl.

F: *Die Bereitschaft, den Verstand zu ignorieren, damit alles gefühlt werden kann, was es zu fühlen gibt, bedeutet nicht, den gesunden Menschenverstand aufzugeben, oder?*

P: Um das Wort Verstand gibt es unendlich viel Verwirrung. Warum soll prinzipiell am Verstand etwas schlecht sein? Alles andere wäre dann gut, nur der Verstand wäre schlecht. Das kann doch auch nicht stimmen. Häufig werden Bewusstsein, Geist, Verstand, Muster, Ego, Konditionierung verwechselt. Das sind alles Dinge, für die das Wort Verstand benutzt wird.

Offener Geist, die wahre Natur des Geistes ist zuerst einmal ein unbeschriebenes leeres Blatt. Das ist No-Mind. Denken ist eine Funktion – genau wie Nase kratzen oder Zöpfe flechten – und nicht schlechter als alle anderen Funktionen. Wir gehen den Weg von der unbewussten Unschuld der Natur zur göttlichen, bewussten Unschuld. Wir können uns öffnen und ganz leer sein, deswegen aber nicht dumm, sondern höchst kreativ und intelligent. Sprechen, denken, rechnen und lesen sind immer noch möglich, aber nicht mehr an Muster, Erwartung, Gier und Ablehnung gebunden. Weder ist es unwissend, noch dumm, noch unbewusst. Das ist die wahre Natur des offenen Geistes.

Geist kann völlig unbewusst und leer sein – das ist Tiefschlaf ohne Träume. Er kann unbewusst und denkend, voller Inhalt sein – das ist träumender Schlaf. Er kann bewusst und voller Inhalt sein – das ist das normale Wachbewusstsein, und er kann bewusst und leer sein, das ist No-Mind.

Und gesunder Menschenverstand ist notwendig für Menschen wie gesunder Katzenverstand für Katzen. Verstehst du?

26. Aksobhya und die spiegelgleiche Weisheit

Die spiegelgleiche Weisheit ist wie ein Wasserspiegel, wie ruhiges Wasser. Der Geist ist ruhig, still und kann alles spiegeln. Er lehnt nicht das eine ab und zieht das andere nicht vor. Er beurteilt nicht, kommentiert nicht, teilt nicht ein – Osho nennt das den Zeugen. Einfache, nackte, offene, ungeschützte Wahrnehmung.

Unerschütterlichkeit – die Wurzeln

Du erinnerst dich, Padmasambhava entdeckte mitten im Tal der Widrigkeiten die Unerschütterlichkeit der Buddhanatur. Ich erzähle noch eine andere Geschichte zum Thema Unerschütterlichkeit und zum Aspekt der spiegelgleichen Weisheit: Gautama lebte in seinem Königspalast wie im Paradies. Nachdem er aber Krankheit, Tod, Armut und Alter gesehen hatte, verließ er diesen Palast, ließ dieses Paradies hinter sich, um das zu suchen, was Leiden wirklich beenden kann. In den folgenden Jahren entwickelte er großen Ehrgeiz, Erleuchtung zu erlangen. Alles probierte er, in allem war er sehr radikal. Irgendwann aber beschloss er: Jetzt ist es genug, Schluss. Nach langer Zeit gestattete er sich wieder, nicht nur auf einem Stein zu sitzen, sondern er besorgte sich einen Strohballen. Und zum ersten Mal, seit er seinen Königspalast verlassen hatte, nahm er etwas Vernünftiges zu sich: Honigmilch. Er saß bequem und gesättigt unter einem schönen Baum – dem bekannten Bodhi-Baum, war zufrieden und hatte kein schlechtes Gewissen dabei, obwohl die Lehren, die er gehört hatte, gegen Bequemlichkeit waren. Gautama saß bequem und fand es gut so. Er war im Einklang mit sich.

Aber immer noch war da seine Entschlossenheit: „Ich stehe jetzt nicht mehr auf, bis Erleuchtung geschieht." Und Gautama wurde immer stiller, in seinem Geist senkte sich der Schlamm, sein Geist wurde klar und er war dabei, in der Existenz zu verschwinden und vollkommen in das Ganze einzugehen. Da tauchte auf einmal Mara auf. Mara steht für alles, was Trennung, was Leiden bewirkt. Mara versuchte auf unterschiedlichste Art, Gautama wieder zu verwickeln. Als Erstes wartete er mit wunderschönen Frauen auf – seinen Töchtern, die er schön herausgeputzt hatte. Buddha – noch war er Gautama – saß unter dem Bodhi-Baum und sah die Frauen wohl, er respektierte ihre Schönheit und war freundlich zu ihnen, er schickte sie nicht weg, aber er ließ sich nicht einlullen. Da die Verlockung nicht wirkte, keine Gier, kein Haben-Wollen in Gautama waren, versuchte Mara jetzt, ihn mit Aggression aus der Stille zu reißen. Um ihn zu erschrecken, warf er mit allem Möglichen nach ihm, mit Gesteinsbrocken und Schmutz, aber Buddha blieb einfach sitzen. Nicht, dass er es nicht gemerkt hätte, aber in ihm war kein Hass mehr, und deshalb konnte ihn der Hass von außen nicht erschüttern. Er fand keine Resonanz in ihm. In diesem einfach Dasein kamen die Gesteinsbrocken, die Hasstiraden Maras bei Buddha überhaupt nicht an, sondern kurz bevor sie ihn trafen, verwandelten sie sich in Blumen. So beschreibt es diese Geschichte, dieses Bild. Als Nächstes sagte Mara: „Du sitzt hier einfach, ganz entspannt in der Mitte von allem, in der Mitte des Universums. Wer gibt dir das Recht dazu?" Mara versuchte auf diese Weise, Selbsthass in Gautama zu schüren, ihn gegen sich selbst aufzuwiegeln. Doch auch das gelang ihm nicht. Buddha blieb sitzen, ganz ruhig, ganz still, ganz in der Mitte. Dann sagte Mara: „Du bist kurz davor, in die Existenz hinein zu verschwinden. Bist du es denn wert, Erleuchtung zu erlangen?" Und Buddha erwiderte: „Lange Zeit, viele Leben lang verbrachte ich in Hingabe, Großzügigkeit, Meditation. Jetzt hat der Fluss die Mündung erreicht." Mara entgegnete: „Wer kann bezeugen, dass du in der Wahrheit bist?" Buddha sagte nichts mehr, blieb still und berührte mit seiner rechten Hand die Erde. Im gleichen Augenblick erschien die Erdgöttin und sagte: „Ich bezeuge das." Ist das nicht schön? Buddha geht nicht zu irgendeinem seiner Lehrer und Gurus, um sich Bestätigung zu holen, oder trägt irgendwelche Theorien vor, sondern ruft in seinem Verschwinden in die Leere die Form zum Zeugen an. Er ruft die Erde an, den Inbegriff der Form, der Schöpfung, des Gewordenen, der Endlichkeit. Und die Erde bezeugt ihn.

Hölle und Hass

In der Fünffaltigkeit der Dhyani-Buddhas heißt der Buddha der Unerschütterlichkeit und der spiegelgleichen Weisheit Aksobhya. Aksobhya ist in der Darstellung der verschiedenen Welten, Lebensbereiche und Zustandsmöglichkeiten unseres Geistes der Buddha, der in der Mitte der Hölle sitzt. Unerschütterlichkeit ist die Qualität, die in der Mitte der Hölle gebraucht wird. Die spiegelgleiche Weisheit, das tiefe Vertrauen und das Sehen, Erkennen, dass Form Leere und Leere Form ist, macht Frieden unzerstörbar, unerschütterlich. Die normale Tendenz, wenn irgendwelche höllischen Zustände auftreten, ist zu versuchen, dieses Unangenehme zu eliminieren. Das ist der Anfang von Hass, sehr einfach: Kaputt machen, weg machen. Buddha hingegen versucht nicht die Gesteinsbrocken zu vermeiden, sondern erkennt auch darin dasselbe, was er überall sieht: Buddhanatur. Deshalb verwandeln sich in dieser Geschichte die Steine in Blumen. Normalerweise bleiben wir nicht in dieser Unerschütterlichkeit und bleiben nicht in der spiegelgleichen Weisheit, sondern versuchen die Form und Empfindung des Unangenehmen zu zerstören oder zu beenden, und entdecken nicht die Leere in dieser Form. Und wenn es uns nicht gelingt, den Schmerz zu zerstören, zu beenden, dann versuchen wir ihn auf andere Weise los zu werden: Wir werfen ihn irgendwo hin. Wir fangen an zu projizieren. Was erst unser Schmerz war, wird auf einmal die Angelegenheit von jemand anderem: „Du bist Schuld, dass es mir schlecht geht.“ So versuchen wir den Spiegel zu zerstören, der uns das Bild zurückwirft, und schlagen noch mehr um uns. So entstehen Hass, Krieg und Streit. Und der Schmerz vervielfacht sich. Das ist die Hölle. In dem Versuch, Schmerz zu zerstören, fügen wir dem Schmerz noch Zerstören hinzu. Genauso werden wir durch den Versuch, irgendetwas herbeizusehnen, nicht voller, sondern wir fügen dem Mangel die Gier, das Habenwollen hinzu, und der Mangel bleibt.

Buddhas Weg hingegen führt mitten durch, immer mitten durch, führt nicht ins Zerstören und nicht ins Herziehen. Buddha sieht die Dinge wie sie sind, ganz einfach und ohne Bewertung. Er geht in die Mitte von allem und entdeckt dort immer wieder das Ungetrennte. Und in diesem wieder Entdekken taucht Unerschütterlichkeit auf, Langmut und Geduld. Da ist Kraft.

Nicht Form, nicht Körper

F: *Es klopft in meiner Brust und ich habe das Gefühl, ich explodiere gleich. Das macht mir Angst.*

P: Die Angst des Eies vor dem schlüpfenden Küken. Lass es klopfen!

F: *Aber einfach nur aushalten?*

P: Aushalten ist ein Wort, das ich nicht mag, weil es so einen Geschmack von Anspannung, von kämpfen hat. Nur spiegeln, nur als das wahrnehmen, was es ist, reicht. Da ist Angst, Mara wirft gerade ein Geschoss auf dich, doch dieses Mal versteckst du dich nicht, sondern bleibst in Vertrauen. Was da natürlich auch die Furcht auslöst, ist diese Identifikation mit Form. Der Glaube, die Illusion, du seiest Form, seiest ein Körper, muss früher oder später Angst machen. Wenn man glaubt, dass man Körper ist, dass man Form ist, dann muss man ständig um diese Form herum weitere Formen setzen, um zu schützen, was man zu sein glaubt. So werden alle möglichen Formen einer vermeintlichen Sicherheit geschaffen. Doch immer wieder entdeckt man: Es funktioniert nicht. Und man setzt Form auf Form auf Form, bis man den Raum nicht mehr wahrnehmen kann und vor lauter Form ganz erstickt. Aber irgendwo in dir weißt du ganz genau, dass du nicht der Körper bist, oder? Und in diesem Wissen kannst du leichter die Dinge sehen, wie sie sind.

Selbstzweifel

F: *Das Ende der Geschichte Buddhas verstärkt meine Selbstzweifel. Buddha hat gut reden. Wenn Mara mir die Frage stellen würde, stünde ich ein bisschen schlechter da. Ich kann die Erde nicht zum Zeugen anrufen. Es geht doch jetzt bei solch einer Frage des Selbstzweifels schon um das Leben, das diese Persönlichkeit geführt hat, und nicht um das unvergängliche Wesen, oder?*

P: Das ist nur dein Zweifel. Was steht entgegen?

F: *Entgegen steht, dass sehr vieles in meinem bisherigen Leben nicht im Zeichen des Suchens nach Befreiung stand.*

P: Was steht jetzt entgegen?

F: *Jetzt im Moment nichts.*

P: Das ist das Einzige, was zählt – jetzt!

F: *Wenn also diese Frage in mir auftaucht, dann muss ich einen Schritt zurücktreten, um eben diese Frage nicht aus der Persönlichkeit, sondern von tief innen zu beantworten.*

P: Exakt! Und genau das tat Buddha in jenem Moment auf seine Art.

Die Erde ist Zeugin

F: *Ich verstehe das mit der Erdberührung und der Anrufung der Erde als Zeugin nicht ganz.*

P: Die Erde ist geschaffen, ist geworden, hat einen Anfang, hat ein Ende, ist Form, runde Form. Genau diese Form ruft Buddha zum Zeugen an. Er sagt nicht, Gott im Himmel möge es bezeugen. Er selbst bezeugt in diesem Moment die Einheit von Leere und Form. Und die Erde, die Form bezeugt sein Eingehen in die Existenz, in die Leere. Buddha sagt nicht zu Mara: „Was willst du denn, du kleiner Wicht, ich schwebe doch längst hier irgendwo in der Leere“, sondern er bleibt sitzen. Er sitzt auf der Erde und er berührt die Erde. Er legt Zeugnis ab, und die Erde legt Zeugnis ab. „Form ist Leere und Leere ist Form.“

Diese Geschichte ist ein Bild für etwas viel Tieferes. Dieses Bild kann direkt in deinem Herzen etwas in Schwingung bringen. Das alles sind Vorgänge, die in Buddha in dem Moment geschehen und die gleichzeitig das ganze Universum berühren. Es gibt noch ein anderes Bild: Man sagt, dass es nach Buddhas Erleuchtung ein paar Tage lang nirgendwo auf der Welt Gewalt gab. Einfach dieses vollkommene, endgültige in Frieden kommen in Buddha, das Verschwinden von Gautama in der Existenz berührt das ganze Universum. Genauso wie euer Hier-Sitzen und euer Still-Sein das ganze Universum berührt, die ganze Existenz berührt, alles berührt.

F: *Warum beruft sich Buddha auf seine vergangenen Leben?*

P: Aus Samen werden Bäume, Bäume tragen Früchte. Es war eine lange Nacht, die Buddha unter diesem Baum saß. Auch das ist ein Bild. Im Laufe dieser Nacht tauchten zahllose Erinnerungen an viele, viele Leben in ihm auf. Er konnte sich erinnern, wie eines zum anderen kam, wie aus diesem Tod jene Geburt wurde, wie aus jener Handlung dieses Ergebnis entstand, wie eins aus dem anderen kam, einfach im natürlichen Fluss. Er war wie ein Fluss, der eine lange Reise hinter sich hat und demnächst in das Meer mündet. Zuvor erinnert er sich noch einmal, was alles so war und wie es so kam, wie er so herunter aus den Bergen geflossen ist. Und dann sagt Buddha, sagt der Fluss: „Gut, jetzt ist es Zeit." Es ist einfach nur der Fluss, der an der Mündung in aller Aufrichtigkeit sagt: „Ich bin an der Mündung. Ich habe eine lange Reise hinter mir, und hier ist die Mündung."

Absichtslose Entschlossenheit – Sprengstoff für den Verstand

F: *Beim Sitzen erreiche ich manchmal einen stillen, meditativen Zustand, der sich aber wieder auflöst. Dann merke ich ein Greifen nach der Stille, ein Habenwollen. Als sich Buddha unter den Baum setzte und sagte: „Ich stehe erst wieder auf, wenn sich alle Illusion aufgelöst hat", war das doch irgendwie auch ein Greifen. Wo ist da der Unterschied?*

P: Buddha greift nicht nach schönen Zuständen oder nach sonstigen Erfahrungen, sondern lässt los. „Egal was passiert, ich setze mich jetzt dahin und lasse es einfach gut sein." In dieser Entschlossenheit liegt eine ganz tiefe Hingabe. Er gibt in diesem Moment sein Konzept von Erleuchtung auf. Alles, was er bei seinen Gurus gelernt hatte, und seine „Arbeit" der letzten Jahre gibt er auf. Er gibt jede Hoffnung auf Lohn für sein Bemühen auf. Was er ganz sicher in den Jahren seiner Wanderschaft als Asket an Glückserfahrungen und spirituellen Erfahrungen in der Meditation hatte, gibt er in dem Moment auf. Er setzt sich einfach nur hin. Er ist in seiner Entschlossenheit bedingungslos, absichtslos und voller Hingabe.

F: *Ja, das sprengt irgendwie den Verstand. Entschlossenheit und Absichtslosigkeit gleichzeitig...*

P: Entschlossenheit gepaart mit Absichtslosigkeit und Hingabe, ja, das sprengt den Verstand!

27. Form kommt und geht

Form und Vertrauen

Avalokiteshvara geht im Himmel spazieren und sieht auf der Erde den ersten Haufen. Der erste Haufen, das erste Skandha ist Form, Körper und Form jeder Art. Avalokiteshvara sieht sie einfach. Weder haftet er sich an die Form und rennt ihr hinterher oder glaubt, die Form zu sein oder will diese Form haben und jene nicht, noch versucht er die Form zu zerstören oder abzuleugnen – er sieht sie einfach. Er sieht die Form und er sieht, dass sie leer ist. Er sieht sie in ihrem Kommen und Gehen, in dem ganzen Tanz der Form. Weder ist ein Halten darin noch ein Zerstören. Das Halten an der Form ist zum Beispiel das Festhalten an Besitz. Der Versuch, die Form zu zerstören, ist auch in vielen Formen falsch verstandener Spiritualität weit verbreitet: Der Versuch, den Körper zu zerstören, klein zu kriegen, die Form loszuwerden, um Leere zu erfahren oder sich irgendeine Form von Erlösung zu sichern. Das ist in vielen Religionen ständig praktiziert worden.

Die spiegelgleiche Weisheit hingegen spiegelt einfach, was ist, so wie Pfützen: Heute spiegeln die Pfützen blau und grün. Eine Pfütze neben einem Wiesenhang spiegelt heute grün. Wenn der Himmel grau ist, dann ist die Pfütze grau, sie spiegelt grau. Der Spiegel bleibt immer derselbe. Also versucht nicht, das Grün zu halten oder das Grau zu erzeugen. Alles darf da sein, die ganze Welt der Form. Sie darf kommen und darf gehen und darf da sein. In diesem Spiegeln entsteht auch Humor. Wenn alles einfach kommen und gehen und sein darf, wie es in seiner Form und Formhaftigkeit ist, entsteht Witz. Ernst hat immer etwas Haltendes oder Zerstörendes. In der spiegelgleichen Weisheit steckt soviel Humor, soviel Lachen, soviel Freude. Das Land Aksobhyas heißt das Land des reinen Entzückens. Die spiegelgleiche Weisheit kühlt auch die Aufregung, die Aufregung des Haltenwollens und die Aufregung des Zerstören-wollens. Sie ist kühl wie ein wunderschöner, kühler, frischer Morgen.

Zu diesem Bereich von Aksobhya gehört Vertrauen. Kein Vertrauen auf etwas, sondern reines pures Vertrauen. Vertrauen auf *etwas* ist wie ein See, der darauf vertraut, dass er in fünf Minuten einen Vogel spiegeln wird. Aber kein Vogel kommt vorbei. Wahres, reines Vertrauen gründet sich auf spiegelgleiche Weisheit, die einfach spiegelt, was ist – die Soheit der Dinge. So ist dieses Vertrauen grundlos, ziellos, absichtslos, unerschütterlich. Ein Grundvertrauen, eine Verwurzelung, sehr erdhaft, sehr formig, sehr verwurzelt. Seine Wurzeln reichen sehr, sehr tief, reichen in die Unendlichkeit des Raumes, der Leere. Ganz fest gegründet und vollkommen flexibel.

Dieses Vertrauen hatte Gautama, als er sich unter den Baum setzte: er erwartete nichts Bestimmtes mehr. Das hatte er lange genug probiert. Sieben Jahre lang hatte er versucht, die Form zu überwinden, die Form zu zerstören, ist in Selbsthass gefallen, in Hass auf seinen Körper. Und schließlich scheint Vertrauen auf. Er setzt sich und spiegelt, was auch immer ist – ohne irgendetwas Spezielles, Bestimmtes zu erwarten – mit voller Entschlossenheit, aber ohne Ziel. Entschlossenheit, wie wir sie kennen, ist: „Ich bin entschlossen, in den nächsten fünf Jahren eine Million zu machen“, oder: „Ich entschließe mich, irgendeinen Mann oder eine Frau zu erobern.“ Das wären sehr zielgerichtete, humorlose Formen von Entschlossenheit. Bei Gautama ist es einfach Entschlossenheit in Hingabe, ohne Bild, ohne Halt, und vollkommen offen.

Wenn Verstand auf die Form schaut, Verstand im Sinne von Trennung, dann tappt der Verstand in die Pfütze hinein, wirbelt eine Menge Schlamm auf oder versucht, Spiegel zu zerbrechen, versucht entweder Form zu halten, Form zu sichern oder Form zu zerstören. Das alles ist Hass – nicht sein lassen, wie es ist. Da entstehen auch Zorn und Aggression. Aber in jedem Moment ist es möglich, anzuhalten und einfach sein zu lassen. Der Spiegel versteckt nichts. Er zeigt einfach, wie es ist, kantig oder rund – vollkommene Ehrlichkeit, Offenheit und Einfachheit. Daraus entstehen Unerschütterlichkeit und eine Entschlossenheit, die keine Halsstarrigkeit ist. Das ist Unerschütterlichkeit, die tanzt und lacht. Schmeckst du das? So ist es, wenn Weisheit auf die Form schaut. So erwachsen aus der spiegelgleichen Weisheit Geduld, Vertrauen und Unerschütterlichkeit und umgekehrt.

Die Illusion von Sicherheit durch Besitz

F: *Ich habe immer wieder Angst, alles zu verlieren. Und ich will nicht alles verlieren.*

P: Fragen wir doch mal anders. Was hast du denn?

F: *Ja, was sich im Laufe des bisherigen Lebens an Geld angesammelt hat.*

P: Was heißt besitzen, wirklich besitzen?

F: *Letztendlich ist es eine Sicherheit, wenn auch eine relative.*

P: Besitzen heißt eigentlich, dass ich über etwas jederzeit verfügen und es mir nicht abhanden kommen kann. Die Frage lautet: Ist es prinzipiell möglich, irgendetwas zu besitzen? Kannst du irgendetwas so festhalten in der Form, dass es dir nicht früher oder später zwischen den Fingern zerrinnt?

F: *Nein, natürlich nicht. Ich sehe, es ist vollkommen unsinnig, aber trotzdem halte ich daran fest, weil es das Einzige ist, was ich habe.*

P: Was wäre denn, wenn du nichts hättest? Schaue tiefer! Du schenkst im Moment der Form sehr viel Bedeutung. Es gibt keine Sicherheit. Und du kannst nichts halten. Lass die Formen ihren Tanz tanzen, lasse sie kommen und gehen und sich verändern. Und betrachte sie mit Entzücken! Wir besitzen nichts!

Ich kann dir nicht sagen, was geschehen wird oder was das Leben mit dir vorhat. Ich kann dir nur sagen: Gehe mit offenen Händen und mit leeren Händen, und dann schau, was sich ergibt. Du handelst aus einer bestimmten Erwartung. Das erzeugt Reibung und macht völlig konfus. Und du tust es mit Angst.

F: *Ja, und wie.*

P: Du versuchst, dir eine Sicherheit zu verschaffen, wo es einfach keine gibt. Vergiss nicht, das Blatt bleibt leer, egal wie viel du darauf schreibst. Halte an! Dafür bist du jetzt da. Jetzt! Wovon du erzählt hast, war im Wesentlichen *jemand*, der auf diesen Haufen von Form schaut und eine bestimmte Form haben und eine andere nicht haben möchte. Das ist Hass und Verzweiflung, das ist Hölle.

Der kranke Aspekt ist die Hölle: Du rennst und rennst, schaffst Form und Form, und du erstickst daran. Dann zerstörst du Form, und alles wird ein noch größerer Scherbenhaufen: Du schneidest dich, wo auch immer du hingreifst, weil du ständig Spiegel zerschlägst. Du hast nur noch Splitter, aber die spiegeln immer noch! Mist! Tritt einen Schritt zurück! Da ist so viel Hitze, die Hitze des Rennens, der Verzweiflung und des Hasses. Lass die Kühle des spiegelnden Wassers hinein kommen. Aksobhya, spiegelgleiche Weisheit, Vertrauen, Unerschütterlichkeit, Verwurzeltsein ist der Weisheitsaspekt. Sei offen für jede Möglichkeit, lege nichts fest!

Die Form als Gefängnis

F: *Ich zerstöre mir das Geschenk des Vertrauens. Weil es irgendwie zu schön ist, um wahr zu sein. Ich glaube, ich mache das auch mit anderen Geschenken so.*

P: Geschenke sind einfach nur zum Auspacken da. Auspacken, sich freuen und weiterschenken.

F: *Manches Mal ist es nicht so einfach.*

P: So ist es, manches Mal ist es einfach, manches Mal nicht. Und? Mach' nicht so ein Gedöns daraus. Spiegelgleiche Weisheit macht kein Gedöns. Es ist wie es ist, es kommt und geht. Formen ändern sich, Geschenke kommen, Geschenke gehen, Häuser kommen, oder auch nicht. Mal kannst du es annehmen, mal nicht. Und die Erde dreht sich weiter. Da ist der unendliche Raum, soviel Platz, soviel Raum, Unendlichkeit. Und vor lauter Angst vor der Unendlichkeit bauen wir uns winzig kleine Gefängnisse. Gefängnisse von „ich kann Geschenke nicht annehmen und ich fühle mich schuldig, dass ich es nicht annehmen kann, und Vertrauen gegen Misstrauen, Häuser und keine Häuser, Besitz und Angst vor Verlust von Besitz." Winzige kleine Einzelzellen sind das. Das ist auch eine Form der Hölle, eine Hölle, in der ihr einsam werdet. Und dann versucht ihr diese Einzelkäfige mit hübschen Sachen auszustaffieren, um zu vergessen, dass es Käfige sind. Du rennst dir trotzdem immer wieder den Schädel an den Gitterstäben ein. Warum? Völlig unnötig! Wache auf! Da ist der ganze Raum – alles. Die Gitterstäbe können sehr verschieden aussehen und für eine Weile auch ganz interessant sein. Nur, je mehr du an den einzelnen Gitterstäben deines Käfigs herumbastelst, umso weniger siehst du den Raum, um so weniger nimmst du den Raum wahr, der die ganze Zeit da ist, selbst im Käfig. So macht man Form zum Gefängnis. In Wirklichkeit ist Form nicht vom Raum verschieden, wenn Form sein darf, was sie ist. Sie ist ein Wechselspiel, ein Hin und Her, ein Kommen und Gehen, ein Sich-Verändern, ein Tanz. Da engt dich nichts ein. Volle Freiheit.

Spiegelungen auf dem See

F: *Kannst du mir vielleicht noch mal sagen, wie man richtig meditiert? Ich habe es erst zweimal versucht. Ich weiß nicht so recht, ob mir das gelingen will.*

P: Wie war es für dich heute Morgen?

F: *Schwierig. Zwischendurch habe ich mal gedacht: „Loslassen, loslassen", und dann ging's mal für eine Sekunde, aber dann war schon wieder der nächste Gedanke da.*

P: Eine Sekunde ist schon mal Spitze.

F: *Echt? Ist das normal? Ich dachte: „Meine Güte, das kann doch nicht sein, immer so kurz, und dann kam schon wieder der nächste Gedanke und wieder der nächste."*

P: Ich empfinde es fast als ein Wunder, wenn du sagst, du hast heute zum zweiten Mal still gesessen und bist bereits in der Lage, die Lücken wahrzunehmen. Wow. Die Lücken sind immer da. Immer wenn ein Gedanke aufhört, entsteht eine Lücke, bevor der nächste anfängt. Aber sie wahrzunehmen, wow! Und jetzt ärgere dich nicht über die Gedanken, wenn sie kommen, denn durch das darüber Ärgern machst du sie nur größer. Sieh sie wie Spiegelungen auf dem See! Da fliegt mal so ein Vogelgedanke drüber, dann spiegelt sich ein Rehgedanke, der gerade trinkt, dann spiegelt ein Baumgedanke – lass es einfach spiegeln! Renne den Gedanken nicht nach und stoße sie nicht weg. Sie spiegeln sich im Bewusstsein, und du tust nichts dafür und nichts dagegen. Und zwischendrin ist manches Mal nichts. Und eigentlich ist dies ‚nichts dafür und nichts dagegen tun', dieses einfach sein lassen wie es ist, bereits die Natur der Lücke, die du dann auch zwischen den Gedanken wahrnimmst. Und irgendwann fällst du durch solch ein Loch zwischen den Gedanken durch.

Die Soheit des Straßenverkehrs

F: *Wenn ich Auto fahre, schimpfe ich ordentlich oder versuche am liebsten, den Vordermann von der Straße zu schieben. Gesunder Menschenverstand ist da ja schon, aber die Aggression bleibt trotzdem.*

P: Das ist erst mal einfach Hitze, oder?

F: *Ja, und dann wieder Aggression gegen meine Aggression, warum ich das nicht sein lassen kann. Ich mache ja auch Fehler, warum sollten andere keine Fehler machen?*

P: Das heißt, du machst aus Aggression Selbstaggression – sicherheitshalber. Lieber sich selber auffressen als den anderen. Ist ja ganz nett, ändert aber nichts an der Qualität. Aggression bleibt Aggression, ob du jetzt den anderen umbringst oder dich – beides ist Mord. Bleib einfach mit dem Gefühl und schiebe es nicht weg. Du kannst ja trotzdem hinterher schimpfen, wenn's nötig ist. Aber erst mal nur fühlen, nicht gleich in Aktion und Reaktion verfallen.

Du sitzt in deinem Auto eingesperrt – das ist eine Situation der Enge – und das Auto ist auf einer Strasse eingesperrt, und dann kommt auch noch dieser Idiot daher. Enge – man fühlt sich in Bewegung behindert. In dieser Situation des Straßenverkehrs wird das Erfahren der Form manchmal sehr eng. Wenn aber Avalokiteshvara auf den Haufen von Enge schaut, dann lässt er diese Erfahrung der Enge, die Erfahrung der Form zu. Er versucht nicht gleich, dieser Erfahrung auszuweichen. Und in diesem Erfahren entdeckst du mitten darin dieselbe Raumhaftigkeit, dieselbe Freiheit wie auf einem Berggipfel, und dann kannst du immer noch schimpfen, wenn du willst. Wenn du aber versuchst, dieser Erfahrung von Enge, dieser sehr spitzen, engen Erfahrung von Form sofort auszuweichen, dann kannst du auch irgendwann Amok laufen. Das Engegefühl wird durch Zorn nicht besser, sondern es wird noch was draufgesetzt. Hass, Zerstörung, Wut kommen dazu und engen den Raum noch weiter ein – noch weniger Platz, noch weniger Bewegungsmöglichkeit. Dann sitzt du nicht nur auf der Straße, die dir die Spur vorschreibt, und hast rechts daneben den Typen, der dich bedrängt, sondern jetzt hast du auch noch die Enge der Wut in dir. All das löst sich im So-Seinlassen wie es ist auf, mitsamt der Enge. Aggression versucht diese beengende Form zu zerstören. Es geht vielmehr darum, in die Form hineinzuschauen mitsamt der jeweiligen Erfahrung, die sie gerade auslöst, und darin die Leere zu entdecken. Nur zu spiegeln, ohne Interpretation, ohne Veränderung, ohne Kommentar, ohne Beurteilung, die nackte Soheit des Straßenverkehrs! Dann kommt Kühle in die Hitze des Zorns.

28. Ratnasambhava und die Weisheit der Wesensgleichheit

Wahrer Reichtum

Die Qualität der spiegelgleichen Weisheit ist nur *ein* Aspekt der Weisheit. Weisheit ist viel, viel mehr. Die spiegelgleiche Weisheit ist sehr klar, sehr erdig, etwas scharfkantig und für sich alleine genommen ein bisschen kühl.

Jetzt betrachten wir einen anderen Aspekt der Weisheit: Die Weisheit der Wesensgleichheit, die ein wenig wärmer ist. Ihre Farbe ist gelb. Da geht's unter anderem um Reichtum, um Fülle, um Kreativität und Schönheit.

Eine Geschichte: Ein armer Holzfäller lebte am Rande eines großen Waldes in einer kleinen baufälligen Hütte. Er war Vater einer großen Familie mit vielen hungrigen Mäulern, und so ging er jeden Tag in den Wald und hackte Holz, um es dann zu verkaufen. Eines Tages nun sieht er im Wald unter einem Baum einen Mann sitzen, und sie kommen ins Gespräch. Der Holzfäller erzählt von seinen Mühen, und der Mann antwortet ihm: „Kein Problem, du musst ein bisschen tiefer in den Wald hineingehen. Dort wirst du eine Kohlemine finden." Der Mann geht tiefer in den Wald und findet die Kohlemine. Jetzt geht es finanziell betrachtet ein wenig aufwärts mit ihm und seiner Familie. Er betreibt das Kohlegeschäft eine Weile, arbeitet viel in der Mine, und irgendwann begegnet er wieder diesem Mann, der unter dem Baum sitzt. Wieder kommen sie ins Gespräch, und er erzählt wie es so ging. Da sagt der Mann: „Gehe doch noch ein bisschen weiter in den Wald hinein, dann wirst du eine Silbermine finden." Da der erste Tipp ja auch nicht schlecht war, geht er weiter in den Wald hinein, findet eine Silbermine und beginnt sie auszubeuten. Jetzt kommt noch mehr Geld herein, er baut sich vielleicht schon ein richtiges Haus und ist eigentlich soweit ganz zufrieden. Eines Tages begegnet er auf dem Weg zu seiner Silbermine wieder dem Mann, der da immer noch unter dem Baum sitzt, und der Mann sagt zu ihm: „Du könntest noch ein bisschen tiefer in den Wald hineingehen, dort wirst du eine Diamantenmine finden". Er findet das zwar ziemlich unglaubwürdig, da aber die ersten beiden Ratschläge gut und einträglich waren, folgt er auch dem dritten Rat und findet tatsächlich eine Diamantenmine. Jetzt wird er richtig reich. Inzwischen hat er Arbeiter und geht nur noch gelegentlich zu seiner Mine, um sie zu beaufsichtigen. Eines Tages trifft er erneut den Mann, der immer noch unter dem Baum sitzt, und fragt ihn jetzt: „Warum sitzt du unter diesem Baum und zeigst den Leuten, wo Schätze zu finden sind, und gräbst sie nicht selbst aus? Du sitzt da und besitzt nichts, und ich werde reich." Eine logische Frage! Und der Mann erwidert: „Das ist sehr gut, dass du mich das fragst! Ich habe auch mal unter diesem Baum einen Mann getroffen, und mir ist es genauso ergangen wie dir. Und irgendwann habe ich ihm dieselbe Frage gestellt wie du mir jetzt, und er sagte zu mir: „Geh noch tiefer, gehe ganz tief in dich selbst hinein und finde da den wahren Reichtum." Und da die ersten drei Ratschläge des Mannes sehr gut waren, bin ich auch dem vierten gefolgt, habe alle Minen sein lassen und mich unter den Baum gesetzt. Seitdem bin ich vollkommen glücklich, mir fehlt überhaupt nichts. Ich habe den wahren Reichtum gefunden. Und deshalb gebe ich dir denselben Rat – probiere es aus!"

Ratnasambhava und das wunscherfüllende Juwel

Silberminen sind irgendwann ausgebeutet, Diamantminen desgleichen, und die Erdölvorkommen auch, wenn wir so weitermachen. Aber von diesem wahren Reichtum gibt es kein Ende. Dieser Mann unter dem Baum muss eine Verkörperung von Ratnasambhava gewesen sein – Fülle pur, Großzügigkeit pur. Da ist nichts materielles, und doch Fülle pur – genug für alle.

Manchmal ist Ratnasambhava mit einem Juwel auf seiner linken Hand abgebildet, einem wunscherfüllenden Juwel. Und das funktioniert ganz einfach: ganz in der Mitte von allem findest du Fülle über Fülle – Leere, die Fülle ist – Frieden. Im Wieder- und Wiederfinden dieser Fülle, dieses Friedens bleiben keine

Wünsche offen. Dieses wunscherfüllende Juwel ist die Weisheit der Wesensgleichheit. Die spiegelgleiche Weisheit lässt einfach verschiedene Formen kommen und gehen, erscheinen, vergehen, wunderbar. Und jetzt beginnt eine Kommunikation, die über Dualität hinausgeht: Kommunikation der Weisheit mit sich selbst. Weisheit sieht sich selbst überall. Gott sieht sich selbst überall. Die Weisheit der Wesensgleichheit bleibt nicht bei der Form stehen, sondern geht in die Mitte von allem und findet überall dieselbe Essenz. Kein Besser, kein Schlechter, kein Drüber, kein Drunter, kein Oben, kein Unten, kein Hinten, kein Vorne, überall dieselbe Schönheit, in allem dieselbe Fülle, in allem dieselbe Weisheit. Das ist sehr, sehr tiefe Kommunikation. Sie braucht nicht einmal Bilder, sondern fließt direkt von Essenz zu Essenz, von Buddha zu Buddha, von Freiheit zu Freiheit, von Schönheit zu Schönheit, nichts ist dazwischen. Das ist die Weisheit der Wesensgleichheit.

Leidenschaft und Empfindung oder die Tatsache, dass Vanilleeis schmilzt

Die Art, wie wir normalerweise leben, ist das glatte Gegenteil. Erst mal ist da Leidenschaft: „Ich will glücklich sein." Soweit, so gut. Missverständlicherweise denkt man, glücklich zu sein sei eine bestimmte angenehme Form von Erfahrung. Im Bereich Aksobhyas und der spiegelgleichen Weisheit ging es um Form, jetzt geht es um Empfindung, Emotion. Das ist das nächste Skandha, der nächste Haufen: Der Haufen der bewertenden Empfindung. Bestimmte Emotionen mag man, andere Emotionen mag man nicht. Man versucht bestimmte Erfahrungen, bestimmte Empfindungen wiederherzustellen oder zu erreichen und verknüpft sie dabei mit bestimmten Umständen: Ein Haus zum Beispiel oder ein Liebhaber. Als Nächstes überlegt man: „Wie könnte ich das bekommen, was ich so gerne haben möchte, und zwar exakt das, was ich mir in den Kopf gesetzt habe?" Und rennt und tut und plant und konstruiert und strategisiert, wie man das hinbekommen könnte. Hat man seinen Wunsch erfüllen können, macht man sich Sorgen, dass es wieder verschwinden könnte, denn da ist ja schon die dumpfe Ahnung, dass die Dinge meistens wieder verschwinden. Hat der Wunsch sich nicht erfüllt, macht man sich Sorgen, wie man es bekommen könnte. Und das alles nur, weil man einem bestimmten Geschmack hinterher rennt. Immer Vanilleeis! Immer verliebt sein, immer kuschelig, immer stark, immer fröhlich, immer auf Wolken schwebend, immer positiv... Und man glaubt Glück zu finden, wenn man es nur schaffen könnte, diese Empfindung von Vanilleeis zu erzeugen und sie zu festigen. Aber es geht nicht: Vanilleeis schmilzt und zerrinnt dir zwischen den Fingern.

Überfluss – Mitgefühl

Die Botschaft des wunscherfüllenden Juwels lautet hingegen: „Entdecke den Reichtum in dem, was da ist." Glaube nicht, dass Reichtum irgendetwas mit Besitz zu tun hätte, mit irgendetwas, das man festhalten könnte. Reichtum ist ewig und überall fließender Überfluss, in allem, in wirklich allem.

Die andere Qualität, die dann aufscheint, ist Mitgefühl, denn es ist gleichzeitig die Wahrnehmung der Wesensgleichheit der Essenz aller Wesen, ohne ein Drüber oder Drunter. Selbst sagen zu müssen, es sei kein Drüber oder Drunter ist viel zu viel. Denn da ist kein anderer, nichts abzugrenzen. Aus diesem ‚kein anderer' und aus dieser Fülle quillt Mitgefühl. Du kannst wirklich in jeder Art der Empfindung dieselbe Essenz entdecken, dieselbe Stille, denselben Frieden in allem. Wenn du das in dir entdeckt hast, dann kannst du es auch überall entdecken. Ganz einfach. Es ist in allem dasselbe. Deshalb sagt Jesus: „Das ist mein Leib, dieses Brot." Ihr findet mich darin genauso wie überall, und wenn ihr Hunger habt, dann esst, es ist genug da. Eine Erinnerung für seine Freunde, weil er weiß, dass er nicht mehr lange in dieser Form hier sein kann. Und auch das sagt er ihnen: „Tut dies zu meinem Gedächtnis", und er meint eigentlich „an DAS erinnert euch". Es ist dasselbe in allem, dieselbe Fülle in allem, kein Unterschied. Und zugleich liegen darin Großzügigkeit, Großmut.

Gleichmut

Aus der Weisheit der Wesensgleichheit entstehen Großmut und Gleichmut. Gleichmut ist nicht dasselbe wie Gleichgültigkeit. Gleichgültigkeit ist etwas Feiges, Gleichmut dagegen ist mutig und erkennt die Wesensgleichheit in allen Situationen und Empfindungen. Dieselbe Weisheit, die Jesus am Gründonnerstag sagen lässt: „Das ist mein Leib, esst und erinnert euch", lässt ihn in der Erfahrung von „hochgejubelt werden" am Palmsonntag genauso wie in der Erfahrung von Verspottung wenige Tage später gleichmütig sein. Er nimmt die äußere Form der Empfindung, die äußere Form der Situation sehr wohl deutlich und bewusst wahr, er ist keinesfalls gleichgültig, aber er gibt ihr nicht die Bedeutung, sondern ruht im selben Gleichmut, in derselben Weisheit, hier und dort. Er lehnt auch den Jubel nicht ab, und er verwickelt sich nicht darin, er wird nicht stolz. Stolz und Arroganz wären ein Aspekt des verwirrten und unerleuchteten Geistes in diesem Bereich. Und er verzweifelt nicht, als er verspottet wird.

F: *Ich habe ein prima Leben, mir fehlt es an nichts. Da ist das ja nicht so schwierig. Aber wenn ich mir jemand mit extremsten Schmerzen vorstelle, da kann doch keine Fülle drin sein!*

P: Stop! ‚Wenn ich mir vorstelle...'! Es geht nur um die direkte Erfahrung dessen was dir widerfährt. Das kannst du nur im Erfahren entdecken, nicht theoretisch. Probiere es doch einmal aus wenn du wieder beim Zahnarzt bist. Oder was auch immer sich anbietet.

F: *Du entdeckst in Zahnschmerzen Fülle?*

P: Ich entdecke erstaunliche Veränderungen. Seit langem hatte ich eine Phobie vor Zahnärzten, obwohl ich seit zehn Jahren zu einem sehr guten Zahnarzt gehe. Aber dann hat sich das geändert und letztes Mal bin ich beim Schleifen fast eingeschlafen. Es hat sich geändert.

F: *Ich glaube, mein Kopf schlägt da gerade Kapriolen. Wenn das wirklich wahr ist, dann müsste das auch für eine furchtbar grauenhafte Situation gelten.*

P: Ich kann dafür nicht Zeugnis ablegen so wie Jesus. Jesus legt dafür Zeugnis ab und Al Mansoor ebenso. Al Mansoor war ein islamischer Mystiker, der aus seiner Freude ob der Wahrheit heraus rief: „Ich bin Allah!“ Er lebte vor einigen hundert Jahren in einem islamischen Land, und eine solche Äußerung bedeutete sein Todesurteil. Sie haben ihn auf sehr brutale Art zu Tode gebracht, gevierteilt, gesteinigt und alles Mögliche gleichzeitig. Er hat gelacht.

Es ist nicht so, dass Jesus oder Mansoor die Fülle oder den Frieden im Schmerz und in all dem, was ihnen widerfahren ist, gefunden hätten. Beide waren jenseits von Suchen und jenseits von Finden. Vielmehr ist es so, dass Jesus und Mansoor das was sie sind, nämlich Frieden, Fülle, Stille selbst in diesen äußerst schmerzhaften Situationen nicht verlassen haben. Sie sind nicht davon abgewichen.

F: *Al Mansoor muss doch Schmerzen empfunden haben.*

P: Ja, sicher hat er das. Er sagte sogar noch: „Wisst ihr Leute, ihr könnt mich nicht zum Narren halten. Ihr kriegt mich nicht dazu, in euch etwas anderes zu sehen als Gott. Ihr könnt mir noch so viel Schmerzen zufügen, ich sehe Gott trotzdem in euch.“ Ein anderes Zeugnis: In einem Video sah ich ein Interview mit einem tibetischen Lama, der in die Hände der Chinesen gefallen war. Sie hatten ihn ziemlich übel gefoltert. Nach seiner Flucht wurde er interviewt, und er erzählte, dass das Schlimmste für ihn seine Befürchtung oder Sorge gewesen sei, er könnte sein Mitgefühl verlieren.

Ich kann dir nur das Zeugnis dieser Buddhas weitergeben. Aber ich verstehe dich sehr gut und bin absolut deiner Meinung, dass Folter eine Schweinerei ist. Wenn du ganz praktisch irgendeine Möglichkeit siehst, etwas für einen Menschen, der das erleiden muss, zu tun, dann um Himmels willen tu es. Tu es, wenn es praktisch ist, aber behalte einen klaren Kopf! Denn es hilft niemandem, wenn du in deinem Kopf irgendwelche grauenvollen Filme ablaufen lässt und dich selber damit quälst. Deswegen geht es niemandem besser.

Gleichmut und Gleichgültigkeit

F: *Was ist der Unterschied zwischen Gleichmut, Gleichgültigkeit und „über den Wolken schweben"?*

P: Das Essen brennt an – und du sitzt in der Ecke und meditierst. Das ist Gleichgültigkeit. Gleichmut ist: Du sitzt in der Ecke und meditierst, das Essen beginnt zu riechen, du stehst auf, rührst im Topf um und verlierst dabei nicht deine Mitte.

29. Kein Verlass auf Empfindung und Erfolg

Die Existenz unterstützt dich immer, aber nicht immer so, wie du meinst

Jemand sagte gerade zu mir: Ich hoffe, dass die Existenz mich darin unterstützt, ein bestimmtes Projekt erfolgreich durchzuziehen. Das passt zum Thema. In diesem Satz liegen sowohl Wahrheit als auch Missverständnis. Die Wahrheit ist, dass die Existenz uns immer unterstützt. Das Missverständnis ist, und das ist sehr weit verbreitet, dass die Existenz uns auf eine bestimmte Art oder gemäß unseren Vorstellungen unterstützen müsste. In Wahrheit wissen wir nie, wie Unterstützung sich ausdrückt. Wir wissen nicht, ob die Unterstützung im äußeren Geschehen Erfolg oder Misserfolg bedeutet. Das erzeugt natürlich ein Gefühl der Unsicherheit. Doch dieses Unsicherheitsgefühl ist selbst eine große Unterstützung. Denn wenn wir uns diesem Gefühl öffnen und ihm nicht zu entgehen versuchen, indem wir es wieder mit unseren Vorstellungen, unseren Wünschen und unseren Strategien bepacken, besteht wieder die Möglichkeit, uns dem Raum zu öffnen. Diese Unsicherheit ist glorreich. Das Reich von Ratnasambhava heißt das glorreiche Land. Das ist nicht Glorie im Sinn von Erfolg oder nicht *nur* im Sinn von Erfolg, sondern Glorie ebenso im Scheitern im äußeren Ablauf der Dinge. Dieselbe Glorie, wenn die Dinge so laufen, wie wir uns das vorstellen, und auch wenn die Dinge nicht so laufen. Auch das ist die Weisheit der Wesensgleichheit.

Das zweite Skandha ist die Empfindung, das Gefühl. Auch Empfinden kommt und geht und ist in seinem Sosein leer. Normalerweise versuchen wir uns Glück zu schaffen, indem wir bestimmte Empfindungen aufrecht zu erhalten oder wieder zu erlangen versuchen und andere Empfindungen vermeiden. Und zu diesem Zweck versuchen wir bestimmte Umstände zu schaffen. So versuchen wir, das Leben unseren Vorstellungen gemäß zurechtzubiegen. Und wenn das Leben zufälligerweise unseren Vorstellungen entsprechend läuft, dann nennen wir das Erfolg, und wenn es nicht unseren Vorstellungen entsprechend läuft, nennen wir das Misserfolg. Wenn wir Erfolg haben, denken wir, dass wir die Ursache dafür sind: „Wow, bin ich gut!" Das ist Stolz. Wenn das Leben nicht so läuft und uns auf andere Art unterstützt als wir es gewünscht haben, dann nennen wir das Misserfolg und fühlen uns schlecht: „Ich habe etwas falsch gemacht!" oder „Die anderen haben etwas falsch gemacht!" Das ist mangelndes Selbstwertgefühl. Beides stimmt nicht. Das Gefühl von Wert und Unwert kommt hier ins Spiel. Entweder ich bin viel wert, dann bin ich mehr wert als die anderen und bekomme die Umstände, die ich will, oder ich bin weniger wert als die anderen und bekomme sie nicht. So entstehen Hoch und Tief, Stolz und mangelnde Selbstachtung. Zwei Seiten derselben Medaille. Das alles erfordert viel Denkarbeit, ständig wird Energie verschwendet, es wird getrickst, „irgendwie werden wir das Ding doch hinbiegen", um wieder meinen Wert oder meinen Unwert zu bestätigen, um meine Vorstellung zu verwirklichen. Ein ständiges Reiben und Vergleichen von mir mit dir, und ein ständiges darauf Achten, was der andere von mir denkt. Hat mich die Nachbarin gegrüßt, und wenn nicht, warum nicht? Um Gottes Willen, habe ich sie gegrüßt und falls nicht, was denkt sie jetzt von mir? Auch die Notwendigkeit, ein bestimmtes Bild von mir, eine Maske zu zeigen, um Achtung, Anerkennung, Lob und Wertschätzung zu erlangen, resultiert aus diesem Missverstehen. Unaufrichtigkeit, Lüge und Manipulation entstehen oft daraus. Das alles geschieht ständig nur in dem Versuch, eine Empfindung zu erschaffen, von der ich denke, dass sie mich glücklich machen würde. Sehr kompliziert!

Das Verschwinden von Stolz, Arroganz und mangelnder Selbstachtung – Demut

Aus der Sicht der gleichwertenden, mitfühlenden Weisheit hingegen ist die Sache ganz einfach. Im Erfahren und Erkennen der Wesensgleichheit, im Erfahren auch der gleichen Essenz aller

Wesen und der gleichen Essenz aller Empfindungen verschwinden alle Unterschiede im Sinne einer Rangordnung, verschwindet Stolz genauso wie mangelnde Selbstachtung. Das ganze Wertthema verschwindet – und ein unglaubliches Staunen und Respekt vor dem Leben selbst, vor der Existenz taucht auf. Die ganze Schönheit der Natur, die man nicht mehr beherrschen und ausbeuten muss, erfreut dich. Was wir der Erde antun, resultiert aus Überheblichkeit und Stolz, aus dem Erschaffen von Vorstellungen und aus dem Versuch, die Dinge so hinzubiegen, dass sie dieser kleinen Vorstellung vielleicht entsprechen. Jetzt werden sogar dornenlose Rosen gezüchtet. Was für eine kleinliche Vorstellung, dass Rosen ohne Dornen besser wären! Klein, kleinmütig sind diese Vorstellungen. Weisheit hingegen ist großmütig.

In dem Verschwinden von ‚Ich und andere' und in dem Verschwinden von Wertigkeit erwächst Demut. Demut heißt nicht ‚ich stehe unter dir', sondern ist das Verschwinden von beidem, von Darunter und von Darüber. Auch das hat Jesus ausgedrückt: Er hat sich von Magdalena die Füße salben lassen, und wenige Tage später wäscht er die Füße seiner Jünger. Es ist einfach gleich – selbst gleich ist noch zu viel gesagt. Gleichmütig, großmütig, demütig, riesengroß.

Im tiefer und tiefer Erkennen all dessen, im Verschwinden der Vorstellungen wird der Tanz der Existenz sichtbar, wird das ganze Netz sichtbar, wird das Mandala sichtbar. Du tanzt den Tanz der Existenz und singst das Lied der Existenz. Darin liegen unendlicher Reichtum, Schönheit, Fülle, Überfülle. Jede Form des Handels verschwindet. In Großzügigkeit und Großmut gibt es kein „um zu", sondern es ist vollkommen spontan, vollkommen natürlich. Es ist nicht mal Geben und Nehmen, sondern beides, da es keinen Geber und keinen Nehmer gibt. Es ist ein Teil des Tanzes der Existenz. Die Unterstützung der Existenz ist immer da, die Fülle ist immer da. Das Mandala tanzt sich, und ich habe keine Ahnung, wie oder warum. Es ist auch völlig unwichtig.

F: *Ich möchte nicht arrogant sein, damit bin ich nicht in Frieden. Die Arroganz hat, glaube ich, auch etwas mit Angst zu tun.*

P: Du musst nicht arrogant sein, wenn du siehst, wie es zusammenhängt. Einsicht ist wichtig, das Verstehen dieser Egostrukturen ist wichtig. Du kannst nicht dagegen kämpfen, aber du kannst verstehen, und im Verstehen löst sich etwas auf. Im Verstehen, im Innehalten und auch im ehrlichen Aussprechen, so wie jetzt: Du sitzt da und zeigst dich ganz offen. Da hat Arroganz keinen Bestand, oder? Wo ist sie jetzt? Zeige sie!

F *Im Moment ist sie nicht da.*

P: Siehst du, da verdrückt sie sich. Und du hast Recht, die Arroganz ist eigentlich ein Ausdruck von Angst, der Angst, durchzufallen. Zwei Seiten einer Medaille: Überheblichkeit und mangelnde Selbstachtung.

Lass dein Vertrauen darin wachsen, dass du in Ordnung bist, dann musst du auch nicht arrogant sein. Du musst Arroganz nicht hinnehmen. Du musst nicht arrogant sein, wenn du bereit bist, offen zu sein. Manchmal verschließt du dich wieder, und dann bist du wieder offen und entdeckst immer mehr, dass es kein Drüber und Drunter gibt – die Weisheit der Wesensgleichheit.

Die Bedeutung von Kopfschmerz

F: *Mein „in der Balance-Bleiben“ scheint Anstrengung zu enthalten, denn ich habe Kopfschmerzen und bin ein bisschen übertrieben wach.*

P: Gut, da sind Kopfschmerzen. Du musst ihnen keine Bedeutung beimessen. Das gehört auch zu diesem Thema: Bedeutung geben. Das ist so ähnlich wie mit den Katzen hier im Haus. Im Moment sind sie rollig und markieren jeden Baum. Das heißt, etwas abstecken und ihm Bedeutung geben. In dem Moment, wo wir sagen, ich habe Kopfschmerzen und das heißt ich bin angestrengt, und angestrengt bedeutet wiederum hier in diesem spirituellen Kontext „ich bin unwert, ich mache es falsch" – dann sind wir beim Vergleichen. Du vergleichst dich mit dir, dich mit dir früher, dich mit dir später, und du vergleichst dich mit irgendjemand anderem. Kopfschmerzen sind einfach Kopfschmerzen, sind eine Erscheinung, sind was sie sind, kommen und gehen. Wenn du das sich nur spiegeln lässt – vielleicht ist es ein Blitz, der sich im Wasser spiegelt – dann ist das der Aspekt der spiegelgleichen Weisheit. Und der Aspekt der Wesensgleichheit mündet dann in eine tiefe Kommunikation, ohne nach Bedeutung oder nach Woher oder Wohin zu fragen. Er entdeckt Frieden und Stille einfach in der Tiefe der Empfindung.

F: *Ich vergleiche leider ständig. Auch hier denke ich: „Haben die es gut, sie brauchen nicht mehr zu fragen, sie haben es wahrscheinlich schon längst begriffen." Dann klopft mein Herz so stark: „Na ja, du musst noch fragen, du hast es noch nötig."*

P: Schau mal, da liegt wirklich beides in dir: Da ist das Land Ratnasambhavas mit all der Kreativität und all dem Malen und Schöpfen aus der Fülle, von dem du vorhin berichtet hast. Aber sobald du dann zu vergleichen anfängst, sobald du zu werten beginnst, ‚wo stehe ich im Wert', verlässt du die Weisheit der Wesensgleichheit, verlässt du dieses glorreiche Land. Bleib doch da! Lass dich völlig in diese ganze Fülle und auch in diese künstlerische Aktivität sinken. Verschwinde darin völlig. Du bist total richtig, so wie du bist. Und genau das bedeutet „Ziellosigkeit": Du musst nicht irgendetwas aus dir machen.

F: *Da bleibt aber immer noch ein letzter Zweifel. Als ob ich mich andauernd beweisen müsste: „Schaut mich an, hier bin ich, findet ihr mich schön und klug und kreativ?"*

P: Genau diese Frage: „Findet ihr mich kreativ?" verhindert Kreativität. Und die Frage „Findet ihr mich klug?" behindert Intelligenz. Diese ständige Notwendigkeit, sich einzuschätzen und den Wert zu bestimmen, ständig darüber nachdenken zu müssen, was die anderen denken, steht irgendwie einfach im Weg.

Keine Umstände

F: *Ich möchte noch viel mehr meditieren und noch viel ruhiger werden. Ich denke, dass ich dafür ein ruhigeres Leben brauche.*

P: Es verlangt keine bestimmten Umstände. Die Vorstellung eines ruhigen Lebens oder wie du sagst: „Die Vorstellung, ich würde gerne mehr ruhig sitzen" bedeutet, dass du in die Zukunft verschiebst, was jetzt die ganze Zeit möglich wäre. Jemand hat mir erzählt, er wolle ein ruhigeres Leben und einen ruhigeren Platz, und er hat tatsächlich eine schöne, ruhige, wunderbare Wohnung gefunden. Er hat viel Energie, Zeit und Geld darauf verwendet, sich ein wunderschönes Meditationszimmer einzurichten. Diese ganzen Vorbereitungen haben ihm viel Freude bereitet, aber als dann alles fertig war, hat er sein Meditationszimmer nie betreten. Jetzt, immer genau jetzt ist die ganze Fülle an Zeit, an Raum, an Ewigkeit.

Mitgefühl – die Revolution

F: *Ich nehme an, du meinst mit Wesensgleichheit, dass wir uns alle nicht nur irgendwie ähnlich sind, oder ist das symbolisch gemeint?*

P: Nein, das ist ganz echt. Die Essenz von allem ist dieselbe Buddhanatur.

F: *Das höre ich ja nicht zum ersten Mal, aber jetzt wird mir überhaupt erst deutlich, was das bedeutet. Das ist ja die Revolution überhaupt! Da lösen sich ja alle Probleme, mit denen wir dauernd zu tun haben. Ich nehme hier die Fülle wahr und bin davon ganz berührt, was für ein Luxus! Der weitaus größte Teil der Menschheit hat überhaupt nicht die Möglichkeit, dies wahrzunehmen. Und jetzt kann ich aus der Wesens-*

gleichheit heraus sagen: „Was für ein Glück, dass es wenigstens an dieser Stelle wahrgenommen wird!“ Und wenn die eine Hand in der Klemme sitzt, holt die andere Hand sie heraus. Das schlechte Gewissen, dass es ihr besser geht, dass sie frei ist, kann sie sich sparen. Das verzögert und behindert nur alles.

P: Exakt so ist es.

F: *Bedeutet es dann aber auch, dass diese Kommunikation genauso gut von hier zu der Mutter nach Afrika geht, der das Baby in den Armen stirbt? Wenn ich das mit meinem Frieden berühre …*

P: Ja, ja, ja! Weiter.

F: *Dass das ankommt? Also, dass es das ist, was ich tun kann? Das wäre ja dann die Möglichkeit, überall wirksam zu sein. Aber das klingt schon fast wieder überheblich. Das wage ich gar nicht zu denken.*

P: Das ist Mitgefühl! Und da gibt es kein Tun, kein Oben und Unten. Das ist ganz wichtig, da gibt es kein Gefälle, sondern es fließt von Wesensgleichheit zu Wesensgleichheit. Ganz direkt von Buddha zu Buddha. Das ist die Revolution! Mitgefühl ist die Revolution!

Leere heißt nicht Abwesenheit – oder das glorreiche Land des Ratnasambhava

F: *Die Leere reizt mich nicht. Ich denke nicht: „Oh wunderbar, dann darf ich in die große Leere gehen.“ Der Satz: „Dann bist du im Göttlichen, dann bist du in der ewigen Liebe, im ewigen Licht, in der Glückseligkeit“ zieht mich mehr an. Diese glücklichen Momente, die ich hier erlebe, lassen mich denken: „Ja, wenn es dann immer so ist, wenn schlecht und gut einfach wegfallen, dann singe ich einfach ohne Unterlass.“*

P: Vorsicht! Was du hier gerade vermittelst, ist das Bild einer Vorstellung von Leere. Das ist es nicht! Und vor dieser Vorstellung hast du Angst! Du hast Angst vor deiner *Vorstellung* des Nichts. Leere wird ständig missverstanden. Buddha benutzte dieses Wort in der Hoffnung, dass man sich davon keine Vorstellung machen würde. Deshalb wählte er diese negative Ausdrucksweise. Jesus verwandte eine positive Ausdrucksweise. Aber in beiden Fällen passiert dann, wie die Geschichte zeigt, dasselbe: Man macht sich eine Vorstellung davon. Und die Vorstellung ist von vornherein nicht richtig. Leere heißt nicht Abwesenheit, bedeutet nicht Nichtexistenz, sondern ist totale Existenz!

Wovon du dann sprichst, ist wunderschön. Du sprichst von diesem glorreichen Land, dem reinen Land des Ratnasambhava, in dem Fülle und viel Kreativität herrschen. In der Bilderwelt der Tibeter ist das reine Land eines Buddha so eine Art Vorhimmel. Man sagt, in dem reinen Land eines Buddha wiedergeboren zu werden bedeutet, du kannst aus diesem Bewusstsein, aus dieser Weisheit nicht mehr herausfallen, und dann irgendwann verschwindest du als Struktur, als Ich, als Jemand, der diesen Gesang genießt, und wirst Gesang selbst. Du verschwindest in der Gesamtheit der Existenz.

30. Amitabha und die unterscheidende Weisheit

Das einzigartige Zucken des Schwanzes der kleinen schwarzweißen Katze

Spiegelgleiche Weisheit sieht die Formen kommen und gehen. Sie hält sie nicht fest, hält sie nicht zurück. Die Weisheit des wesensgleichen Mitgefühls schaut in die Essenz von allem und tritt in tiefe Kommunikation von Essenz zu Essenz. Aber das ist immer noch unkomplett, denn was ist mit der kleinen schwarzweißen Katze da draußen, wenn sie ihren Schwanz streckt und auf völlig einzigartige Weise mit der Schwanzspitze zuckt? Was ist mit der kleinen schwarzweißen Katze, wie sie mit dem blauen Ball spielt, und was ist mit dem Kranich, der da hinten singt?

Wir sprechen jetzt von Buddha Amitabha und dem Aspekt der unterscheidenden Weisheit. Die Weisheit der Unterscheidung sieht die Einzigartigkeit, die völlige Individualität in allem, die absolute Einzigartigkeit in jeder Ausdrucksform des Großen Einen. Nie wieder wird eine schwarzweiße Katze so mit dem Schwanz zucken oder auf die gleiche Art mit dem blauen Ball spielen. Oder: der ganze Baum dort drüben war vorhin voll von Staren. In diesem Schwarm fliegt ein Star mit, der zweistimmig singt. Die Stare singen, es ist *ein* Gesang und trotzdem viele Vögel. Und jeder Vogel ist einzigartig in seinem Singen. Das ist total beides: Wesensgleichheit und Einzigartigkeit.

Amitabha ist der Buddha der unterscheidenden Weisheit, auch der Buddha der Liebe. Wenn ich euch anschaue, dann sehe ich Göttlichkeit, Buddhanatur, und zugleich sehe ich absolute Einzigartigkeit. Mir läuft das Herz über. Das Herz aller Buddhas brennt vor Liebe. Soviel Liebe. Die Liebe sieht das alles und liebt das alles, so wie es ist. Amitabha schaut mit liebevollen Augen auf alles. Die Liebe sieht die vielen Einzigartigkeiten, die vielen Individualitäten, haftet aber nicht daran fest, sackt sie nicht ein, braucht nichts davon, aber ist in Liebe damit. Das ist ein Mysterium, für das ich keine Worte habe.

In diesem so mittigen Punkt treffen sich alle Dimensionen. Da ist die einzigartige Individualität des Wesens, die nicht an ein Ego gebunden ist, und gleichzeitig die Wesensgleichheit, die Buddhanatur. Deshalb ist es möglich, dass Jesus einerseits sagt: „Ich und der Vater sind eins", die Wesensgleichheit, die Nicht-Zweiheit. Doch zugleich sagt er: „Dein Wille geschehe." Inmitten der Gottes-Sohnschaft oder des „Ich und der Vater sind eins" ist immer noch die Individualität, die sich wieder vor dem Ganzen verbeugen kann. So treffen sich Göttlichkeit und Individualität, die Horizontale und die Vertikale. Sie sind nicht zu trennen, aber genau an dem Punkt, wo Horizontale und Vertikale sich treffen, ist die Blüte des Menschseins, genau so wie die der Göttlichkeit. Das drücken die östlichen Kulturen mit dem Bild des Lotus aus: Die Lotus-Blüte, die sich öffnet. Der Lotus ist auch das Symbol von Amitabha. In dem Bild des Lotus sehen wir beides: der Lotus wurzelt im Schlamm unter Wasser, und er treibt die Blüte der Weisheit, der Reinheit, der Klarheit, der Liebe und der Hingabe. Das ist alles Eins. Das ist ein Mysterium, das immer weiter geht, immer tiefer und tiefer.

Wenn der Verstand Bauchweh kriegt

Der Aspekt des verhafteten, unerleuchteten Geistes, der hierher gehört, ist das Hunger-Geist-Muster, ist der Lebensbereich der Hungergeister. In der Mitte dieses Reiches sitzt Buddha Amitabha. Diese hungrigen Geister wollen sich alles reinstopfen, einverleiben. Das kann auch eine sehr starke intellektuelle Färbung annehmen, es muss nicht immer Essen sein. Der Verstand wird leicht zu einem hungrigen Geist, wenn er nicht ein wenig am Zügel der Liebe geführt wird. Dann versucht er sich alles einzuverleiben, auch Dinge, die er überhaupt nicht verdauen kann. Der Verstand wird dadurch nicht glücklicher. Ein glücklicher Verstand ist etwas Wunderbares, aber in dem Versuch, sich alles einzuverleiben, wird der Verstand nicht glücklich. Er bekommt davon Bauchweh, Blähungen und windet sich nachts in schlechten Träumen. So ist das. Ein glücklicher Verstand hat seinen Bereich, er wird nicht verurteilt, aber er weiß, was für ihn genießbar ist und was nicht. Ich war eigentlich sehr erstaunt, als ich eines Tages feststellte, dass mein Verstand glücklich ist.

Unterscheidendes Gewahrsein

F: *Wie kann ich das Echte vom Falschen unterscheiden?*

P: Wenn's nicht ganz stimmt, dann schmeckt das irgendwie sandig, fühlt sich irgendwie sperrig an.

F: *Ich verstehe, was du meinst. Und ich kenne das. Wenn ich etwas Unangenehmes nicht fühlen will, dann fühlt sich das sandig an.*

P: Ja genau, weil es nicht stimmt.

F: *Und wo betrüge ich mich, wo schleiche ich mich?*

P: Fühle, was zu fühlen ist, immer. Mehr braucht es da nicht. Und ist es sandig, dann schmecke das, fühle das, spüre es zwischen den Zähnen, und wenn da noch irgendeine Botschaft für dich drin ist, wird sie sich dir im Fühlen offenbaren. Das dauert manchmal eine Weile, aber das macht nichts.

Unterscheidendes Gewahrsein ist eine Unterabteilung der Weisheit, nicht eine Unterabteilung des Wissens. Der Unterschied zwischen Wissen und Weisheit ist folgender: Wissen sammelt an, will besitzen. Weisheit hält nichts fest, ist immer frisch. Wissen sucht immer einen Trick und will eine Sicherheit. Ja, gerade jetzt willst du von mir eine Versicherung, aber ich verkaufe keine. Du hättest gerne eine definitive Methode: „Wenn ich es auf diese Weise mache, kann ich nichts falsch machen". Aber eine solche Methode gibt es nicht. Weisheit hingegen kommt aus der Ungetrenntheit und ist deshalb dem Sensitiven näher als dem Kognitiven, obwohl natürlich das Kognitive nicht aus der Weisheit ausgeschlossen ist. Weisheit ist größer als Denken, ist eine höhere Dimension als Wissen. Verstand, Wissen sortiert. Weisheit ist gewahr. Weisheit nimmt von innen wahr, direkt, ohne Umweg. Ohne Versicherung nimmt Weisheit direkt, alles einschließend einfach wahr. Weisheit ist raumhaft, ganz direkt, Auge in Auge. Aus der Weisheit entsteht auch unterscheidendes Gewahrsein. Das ist wichtig! Unterscheidendes Gewahrsein kann Reales von Unrealem unterscheiden.

F: *Kann ich unterscheidendes Gewahrsein lernen oder üben?*

P: Ja... Doch, ich sage ja. Auch wenn's nicht ganz stimmt.

F: *Man muss eben den Sand spüren, dann...*

P: Es ist die Bereitschaft anzuhalten, die Bereitschaft, nicht zu entfliehen, die Bereitschaft, ehrlich zu sein, offen zu sein, ungetrennt zu sein. Nur daraus kann Weisheit erwachsen. In der Bereitschaft da zu sein, vollkommen offen, vollkommen nackt, ohne Wissen, vollkommen in der Armut des Geistes – so nennt Jesus das – entsteht Weisheit, scheint Weisheit auf. Es ist Nicht-Verstand. Nicht-Wissen. Direktes nicht-wissendes Erkennen. Du hältst an, du lässt dein Wissen zurück, beachtest nicht, was du alles in deinem Hirn gesammelt hast, bist ganz da, ganz hier, ganz offen, ganz arm im Geiste. Genau wieder an diesem Punkt, der gegen Null geht, öffnet sich Weisheit. Weisheit ist raumhaft. Auch hier gibt es nichts zum Festhalten. Du kannst Weisheit nicht verbuchen! Und immer wieder ‚den Geist arm sein' zu lassen, ihn leer sein zu lassen, das kannst du üben. Immer wieder offen zu sein, immer wieder da zu sein, sich immer wieder zurückzuholen, wenn man sich fortgeschlichen hat, das kannst du üben. Ja, Weisheit selbst kann man nicht üben, aber das, was sie ermöglicht.

Ein Keller wird aufgeräumt

F: *Gestern bei der Meditation kam in mir viel altes Zeug hoch, wie auf einer Kinoleinwand lief es an mir vorbei. Es war sehr intensiv. Da habe ich an die spiegelgleiche Weisheit gedacht und habe das immer wieder probiert.*

P: Spiegelgleiche Weisheit heißt zunächst mal: Der Film darf laufen, aber du engagierst dich nicht in dem Film.

F: *Genau, aber es war eher schockierend für mich.*

P: Dass altes Zeug kommt, ist nicht schockierend, sondern ganz natürlich. Meditation heißt auch, dass sich Raum auftut. Und die vielen alten Dinge, die irgendwo provisorisch in verstaubten Kellergewölben gelagert waren, kommen hoch. Und jetzt auf einmal tut sich Raum auf, Stille, Offenheit, Bereitschaft sind da. Dann kommen diese ganzen alten Sachen aus dem Keller und präsentieren sich. Du bleibst wie ein Spiegel, der alles spiegelt – spiegelgleiche Weisheit. Wenn Empfindungen dabei auftauchen, lasse sie einfach kommen und schaue ganz tief hinein, umarme die Empfindungen, lasse sie da sein und schau, was du in ihrer Mitte findest. Das ist die Wesensgleichheit. Und dann lass die Liebe alles umarmen. Dann tauchen Wahrnehmungen auf. Ordne sie nicht ein, sondern lass sie einfach in den warmen Strahlen der Liebe da sein. Ohne ihre Einzigartigkeit zu verleugnen. Das ist die Weisheit der Unterscheidung. Und dann, in der Gelassenheit gegenüber allem was da aus dem Keller kommt, tauchen irgendwann Lücken zwischen den Filmen auf, wunderbar. Aber erwarte nicht, dass die Lücken gleich riesenlang sind.

Schau mit den liebevollen Augen Amitabhas auf dich

F: *Wenn ich hier auf dem Gelände herumlaufe, dann merke ich, dass ich immer schaue, wo du bist, und dann frage ich mich: Was ist das? Ich habe Angst, dass du mich beurteilst, was natürlich totaler Quatsch ist, denn du bist mit Sicherheit der Mensch, der am allerwenigsten jemanden beurteilt, das weiß ich auch.*

P: Ich kenne das. In Poona ist es mir auch so gegangen. Obwohl man Osho außer abends in der Buddhahalle nie gesehen hat, hatte ich auch dieses komische Gefühl. Es ist natürlich Blödsinn. Ich glaube, es ist mehr das eigene Über-Ich, das sich auf diese Art meldet. Über-Ich ist ein Begriff aus der Psychoanalyse, ist jener Teil, jene Instanz des Verstandes, die sagt: „Du darfst, du sollst, du müsstest, du müsstest besser" und so weiter. Registriere einfach, wenn dieses Richten auftaucht, und dann lache darüber, wenn möglich.

F: *Da wäre man ja dann nur am Lachen!*

P: Was wollen wir mehr? Wenn Bewusstheit in eine Sache kommt, muss man oft lachen. Du siehst was geschieht und lässt es auch zu, und musst lachen... Wenn ich draußen bin, rauche ich entweder, genieße meine Zigarette oder ich schaue und höre den Vögeln zu. Und wenn ich euch anschaue, dann freue ich mich einfach, so wie ich mich über Vögel freue. Ich freue mich einfach. Es gibt keinen Grund, sich besonders zu präsentieren. Ich freue mich, wo immer ich hinschaue, hier genauso wie da oder dort. Und die Liebe ist auch immer dieselbe. Bei mir gibt's durch Wohlverhalten keinen Blumentopf zu gewinnen.

F: *Ich denke, dass es die Angst vor dem Röntgenblick ist. Ah ja, Pyar, die sieht uns ganz klar mit all unseren verhärteten Strukturen, und ganz besonders sieht sie alle Macken, sieht alles, was wir uns selbst nicht eingestehen wollen.*

P: Nein, so nicht. Aber einen Röntgenblick gibt's schon, mit dem ich Dinge sehe, die ihr oft überseht, Dinge, die so schön sind. Versuche doch, mit meinen Augen auf dich zu schauen! Wenn du dich betrachtest, dann siehst du wohl die Macken, das macht nichts, aber schaue auch da mit dem liebevollen Auge Amitabhas darauf. Das ist ein liebevoller Blick, der sehr wohl unterscheiden kann – unterscheidende Weisheit, kein plattes „alles in Ordnung". Es ist sehr wohl Unterscheidung möglich, aber immer in Liebe, in Wohlwollen und in Freude. So schaue auf dich! Verstehst du mich? Probiere es mal, das ersetzt das Über-Ich durch Amitabhas liebevolle Augen.

31. Gier und die Illusion der einordnenden Wahrnehmung

Wir sprachen im Zusammenhang mit Aksobhya über das Muster der Ablehnung, über den Hass, die Hitze und Enge, über das Zerstören von Form – den Lebensbereich der Hölle. Wir sprachen im Zusammenhang mit Ratnasambhava über Stolz, mangelnden Selbstwert, den Versuch, sich angenehme Empfindungen zu schaffen, das Vergleichen und das Wertgefüge.

Die verschiedenen Aspekte der Weisheit und die verschiedenen Ausdrucksformen der Buddhas sind immer Aspekte derselben Weisheit, das dürft ihr nicht vergessen. Man kann sie nicht auseinander schneiden. Genauso sind die verschiedenen Muster und Strukturen, die thematisch dazu gehören und die wir alle kennen, immer Ausdrucksformen desselben Sicherheit suchenden, trennenden, abgrenzenden Egos.

Das Thema des verhafteten, unerleuchteten Geistes, das in Amitabhas Bereich fällt, ist die Gier und das Mangelgefühl. Die unterscheidende Weisheit schaut immer mit den Augen der Liebe. Das dritte Skandha, der dritte Haufen ist die einordnende Wahrnehmung. Eine Wahrnehmung, die nicht einfach wahrnimmt und sich an der Einzigartigkeit freut, sondern einordnet. Und wir ordnen im Allgemeinen in brauchbar und nicht brauchbar ein. Das ist wie die grundsätzliche Einteilung: Essbar – nicht essbar.

Hungergeist – Mangel – Reinziehen

Lasst mich diesen Lebensbereich der Hungergeister etwas näher beschreiben: In dieser Struktur, in diesem Muster entsteht zunächst ein Gefühl eines riesengroßen Mangels, das Gefühl eines großen Loches im Bauch. Daraus resultiert der Versuch, sich alles Mögliche einzuverleiben. Kennst du das? Dieses Einverleiben, Auffressen, Reinziehen zieht sich durch alle Schichten der Psyche und des Lebens. Es geht nicht nur um materielle

Dinge, dort aber ist es sehr offensichtlich. Man kauft und kauft und kauft. Die Wohnung ist längst voll und man stopft noch mehr rein, aber irgendwie ist man danach nicht satt – vielleicht für einen kleinen Moment, aber nicht wirklich. Man häuft an, aber die Gier wird nicht weniger. Genauso ist es mit geistigen Dingen: Reinziehen, einverleiben, auch Dinge, die geistig nicht zu verarbeiten sind – geistige Blähung. Auch auf der spirituellen Ebene geschieht das: Noch eine tolle Erfahrung, noch mehr wohliges Schweben, noch mehr in sich versponnen und verwoben – eine ganz spezielle Form des Egoismus. Einverleiben bis hin zu dem Versuch, sich Gott einzuverleiben. Was nicht geht. Zugleich bleibt dabei die ganze Zeit das Gefühl eines Mangels. Aber man ist schon zum Erbrechen voll, kriegt eigentlich nichts mehr rein, alles ist völlig verstopft, und trotzdem: Immer noch reinziehen. Auch im Bereich der Zwischenmenschlichkeit und Kommunikation greift dieses Muster. Immer dabei sein müssen, die Angst, irgendetwas zu verpassen, alles mitkriegen, alles reinziehen, alles wissen wollen, alles über jeden erfahren wollen in der Hoffnung, dadurch dazuzugehören.

Diese Aufgabe, dieser Versuch, sich mit irgendetwas zu füllen, ist eine ziemlich ernste Angelegenheit. Da bleibt nicht viel Raum für Humor, und über sich selbst kann man schon gar nicht lachen. Bricht irgendwann ein Lachen über sich selbst aus, ist das schon eine Erlösung, so wie wenn man in einen Luftballon piekst.

Das ist das Reich der Hungergeister, das thematisch zu Buddha Amitabha mit seiner unterscheidenden Weisheit gehört. In der Ikonografie werden Hungergeister mit riesengroßen Bäuchen, sehr dünnen Hälsen und sehr kleinen Mündern dargestellt, und das ist eine ärgerliche Geschichte: Da hast du einen leeren Riesenbauch und eine Menge zu essen, aber du kriegst es nicht runter. Es geht nicht durch deinen Hals. Manchmal gelingt es so einem Hungergeist sogar, satt zu werden, aber dann ist er wieder unglücklich, denn jetzt fehlt ihm dieses Gefühl von „ich könnt' mir was reinziehen." Und er möchte eigentlich lieber wieder hungrig sein. Aber jetzt kriegt er es nicht mehr raus.

Das ist eine üble Situation, und die zieht sich durch alle Bereiche des menschlichen Lebens. Manchmal ist es auch so: Man möchte unbedingt Anerkennung oder eine Streicheleinheit erhalten, und wenn man sie dann tatsächlich bekommt, sagt man: „Ach, ist doch gar nicht nötig. Das hätte es jetzt nicht gebraucht." Das ist der Ausdruck dieses engen Halses, kennst du das? Du willst es unbedingt haben, und wenn du es dann kriegst... Diese Peinlichkeit, wenn man tatsächlich etwas geschenkt bekommt. Wie ihr seht, ist das eine ziemlich komplexe Geschichte, und sie ist sehr ernst, denn irgendwie hat man das Gefühl, alles hinge davon ab.

Wir sprachen vorher über ein ähnliches Thema: Den Versuch, sich Umstände zu schaffen, bestimmte Formen, bestimmte Empfindungen zu erschaffen, um glücklich zu sein. Das hier ist ein bisschen anders: Jetzt ist es der Versuch, es reinzustecken. Es ist auch ein Versuch, Territorium zu gewinnen, größer zu werden, sich auszuweiten, sich die Welt einzuverleiben. Das verhindert den natürlichen Fluss der Dinge, der will, dass Dinge verwandelt werden. Natürlich essen wir, aber hinten kommt auch wieder etwas raus, und aus dem wird wieder irgendetwas. Man kann nichts behalten, wir können Dinge nicht in uns hineinstecken und zum „Ich" machen. Eigentlich ist es der Versuch, dieses Ich noch zu vergrößern, indem ich alles, was ich im Außen finde, alles, was ich wahrnehme, diesem Ich hinzufüge, es auffresse und dann festhalte. Verstehst du? Das ist eine von vielen Möglichkeiten, die Illusion von Ich zu stärken, eine von vielen Möglichkeiten, der Offenheit des Raumes scheinbar zu entkommen. Es herrscht eine ziemliche Hektik in diesem „Reinziehland".

Lachen und Genuss

Zwei Dinge ertragen diese Hungergeister überhaupt nicht, und die kannst du als Ausgangstür benützen, wenn du dich in diesem Muster verfangen solltest. Das erste Unerträgliche für sie ist Lachen. Hungergeister sind in allem bierernst. Wenn man lacht, reagieren sie unter Umständen zunächst mal krätzig. Sie fühlen sich wahrscheinlich zunächst nicht ernst genommen, aber langfristig zerschmilzt sie das Lachen. Das Zweite, was die hungrigen Geister nicht mögen, was sie auflöst und überflüssig macht, ist Genießen. Sie können nicht lachen und sie können nicht genießen. Heute Mittag sagte jemand zu mir, er wäre froh, wenn die ganze Esserei und das Kauen nicht mehr nötig wären. Das finde ich sehr schade. Ich sagte ihm: „Bitte, bitte, genieße es!" Vor lauter Angst, nicht voll zu werden, und vor lauter Mangelgefühl ist in diesem Muster der hungrigen Geister überhaupt kein Platz für Genießen. Wenn du wirklich genießt, dann kann es auch nicht so leicht geschehen, dass du in das andere Extrem desselben Musters verfällst: Dieses sich Verkneifen, nichts nehmen, gar nichts mehr kaufen und nichts genießen können. Asketismus ist wirklich nur das andere Extrem desselben Musters. Darüber hinaus möchte man für seine Asketik meistens auch noch etwas haben wie bei einem Handel. Aber Genießen und Lachen sind wichtig. Es gibt soviel zu genießen. Genießen, was jetzt verfügbar ist, nicht was man vielleicht irgendwann kriegen könnte, auch nicht das, was man längst nicht mehr hat, sondern genau das, was jetzt ist. Eigentlich ganz einfach!

Leere ist nicht Mangel

In der spirituellen Szene wird dieses Mangelgefühl oft mit jener Leere verwechselt, von der Buddha spricht. Leere ist nicht Mangel. „Leere" ist eigentlich ein völlig unzureichendes Wort. Es beschreibt überhaupt nicht, was Buddha meint, aber es gibt offenbar kein Wort, das es beschreiben könnte. In dem, was Buddha, Osho und andere Leere nennen, ist keine Spur von Mangel.

Vielmehr ist es so: Wenn Mangel empfunden wird, dann ist eigentlich etwas zu viel! Dann ist die Leere nicht wirklich leer. Wenn die Leere wirklich leer, wenn dort kein Ego mehr ist, kein Brauchen, kein Festhalten, kein Ablehnen, keine Trennung, keine Geschichte ist, sondern einfach nur DAS, dann ist da vollkommene Leere, die vollkommen voll ist. Da fehlt nichts! Da gibt es keinen Mangel.

Leere Hände – Liebe braucht nichts

Das Mudra Amitabhas ist eine Handhaltung, bei der du die Hände mit den Handflächen nach oben, die Rechte über der Linken, in deinen Schoss legst. Es sieht sehr anmutig aus. Die Hände sind leer und bleiben leer. Kein Hineinfüllen, kein Brauchen. Liebe braucht nichts, Liebe ist überhaupt nicht mit irgendetwas identifiziert. Sie ist sehr unpersönlich und sehr warm. Amitabha sitzt vollkommen zufrieden, ohne irgendetwas zu haben, vollkommen erfüllt ohne eine Spur von Mangel und genau in der Mitte – das ist Balance. Er sitzt aufrecht, und hier ist Boden, die klassische Haltung der Meditation. Und beides ist da, die Vertikale und die Horizontale. Buddha ist völlig in der Existenz verschwunden, verschwunden als Ego, als Ich, aber nicht irgendwohin, nicht in irgendein Eingesponnensein. Er ist ganz da, ganz jetzt, ganz hier. Vollkommen in Hingabe und Liebe. Wahre Präsenz erscheint, wenn das Ego verschwunden ist.

Die unterscheidende Weisheit schaut wirklich immer mit den Augen der Liebe, schaut liebevoll auf die Einzigartigkeit, auf die Unterschiede. Sie verleugnet die Unterschiede nicht. Das Herz ist vollkommen offen. Kein Brauchen. Du bist jetzt vollkommen eins: vollkommen göttlich, vollkommen verschwunden in DEM und gleichzeitig ganz einzigartig, ganz menschlich, ganz da.

Freude an schönen Dingen

F: *Kannst du erklären, wieso für dich Rauchen und Fleisch essen kein Widerspruch ist? Gibt es ein bewusstes Handeln, ein bewusstes Rauchen, ein bewusstes Fleisch essen und damit ist es gut? Dann ist es einfach so, wie es ist?*

P: Nisargadatta hat sogar im Satsang geraucht. Er war Zigarettenverkäufer. Jesus trank gern Wein, aß Fleisch und Fisch. Buddhas nehmen die Geschichte mit der Moral und mit dem Richtig und Falsch, Heilig und Unheilig nicht so ernst. Da geht's auch um Ehrlichkeit und Scheinheiligkeit. Wenn ich heimlich rauchen würde, wäre das Scheinheiligkeit. Wenn ich rauche, habe ich Freude daran, wenn ich esse, habe ich Freude daran und empfinde viel Dankbarkeit. Ich finde es super, dass es Tabakpflanzen, Weinstöcke und Hopfen gibt. Was für ein Reichtum! Und ich finde es sehr großzügig von den Tieren, dass ich sie essen darf, genau so großzügig wie von den Salatköpfen – für mich ist da kein Unterschied. Eine unglaubliche Großzügigkeit aller Wesen füreinander. Irgendwann essen die Würmer meinen Körper. Hin und Her, Großzügigkeit auf allen Seiten.

Da fällt mir eine Geschichte ein. Zwei Mönche kommen unterwegs an einen Fluss. Am Ufer steht eine junge hübsche Frau, die nicht weiß, wie sie den breiten und reißenden Fluss überqueren soll. Der ältere Mönch nimmt sie auf die Arme und trägt sie hinüber. Am anderen Ufer setzt er sie ab, und die Mönche gehen wieder ihres Weges. Aber buddhistische Mönche dürfen keine Frau berühren, deshalb fragt der jüngere Mönch den älteren: „Also, das verstehe ich jetzt nicht! Warum hast du die Frau auf den Arm genommen?" Nun sagt der ältere Mönch: „Weißt du, ich habe sie in dem Moment auf dem Arm gehabt, als ich sie auf dem Arm hatte, und ich habe sie wieder abgesetzt und jetzt ist sie weg. Du aber trägst sie immer noch." Das ist der Unterschied. Ich empfinde keinen Mangel, weder mit noch ohne Fleisch, weder mit noch ohne Wein, weder mit Zigarette noch ohne. Wenn ich rauche, dann rauche ich, wenn ich esse, dann esse ich, und dann ist es auch wieder vorbei. Ich trage das Zeug nicht mit mir herum.

Und so ist es auch mit dem Fernsehen. Man kann Fernsehen auch dazu benutzen, zu versuchen dieses Mangelgefühl zu stopfen. Dann zappt man die halbe Nacht, zieht sich dies und jenes rein und findet den Ausschaltknopf nicht. Der Kopf brummt schon, aber man kann nicht aufhören. Und dann irgendwann entdeckst du: Ja, ich kann fernsehen, aber ich muss nicht. Ich kann es genießen und dann wieder bleiben lassen. Ich schaue „Emergency Room", natürlich aus fachlichem Interesse! Nein, ich lieb' es einfach!

Wir müssen nichts verheimlichen. Wenn die unterscheidende Weisheit mit ihren liebevollen Augen auf die Dinge blickt, sind all diese Krausheiten und Eigenartigkeiten eingeschlossen. Und ich finde es völlig okay, wenn Osho Cola trinkt und Freude an den Armbanduhren hat, die man ihm schenkt. Und es ist völlig okay, wenn Jesus sich von Magdalena mit teuersten Ölen salben lässt. Wunderbar. Jesus genießt es, aber er muss sich kein Loch damit stopfen, dass ihm jemand zu Füßen fällt. Er braucht keine Bestätigung, keine Anerkennung. Die Geschichte mit Maria Magdalena und dem Öl wurde Jesus zum Verhängnis. Judas ärgerte sich darüber und sagte: „Was bist denn du für ein Meister, lässt dich einfach salben! Das Geld könnte man viel besser für wohltätige Zwecke verwenden." Das setzte den Stachel ins Fleisch des Judas. Jesus hat sich nicht so benommen wie man annimmt, dass sich ein Jesus zu benehmen hat. Das ist bei allen Buddhas so. Sie benehmen sich irgendwie nicht richtig, sie benehmen sich einfach nicht. Jesus hat sich nicht benommen, Osho hat sich überhaupt nicht benommen. Kabirs Jünger haben sich aufgeregt, weil er nicht zu weben aufhören wollte. Er war Weber, und sie sagten zu ihm: „Das passt nicht zu einem Buddha." Aber er webte weiter. Jeder hat sich auf eine andere Art nicht benommen. Jeder hat auf irgendeine Art Ärgernis erregt und nicht zugelassen, dass ein glattes, hübsches Buddhabild entstand. Diese netten hübschen Buddhabilder werden immer erst nachträglich gemacht.

F: *Ich kaufe mir gerne schöne Sachen. Schönheit besitzen oder sich einverleiben zu wollen, ist schon auch Ausdruck von Gier. Aber ich freue mich so daran, ob das jetzt die Schönheit der Natur ist oder auch die schönen Waren, die ich kaufe. Ich erforsche jetzt: Ist das aus einem Mangel heraus oder ist es einfach die Freude an dieser Schönheit?*

P: Ja, das ist genau der Unterschied: Die Weisheit der Unterscheidung erfreut sich vollkommen an der Schönheit und der Verschiedenheit der Dinge und der Wesen, und liebt sie. Das Hungergeist-Syndrom wäre, wenn du das fünfzigste Paar Schuhe auch noch bräuchtest. Du hast schon viele Paare schöner Schuhe, und das nächste Paar, das du sowieso nicht mehr anziehen kannst, kannst du nicht einfach im Schaufenster in seiner Schönheit bewundern, sondern es muss auch noch mit. Da kippt es um.

Sterben im Feuer der Liebe

F: *Beim Thema Liebe sträubt sich bei mir Vieles. Das Thema ist mir zu groß. Ich habe Angst, wenn ich da aufmache, dann sterbe ich.*

P: Könnte sein. Diese Angst ist ja nicht unbegründet. In diesem Feuer der Liebe stirbt das, was du zu sein denkst. Aber *du* stirbst nicht. Das weißt du jetzt nur nicht, und, weil du es nicht weißt – und da hilft dir auch kein Erleuchtungsbuch, wo das drin steht – ist es ein tatsächliches Sterben im Erfahren. Ich sehe die Glut der Liebe in dir, und es ist schon zu spät. Du hast bereits einen Funken hineinfallen lassen, und er brennt. Es muss keine Riesenexplosion sein. Eine Kerze brennt ganz sanft und ruhig ab. Ich meine damit nur, du musst dich nicht antreiben. Du musst keinen Druck ausüben. Es brennt von selbst.

Gier und Asketismus

F: *Mein Geist ist sehr hungrig. Alle Versuche, ihn zu bändigen, sind fehlgeschlagen. Es ist eher noch stärker geworden. Jetzt habe ich ein bisschen lockerer mit Sex und Essen experimentiert und die Erfahrung gemacht, dass da, wo man sich am meisten verteufelt und wo die größte Angst sitzt, auch die größten Möglichkeiten liegen. Mittlerweile ist es so, wie du das mit dem Rauchen beschreibst: Wenn Sex angesagt ist, dann ist Sex, und wenn nicht, dann nicht. Ich sitze nicht mehr die ganze Zeit auf heißen Kohlen. Mit dem Essen bin ich noch nicht soweit, aber ich experimentiere. Kürzlich hatte ich ein Verlangen nach Nutella. Ich hatte mich immer davon fern gehalten, da es nicht yogisch ist. Jetzt habe ich ein Kilo Nutella gekauft, und beim Lesen esse ich oft. Ich probiere einfach spaßig damit umzugehen, und das fühlt sich am besten an.*

P: Das ist wunderbar, das ist genau der Punkt: Der Ernst in dem Thema, sowohl der Ernst, der in dem Mangelgefühl steckt, das gestopft werden muss, als auch der Ernst, der in jeder Form von Asketismus steckt, in dem ‚Ich darf nicht, das ist nicht gut, das soll man nicht'. Beides ist derselbe Ernst. Es sind die zwei Seiten derselben Medaille. Der Asketismus folgt demselben Muster wie die Gier, nur sublimiert. Wenn es einfach sein darf, geht der Ernst weg, sowohl der des Habenmüssens, des Reinziehen-müssens, des Mangelgefühls wie auch der Ernst des Nichtdürfens und des schlechten Gewissens. Liebe ist nicht ernst. Sie ist sehr stetig, ist ganz da, aber nicht ernst. Sie ist spielerisch. Sie schaut auf die Dinge und freut sich.

32. Amoghasiddhi und die alles vollendende Weisheit

Spontanes Handeln – weder Trägheit noch Aktionismus

Mit der allesvollendenden Weisheit Amoghasiddhis kommt Bewegung in die Sache. Zu der Familie von Amoghasiddhi gehört auch die grüne Tara. Bei allesvollendender Weisheit geht es um Geistesregungen, Impulse, Handeln und Tun. Diese Bewegung, die jetzt hereinkommt, ist symbolisch schön dargestellt: Der erste Buddha, Akshobya, hatte den Vajra, den Diamantkeil, als Symbol. Der Vajra symbolisiert unter anderem Unzerstörbarkeit. Amogasiddhi nun hat einen Doppel-Vajra, zwei Vajras überkreuz, das heißt, es kommt eine neue Dimension hinzu: Die Bewegung. Aus der Weisheit betrachtet ist es Handeln aus Freude, aus freudiger Manifestation.

Jemand hat ein schönes Beispiel dazu erzählt: Er pflanzt Blumen in seinem Garten, die er dann in seinem Blumengeschäft verkauft. Jetzt sind nebenan Biber eingezogen und haben seine Stromversorgung gekappt, indem sie den Mast fällten. Biber fressen viel und lieben frische junge Pflanzen. Dieser Freund hat jetzt die Befürchtung, dass die Biber seine Pflanzen fressen werden. Die Befürchtung ist berechtigt, aber nun steht er in seinem Garten – es ist Ende März – und sagt: „Ich habe überhaupt keine Lust, anzufangen." Er will gar nicht erst säen und pflanzen. Ich antwortete ihm: „Wenn das so ist, dann denkst du beim Pflanzen schon ans Ernten. Hörst du denn nicht die Erde rufen, die jetzt einfach bepflanzt werden will?" Das ist der kleine Unterschied. Spontanes Handeln jetzt heißt, ohne schon an die Ernte zu denken, ohne zu denken, was daraus werden wird, einfach zu tun, was jetzt ansteht. Das geschieht aus der offenen und direkten Wahrnehmung der Situation jetzt, nicht aus der Vorstellung, wie die Situation irgendwann sein könnte, und vor allem nicht, wie ich es gerne hätte, dass sie irgendwann wäre oder was ich durch meine Handlung vielleicht erreichen könnte. Wenn Säen dran ist, ist Säen dran, und wenn Ernten dran ist, ist Ernten dran – eine ganz einfache Geschichte – sehr spontan, sehr direkt.

Handeln total im Jetzt heißt nicht, dass man nichts planen könnte, wenn Planen angesagt ist, aber eben auch dies ohne Erwartung. In solchem spontanen Handeln vollendet sich das Handeln sofort. Das Säen ist Vollendung in sich, wenn es ganz ist: Einfach nur das Säen oder nur das Ernten oder nur das Abspülen oder Buchführung oder Klo putzen, was auch immer ansteht. Dann gibt es auch in dem, was zu tun ist, keine Wertigkeit. In der vollendeten Handlung gibt es keine höhere oder niedere Handlung. Also, Klo putzen ist nicht schlechter als akupunktieren. Und man bleibt sich im Handeln bewusst, dass es vergänglich ist. Was auch immer wir tun, es hält nicht. Alle Worte, die wir sprechen, werden vergessen, alle Bücher, die wir schreiben, zerfallen. Alle Städte, die wir bauen, gehen irgendwann kaputt, alle Klos, die wir geputzt haben, werden wieder dreckig, alle Pflanzen, die wir pflanzen, werden gegessen, von dir oder von den Bibern. Manchmal geben wir uns ja der Illusion hin, wir könnten irgendetwas Bleibendes schaffen, und dann entsteht große Anstrengung, und Angst taucht auf. Denn dann handle ich, ich schaffe etwas, bin kreativ und will, dass das bleibt. Dann will ich meine Schöpfung beschützen. Du fängst an zu kämpfen, denn sicher taucht jemand anderer auf, der es kaputt machen will. Jemand geht aufs Klo, und du wirst ärgerlich, weil er dein frisch geputztes Klo wieder dreckig macht. Aus der alles vollendenden Weisheit siehst du: Es hält nicht, und trotzdem ist in jedem Tun die totale Freude des Handelns jetzt, die Freude des spontanen Handelns ohne Schielen nach Anerkennung oder Bestand und ohne Anstrengung, wobei natürlich der Körper trotzdem müde werden kann. Das ist absichtsloses Handeln, Nishkarma auf indisch. Es hat kein Ziel und vollendet sich sofort. Es ist bedingungslos. Es schafft kein neues Karma, keine neue Verstrickung. Es ist ein Handeln, in dem der Handelnde verschwindet. Deshalb sagt man, Buddhas hinterlassen keine Spuren. Da bleibt nichts übrig, es ist fertig.

In diesem absichtslosen Handeln geht nichts an spiegelgleicher Weisheit, an Weisheit der Wesensgleichheit, an unterscheidender Weisheit verloren. Das alles ist mit dabei. Es geschieht in Liebe und in Hingabe an den Moment, ohne etwas Spezielles zu erwarten, aber auch ohne träge in der Ecke herumzuhängen. Das eine Extrem hier ist Trägheit, das andere Extrem Aktionismus, Leistungsdenken und das Tun als Versuch, mich darüber zu definieren, zu identifizieren und mich mit anderen zu vergleichen. Im spontanen Handeln gibt es keinen Ehrgeiz, keine Anstrengung, aber auch keine Trägheit. Und was du geschaffen hast, liefere es ab, liefere es ganz ab und vergiss es! Schreib' es nicht in dein Buch der tollen Dinge, die du gemacht hast! Sammle keine Pokale!

Furchtlosigkeit

Ein zweiter Aspekt Amoghasiddhis ist die Furchtlosigkeit. Amoghasiddhis Handhaltung ist das Mudra der Furchtlosigkeit. Die linke Hand liegt im Schoß, die Rechte ist vor dem Körper auf Schulterhöhe erhoben. Man sieht diese Geste auch oft auf Bildern vom auferstandenen Christus. Nach seiner Auferstehung sagte Jesus als Erstes zu seinen Freunden: „Fürchtet euch nicht." Erinnert ihr euch? Das ist Amoghasiddhi.

Das heißt nicht, dass man nicht mehr in bestimmten Situationen Angst hätte, das ist menschlich und völlig normal, das gehört dazu! Aber diese Furcht, dieses Gefühl, sich ständig vor allem Möglichen schützen zu müssen, ist ein vergeblicher Versuch, Sicherheit zu erlangen. Das ist unnötig, denn letztendlich stellst du fest, dass es keine Trennung gibt zwischen dir und dem, was du tust. Wenn du in der Handlung ganz präsent bist, existieren kein Subjekt und kein Objekt mehr, kein Arbeiter und kein Bearbeitetes. Es ist total eins. Ebenso stellst du dann fest, dass zwar mit dem Körper alles Mögliche passieren kann, *du* aber nicht sterben kannst. Sterben kann nur das, was getrennt ist, sterben kann nur Form, nie aber die Essenz. Furchtlosigkeit entsteht, und es gibt auch keinen Grund mehr, sich zu verstecken, keinen Grund für Schutz. Ich spreche nicht von der

Furchtlosigkeit eines Panzers, die furchtlos ist, weil sie so gut gepanzert ist und über alles hinwegrollen kann und alles nieder macht, sondern von Furchtlosigkeit, die vollkommen offen ist, vollkommen ungeschützt, vollkommen da ist, die nichts erwartet. Jetzt, hier, gibt es nichts zu fürchten. Fürchten bezieht sich immer auf dann. Auch die Geste, das Mudra der Furchtlosigkeit, ist völlig offen, nichts ist versteckt, man kann alles sehen. Es gibt nicht mal einen Mantel der Heiligkeit, der einen schützen könnte. Aus dieser Bereitschaft zur Offenheit entsteht Furchtlosigkeit. Wenn Jesus zu seinen Freunden sagt: „Fürchtet euch nicht", dann ist das kein billiger Trost, kein „Es ist schon alles recht, es ist schon alles gut", sondern es hat Kraft, es hat Fleisch und Blut, hat Substanz. Er spricht aus eigener Erfahrung.

Die Illusion von Leistung

F: *Absichtsloses Handeln ist eine schöne Sache. Aber viele Menschen, die ich kenne, leisten viel und müssen sich sehr anstrengen. Ich auch. Jetzt frage ich mich: Wie ist das gemeint, leisten oder nicht leisten? Soll ich jetzt nichts mehr leisten? Was wäre denn, wenn ich jetzt gar nichts mehr leisten würde?*

P: Es geht hier um „sich definieren". Ich habe studiert, habe eine ganze Menge Zusatzausbildungen absolviert, arbeite ganz normal, und von außen betrachtet würde jeder wahrscheinlich sagen: „Ja, die leistet was." Aber es ist nicht mein Empfinden. Wohl ist in jedem Moment Bemühen vorhanden: Ob ich jetzt hier oder in der Praxis sitze, ich bin wirklich ganz da mit dem, was ist. Es ist noch nicht mal mehr Bemühen, ich bin einfach ganz da mit dem, was ist. Mit dir jetzt, mit euch, mit einem Patienten, mit der Buchführung, egal. Aber ich definiere mich nicht darüber, habe nicht das Gefühl, *ich* hätte etwas geleistet.

F: *Ich bin Erzieherin. Wenn ich mich mit einer Sache identifiziere, habe ich extrem viel Spaß dabei. Wenn ich dich dann von Dis-Idenifikation sprechen höre, komme ich total ins Trudeln.*

P: Du benutzt die Worte anders als ich. Das ist das ganze Problem. Was du Identifikation nennst, würde ich Dabeisein nennen. Identifikation tritt dann auf, wenn du sagst: „Ich bin N.N., die Lehrerin." Dann erwächst dir auf jeden Fall ein Problem, spätestens mit der Pensionierung, denn wo bleibst du dann? Du bist doch auch in den Ferien existent, bist auch nachts existent, und nicht nur in der Funktion als Lehrerin. Du kannst ganz beruhigt jeden Tag voller Freude in die Schule gehen. Du kannst alles, was du in deinem Herzen hast, mit den Kindern teilen, aber stopfe sie nicht zu sehr mit Normen voll. Nur das Nötigste, dass man zum Beispiel nach rechts und links schaut, bevor man über die Strasse geht.

F: *Das tue ich nicht, keine Sorge. Ich habe dich verstanden.*

Verschwunden im Basketballspiel

F: *Ich bin jetzt drei Jahre nicht mehr in der Schule gewesen, aber das Leistungsdruck-Gift sitzt immer noch sehr tief. Aber nicht immer.*

P: Nicht immer, das ist gut. Das Gift geht raus. Du hast so eine schöne Geschichte vom Basketballspielen erzählt. Kannst du sie für alle erzählen?

F: *Beim Basketball herrscht immer Erwartungs- und Leistungsdruck. Basketball ist das Egospiel überhaupt. Es geht – so wie es normalerweise gespielt wird – um Streben und Streben und Streben. Darin war ich total gefangen, als ich noch jünger war und ein Stipendium an einer Basketballschule hatte. Ich war immer Jahre in der Zukunft, auch beim Training und beim Spielen: „Wie kann ich noch besser werden? Wie kann ich noch besser aussehen? Wie kann ich noch bescheidener spielen, um besser auszusehen, als Mitspieler, als Gegenspieler? Wie kann ich der fairste Spieler sein und trotzdem noch der Beste? Wie kann ich irgendetwas sein, was ich gar nicht bin?" Im letzten halben Jahr habe ich wieder ein bisschen gespielt. Jetzt ist Basketball eine gute Meditation für mich. Ich kann da sein, kann mich praktisch in das Spiel hineinwerfen und mehr und mehr verschwinden. Ich muss dabei nicht mehr streben und nichts beweisen.*

P: Nimmt die Qualität deines Spieles dadurch ab?

F: *Nein.*

P: Erst war es dieses strebende, leistungsbetonte, beweisende Spielen – immer in Hektik, immer in Aktion. Und jetzt die weise Art des Handelns. Schau, vor dieser Geradheit und dieser Meditation kann sich das Leistungsdruck-Gift nicht lange halten. Es wird ganz von selbst verschwinden, so wie du im Spiel verschwindest. In der meditativen Art des Spielens und des Handelns verschwindet auch das Gift.

F: *Hier habe ich Osho völlig missverstanden mit dem „Beobachten". Denn es gibt Beobachten mit Beurteilen, und das ist einfach der Verstand, der da beobachtet. Aber was ich jetzt festgestellt habe: es gibt auch Beobachten ohne Beurteilen, und das ist wirklich reines Beobachten. Es passiert noch selten, aber es ist unglaublich.*

P: Sehen ohne beurteilen. Das nennt Osho den Zeugen. Das habe ich auch sehr lange völlig missverstanden und durcheinander gebracht: Diesen kommentierenden und beurteilenden Beobachter und die spiegelgleiche Weisheit, die einfach nur sieht, nur beobachtet. Du bist sehr schnell darauf gekommen, ich habe dazu viel länger gebraucht.

F: *Ich musste das unbedingt finden, denn dieses Beurteilen war die ganze Nacht präsent, den ganzen Tag, im Bett, mit der Freundin im Bett. Es war ziemlich dringend.*

P: So ist es manchmal: Irgendwann wird es eng, Dringlichkeit entsteht. Das ist unangenehm, aber es liegt großer Segen darin.

33. Identifikation mit Handeln und Leistung

Gleich runterspülen

Amoghasiddhi wird der Mitternacht zugeordnet. Die Strukturen, die da sichtbar werden, auftauchen und die damit zu tun haben, sind sehr, sehr tief, sehr subtil. Hier geht es nicht mehr um die Identifikation mit Form oder Empfindung oder Wahrnehmung, sondern um die Identifikation mit Tun, mit Handlung, mit Leistung. Das ist viel weniger greifbar als die anderen Identifikationen. Eine luftige Angelegenheit – Amoghasiddhi wird der Wind zugeordnet. Der vierte Haufen, das vierte Skandha ist das Handeln und der Impuls. Der Lebensbereich der eifersüchtigen Götter oder Asuras gehört hier dazu. Identifikation mit Tun und Leistung ist eine sehr tiefe Matrix in der Psyche. Sie greift schon in sehr frühen Jahren, wenn man zum ersten Mal ins Töpfchen gemacht hat und dann zur Mama läuft und sagt: „Wow super, das habe ich gemacht." Das ist die Identifikation mit dem, was ich schaffe. Jeder von uns hat das gemacht. Und die Mamas sagen dann im Allgemeinen: „Toll, schön hast du das gemacht!" Und wir hätten eigentlich gerne, dass das so weitergeht. Wir machen alle möglichen ‚Häufchen', und dann soll irgendjemand kommen und sagen: „Toll." Was Defäkation angeht, sind wir inzwischen erwachsener geworden. Wir liefern morgens unsere Wurst ab und spülen runter, fertig. Was die anderen Dinge angeht, sind wir manchmal nicht ganz so erwachsen geworden. Das ist eigentlich alles, um was es hier geht. Was auch immer du tust, tu es, tu es ganz – so halb geschissen ist auch nichts – und dann: Runterspülen! Nicht nach Anerkennung heischen. Nicht mehr daran denken! Du denkst ja auch nicht den ganzen Tag daran, was du heute Morgen Wunderbares abgeliefert hast.

Ernsthafter: Diese Leistungs- und Handlungsgeschichte, diese eifersüchtigen Götter oder Asuras, um die es hier geht, mögen auch keinen Humor. Keine Egostruktur mag Humor. Und das Eigenartige ist, sobald man ihnen ein bisschen auf die Schliche kommt, muss man herzhaft lachen! Wenn du zum Beispiel das nächste Mal auf etwas, was du gemacht hast, total stolz bist oder denkst: „Hat das jetzt auch jeder gesehen, was ich da geliefert habe?" Oder: „Ich habe es besser gemacht als der, ich bin doch wer", dann denke an das Töpfchen, und du wirst wahrscheinlich herzlich lachen.

Hinter all dem stecken ganz, ganz tiefe Angst und Verunsicherung. Sie gründen sich in dem leisen Verdacht jedes Menschen, dass es dieses Ego vielleicht gar nicht gibt. Das erzeugt Angst, und mit dieser tiefen Angst laufen alle Menschen herum. Eine tiefe segensreiche Verunsicherung, denn ohne sie würde fast niemand sich aufmachen, tiefer zu schauen.

Die Welt der eifersüchtigen Götter

Dieser Bereich ist geprägt von Eile, von Neid, Eifersucht, Leistungsdenken, Ehrgeiz, Suche nach Anerkennung, Furcht vor Versagen und Paranoia. Milarepa, ein sehr verrückter Buddha, war in seinen jungen Jahren ein sehr ehrgeiziger Mensch. Er war so ehrgeizig, dass er auch unsaubere Mittel anwendete, um sich durchzusetzen. Er wurde ein Zauberer, ein Schwarz-Magier, und auch Rache spielte eine große Rolle in seinem Leben. Aber irgendwann stellte er sich seiner Angst und traf seinen Meister Marpa. Das Interessante ist ja, dass man einen Meister erst dann trifft, wenn die Bereitschaft da ist, sich dieser ganzen Verunsicherung zu stellen, wenn die Offenheit schon da ist. Sicher kommt es vor, dass einen die Neugier zu einem Meister treibt, aber spätestens nach zwei Tagen wird man wieder gehen, wenn die Offenheit nicht vorhanden ist. An diesem Punkt befand sich Milarepa, als er seinen Meister Marpa traf. Und natürlich sah Marpa mit seinem Röntgenblick, was mit Milarepa los war, sah, dass er ein eifersüchtiger, ehrgeiziger Kerl war. Und er dachte sich für ihn etwas aus: Erst blies er Milarepas Ego noch ein bisschen auf, indem er sagte: „Du kannst mir bestimmt ein ganz tolles Haus bauen." „Ja klar", sagte Milarepa, und er strengte sich sehr an, natürlich in der Hoffnung, weitere Bestätigung zu bekommen. Dann war das Haus fertig, und Milarepa ging voller Erwartung zu seinem Meister. Der schaute sich das Haus an, ging durch alle Zimmer, und sagte dann nur: „Jetzt reiß es wieder ab!“ Kein Wort des Lobes, nichts! Er zeigte damit Milarepa, was in ihm vorging. Ich kann mir gut vorstellen, dass Milarepa erst mal wütend war, aber dann verstand er. Und ihr müsst es auch verstehen. Über diese Egostrukturen können wir nicht drüberwischen, können wir nicht irgendwie so drüber hinweg meditieren, sondern diese Dinge müssen erfahren und mit dem Auge der Weisheit durchblickt werden. Jeder für sich, genau an den Stellen, wo dieses Spiel bei ihm passiert.

In dieser Welt der eifersüchtigen Götter geht es ziemlich heftig zu. Eigentlich sind es ja keine Götter. Sie heißen Asuras, und das bedeutet Nicht-Gott. Natürlich *denken* sie, sie seien Götter. Genau das ist das Problem. Sie denken, sie seien absolut super und toll. Dennoch bleibt ständig diese Angst und diese Unsicherheit. Es könnte ihnen ja jemand auf die Schliche kommen, denn das, was sie schaffen, schaffen sie nicht aus spontaner Freude, sondern aus einem ständigen Beweisenmüssen. Und wann muss man etwas beweisen? Wenn Unsicherheit da ist! Immer bleibt dieses Beben im Untergrund. Kennst du das? Man kann dann noch so viele Urkunden, Zertifikate, Belobigungen und den Blumentopf auf dem Schreibtisch bekommen, es ist nie genug.

Freunde haben mir von den Insignien der Macht bei einem Großkonzern erzählt. Diese Insignien sind höchst eigenartig: Sie bestehen zum Beispiel aus dem Recht, einen Blumentopf auf den Schreibtisch zu stellen. Dieses Recht hat nicht jeder, da muss man schon etwas geleistet haben. Ein weiteres Insignium der Macht und Leistung in diesem Konzern ist der Zweitstuhl, wobei dessen Vorhandensein nicht davon abhängt, ob dieser Mensch gelegentlich Besuch empfangen muss oder nicht, sondern es hängt von seiner Position ab. So gibt es Menschen mit Zweitstuhl, die nie einen brauchen, weil nie jemand zu ihnen kommt, und es gibt Leute ohne Zweitstuhl, die aber Besuch bekommen. So abstrus! Dennoch leben die Leute völlig ernst damit: Intrigen werden gesponnen, um dieses „Blumentopfrecht“ zu erhalten. Und man bekommt den Blumentopf ja nicht mal, man muss ihn selber kaufen. Es geht nur um das Recht, einen

Blumentopf zu kaufen, auf den Schreibtisch zu stellen und damit zu zeigen, dass man wer ist.

Schaut, wenn ich euch ein Beispiel aus einer Welt erzähle, die ihr nicht so gut kennt, weil ihr nicht in diesem Großkonzern arbeitet, könnt ihr darüber lachen. Wenn ich euch das anhand eines Beispiels zeige, das euch relativ fremd ist, dann seht ihr die Absurdität davon. In eurem eigenen Leben verhaltet ihr euch aber vielleicht genauso ernsthaft, genauso absurd damit. In dieser „Asura"-Struktur hat man ständig Angst, jemand könnte einem den Blumentopf wieder wegnehmen. Stell dir vor, du hast gearbeitet und gerackert, nicht wirklich um das notwendige Geld zu verdienen, nicht weil du wirklich an dem was du tust Spaß hast, sondern eigentlich ging es um den Blumentopf, den man endlich haben möchte, um die Stellung, die Position. „Ah, jetzt kann mir keiner mehr was, ich habe ja einen Blumentopf." Die Bestätigung dessen, wer man zu sein denkt, äußert sich in diesem Blumentopf. Jetzt hat man den Blumentopf und bekommt Angst, denn man könnte ja wieder aus dieser Stellung gestürzt werden. Jetzt muss man dauernd über die Schulter schauen, ob jemand hinter einem her ist. Und man muss noch mehr dem entsprechen, was gefordert ist, damit man nicht verliert, was man zu haben glaubt. Man schaut auf zu den Leuten mit dem größeren Blumentopf, und man schaut runter auf die ohne Blumentopf.

So ist das, und man reibt sich auf und macht sich kaputt, eigentlich nur um zu zeigen, was man da im Töpfchen abgelegt hat. Das ist soviel Kampf, und es geht Schlag auf Schlag, Manipulation, Intrigen und zugleich ständig das Bemühen, alle Intrigen zu durchschauen. Man ist ständig dabei, sich zu schlängeln, zu intrigieren und zu lügen... Da ist keine Würde und keine Autorität. Was ist das für eine Autorität, solch eine Blumentopfautorität oder Töpfchenautorität? Sie kommt nicht aus sich selbst, sondern sie benötigt immer Insignien.

Die Asura-Band

Das Thema Handeln, Wille, Leistung und die Identifikation damit spielt natürlich auch im spirituellen Bereich eine sehr starke Rolle. Ich sah Karikaturen, die zeigten, wie Yogis sich dadurch aneinander messen, wer länger auf einem Bein stehen kann. Karikaturen zeigen ja oft, worum es wirklich geht.

Ich hatte ein Gespräch mit unseren Musikern. Sie waren tief in den Bereich der Asuras geraten. Die Asura-Band ist in Unsicherheit geraten, und irgendwie wussten die Musiker nicht, wie sie damit umgehen sollten. Sowohl der Gitarrist als auch die Percussionistin waren eigentlich der Meinung: „Zähne zusammenbeißen und durch", was typische Asura-Mentalität ist. „Hinter uns bringen, und das ganz schnell." Ich machte den Vorschlag, bei einer Unsicherheit einfach kurz inne zu halten. Meinetwegen ist dann Pause in der Musik, das macht nichts. Die Unsicherheit zulassen und spüren, wie sie ist, und aus dem Innehalten heraus das Lied wieder aus dem Herz entstehen lassen anstatt die Zähne zusammenzubeißen, das Herz zu verschließen und das Lied irgendwie zu spielen. Dann kam der Einwand: „Wenn wir innehalten, dann passiert ja nichts mehr, dann gibt es keine Musik." Das fand ich sehr schön, denn es veranschaulicht diese zwei Extreme so gut. Aktionismus: „Wir werden das schon irgendwie hinkriegen, vielleicht merkt es ja keiner" – das Überspielen der Unsicherheit. Auf jeden Fall muss man Leistung bringen, und möchte natürlich dafür gelobt werden. Das andere Extrem wäre: „Dann tun wir halt nichts", oder die Befürchtung, es könnte Stillstand eintreten. Das ist nicht der Fall, denn der eigentliche Handlungsimpuls kommt ganz woanders her. Er kommt nicht aus den Ideen, sondern direkt aus dem Moment. Und Handlung aus dem Moment ist kein Willensimpuls im Sinne von „mein Vorhaben, meine Handlung, meine Leistung". Dann ist in der Handlung kein Handel. Handlung ohne Handel und ohne Handelnden.

Gut sein wollen

F: *Gestern beim Musizieren war ich wieder unsicher, und ich merkte, dass es daran lag, dass ich nicht ganz da war. Ich war im Kopf: „Oh, was denken denn die anderen, oh Gott, das ist ja schon wieder alles furchtbar und hier sollte jemand anderer sitzen, ich bin nicht am richtigen Platz." Obwohl auch Leute zu mir kommen und sagen, sie finden die Musik, die ich mache, schön. Dennoch habe ich immer wieder diese Zweifel. Zwischendurch aber hielt ich an, ich verschwand völlig im Trommeln, und alle Zweifel waren weg.*

P: Das ist ein Super-Punkt! Halt mal kurz an, denn das ist auch so ein Muster. Es läuft ab: Zum Beispiel „ich bin nicht gut genug". Und der Gegengedanke in dieser Polarität ist die Hoffnung „wenn mir jemand sagt, dass ich gut bin, dann fühlt es sich besser an", oder „dann bin ich wirklich gut." Das funktioniert aber nie, denn davon kriegt man nie genug. Es wirkt wie ein Schmerzmittel für fünf Minuten, und dann ist die alte Unsicherheit wieder da. Wenn man sich in dieser Polarität hin und her bewegt, dann benötigt man ständig Schmerzmittel. Man macht alles Mögliche, um zu erreichen, dass jemand sagt: „Das ist gut". Das heißt, man kann auch nicht mehr ganz da und ganz aufrichtig sein und ganz mit dem sein, was ist.

Da ist eine Motivation: „Ich will gut sein". Da ist ein Ziel, und da ist die Furcht: „Ich könnte nicht gut sein." Da ist ein Bedarf, eine Gier nach Anerkennung. Und schon läuft das ganze Spiel ab. Aber dann, sagst du, hast du angehalten, warst da und bist im Trommeln verschwunden – Nishkarma, nicht anhaftendes Handeln, einfach spontane Aktion, die nicht nach Gewinn oder Verlust, nach Gut oder Schlecht oder Anerkennung oder Nicht-Anerkennung fragt. Da ist niemand da.

F: *Ich erkenne das, aber ich finde in diesen Momenten oft keinen Ausweg... wenn ich da sitze und mir alles peinlich ist...*

P: Dann ist da der Anspruch, herauszukommen. In dem Moment *ist* es so mitsamt aller Scham und Peinlichkeit, und du siehst das. Du siehst den Gedanken, an den es sich dran hängt, du siehst das Muster, aus dem es kommt, du fühlst das Gefühl, das da ist und gehst tiefer damit, rennst nicht davor weg. Genau betrachtet ist bereits der Anspruch, dass es aufhört, eine Flucht. Bleib da, egal, was passiert. Kann sein, dass dir die Trommel-Stöcke aus der Hand fallen – noch peinlicher! Wunderbar! Noch mehr Gelegenheit, damit zu sein. Du versuchst nicht, etwas durchzuhalten und versuchst nicht, es zum Aufhören zu bringen. Du bist ganz einfach in dem Moment mit dem, was ist. Ohne Bedingung.

F: *Ja, das fühlt sich gut an.*

P: Das ist die Stille-Qualität dieses Moments. Du kannst tief schauen und auch da wieder die Wurzel des Leids sehen, und im Sehen wird sie durchschnitten, und du springst nicht mehr von hier nach dort, sondern bist da. Wunderbar. So löst sich das im Lauf der Zeit auf, weil du immer klarer die Absurdität und die Wurzel davon erkennst: Das Brauchen, Ablehnen, Nicht-Sehen. Und in diesem nichtbegrifflichen Erkennen verschwindest du.

Konkurrenz

F: *Ich identifiziere mich oft mit dem Singen. Da habe ich das Gefühl, gesehen zu werden. Da ist soviel Liebe für mich, und genau daran hänge ich so, und wünsche mir, dass jemand kommt und mir sagt: „Wow, das ist toll, was du da machst."*

P. Damit vergiftest du das Singen.

F: *Ja, total. Konkurrenz taucht auf: „Wer singt noch schöner hier? Und wie kann ich das genauso gut oder noch besser machen?"*

P: Es ist ein Segen, dieses Muster zu sehen, und es ist ein Segen, es zu zeigen.

F: *Das Singen liegt mir so sehr am Herzen. Aber vielleicht ist es schlecht, dass es mir so am Herzen liegt? Manchmal passiert es einfach, und dann ist es so schön, und manchmal mühe ich mich ab, und es wird nichts.*

P: Nein! Es ist wunderbar, dass dir das Singen am Herzen liegt. Der Gesang kommt aus deinem Herzen. Aber wenn, wie du gerade geschildert hast, ein Konkurrenzdenken aufkommt, dann ist es, wie wenn du die Quelle in deinem Herzen zuschüttest und der Gesang sich nicht mehr wirklich entfalten kann. Vielleicht klingt er immer noch ganz gut, aber du weißt genau, dass es das nicht war, es kam nicht wirklich aus deinem Herzen. Und aus dem „das war es nicht" kann dann unter Umständen, wenn du in dieser Spirale weitergehst, noch mehr Konkurrenzdenken entstehen. Das Wichtige hier ist, dass du nicht versuchst, mit Hilfe dieser Gabe irgendetwas zu beweisen, für dich zu erreichen oder dich zu produzieren, sondern singe, wenn es aus deinem Herzen kommt. Und wenn gerade nichts kommt, dann singe nicht. Es ist eine wunderschöne Gabe. Aber du *hast* sie nicht, sie fließt durch dich. Es ist nicht dein Verdienst, du kannst damit nichts beweisen.

F: *Ja, ich weiß es. Aber ich würde so gerne etwas zu geben haben.*

P: Was du geben kannst, ist deine Bereitschaft, das Lied in deinem Herzen aufsteigen zu lassen. Und auch deine Bereitschaft, manchmal damit unsicher zu sein, und die Bereitschaft, auch dazu zu stehen, und die Bereitschaft, das Lied deines Herzens zu singen, es dann aber nicht mit dir herumzutragen. Was gesungen ist, ist gesungen, ist vorbei. Es ist die Bereitschaft, nicht zu versuchen, damit ein Anrecht auf einen Blumentopf zu gewinnen, sondern das Singen einfach aus der spontanen Freude des Moments entstehen zu lassen. Dann ist es auch völlig egal, ob dir jemand zuhört. Und gleichzeitig ist dir bewusst, dass die gesamte Existenz zuhört und die gesamte Existenz singt. Es ist wunderschön. Und irgendwann bleibt nur Singen, und du bist vollständig darin verschwunden. Und dann, wenn nichts mehr zu beweisen und nichts zu schützen ist, ist da auch keine Furcht mehr.

F: *Ich bin total dankbar für alles, was in meinem Leben geschah.*

P: Dankbar sein können die eifersüchtigen Götter nicht. Dafür ist dort kein Platz, und wenn man bedenkt, dass man ja alles selber geleistet und gemacht hat, gibt es auch keinen

Grund dafür. Wenn du aber dankbar bist für das Lied, das durch dich kommt, kommt dieser Dünkel gar nicht auf.

Die Illusion von Erreichen

F: *Ich vergleiche mich sehr viel mit anderen, sehe, was andere erreicht haben und ich nicht. Am unzufriedensten bin ich dadurch, dass ich, wenn ich handle, nicht erreiche, was ich erreichen will. Einfach weil es oft nicht aus der Wahrheit heraus kommt.*

P: Die Wahrheit gibt dir auch keine Garantie, dass du erreichst, was du erreichen möchtest. Die Wahrheit ist kein Trick. Die kleine Vorstellung von Ich versucht, sich die Weisheit zu greifen und dienstbar zu machen. Dann macht man sich ein Konzept, etwa: „Wenn ich nur immer ganz im Hier und Jetzt bin und immer nur spontan handle, dann wird mir alles so gelingen, wie ich mir das vorstelle." Da kommt ganz bestimmt Amoghasiddhi und gibt dir eine Ohrfeige.

Bei euch allen ist diese Offenheit und Bereitschaft da. Aber wenn diese Offenheit da ist oder aufkeimt, wird es einem oft viel dicker präsentiert als vorher. Die Existenz antwortet sofort, und Dinge, die das Leben früher durchgehen ließ, funktionieren auf einmal nicht mehr. Das ist der Satguru, der mit dir arbeitet, das ist die Existenz, die antwortet. Nimm es einfach als liebevollen Hinweis, so wie die Katzenmutter ihr Junges packt und beutelt. Das sieht vielleicht ein bisschen grob aus und fühlt sich vielleicht auch so an, aber es ist der liebevolle Hinweis der Existenz: „Aufwachen! Du hast wieder versucht, dir was zu greifen oder einzuverleiben."

Und das ist in allen Bereichen, in allen Haufen, über die wir bisher gesprochen haben, so: Im Haufen der Form ist es die Versuchung, die Form zu zerstören oder sich die Form zu greifen. Im Haufen der Empfindung die Versuchung, sich das Leben zurechtzubiegen und sich die Umstände zu schaffen, von denen man denkt, sie würden einem angenehme Empfindungen bescheren. Im Haufen der unterscheidenden Wahrnehmung ist es die Versuchung, sich durch Einverleibung zu vergrößern und die Versuchung, in einen Mangel zu geraten und damit in die Notwendigkeit der Einverleibung sowie die Versuchung, die Wahrnehmung in brauchbar und nicht brauchbar einzuteilen, in essbar und nicht essbar. Und jetzt, beim Haufen des Handelns, ist es die Versuchung, sich Spontaneität oder Authentizität wieder für die eigenen Dienste, die eigenen Wünsche oder das alte System von: „Schaut her, was ich geleistet habe!“ zunutze zu machen. Habt ihr das verstanden? Und wenn es passiert, dann kommt die Katzenmutter. Das ist dann Anlass, wieder anzuhalten, wieder zu schauen, wieder zu fühlen, was zu fühlen ist und still zu sein.

34. Vairocana und die raumumfassende Weisheit

Wind und Luft sind das Reich von Amoghasiddhi. Bei Vairocana, dem fünften im Bunde, ist gar nichts mehr zu greifen, weniger als Wind – nur reiner Raum. Die Farbe ist weiß. Seine Weisheit nennt man die „allumfassende oder raumumfassende Weisheit." Man kann nichts darüber sagen. Die Weisheit Vairocanas ist alles umfassend und alles durchdringend, vergisst aber nicht die anderen Aspekte der Weisheit. Trotz ihrer Raumhaftigkeit hat sie Boden, vielleicht sogar deshalb. Alle Aspekte der Weisheit wiederum tragen die raumumfassende Weisheit in sich. Es ist eins. Der offene Raum, in dem alles möglich ist: Form, Empfindung, Wahrnehmung, Handlung. Aber ohne Ankerpunkt, ohne Bezugspunkt, ohne Grenze, ohne Mitte und ohne irgendeine Trennung.

Meditationskokon

Im Totenbuch wird das Erscheinen Vairocanas so geschildert: Du hörst ein mächtiges Brüllen, viel lauter, als Brüllen sein kann, und siehst gleißendes Licht, viel heller als alle Sonnen zusammen. Das Erscheinen Vairocanas kann erschreckend sein. Das dazugehörige Skandha heißt Bewusstsein. Auch etwas sehr subtiles – subtiler noch als Handlung. Im Aufscheinen Vairocanas, im Aufscheinen letztendlicher Wirklichkeit, gibt es immer noch zwei: Das Aufscheinen und den, dem es bewusst ist. Hier ist es notwendig, wirklich jegliche Form von Kontrolle, Machtausübung, Manipulation, Habenwollen, Ablehnen, nicht hinschauen wollen, auch in den subtilsten Formen bleiben zu lassen. Denn sonst wird es zu einem Bewusstsein, das mit sich selbst spielt, aber immer noch aus zweien besteht. Das ist ein Ich, das in seinem eigenen Bewusstsein eingesponnen ist.

Das ist Selbstbefriedigung des Bewusstseins mit dem Bewusstsein, meditatives Versunkensein ins eigene Ego. Man erfährt sehr Tiefes: Meditation, Wirklichkeit, etwas ganz Echtes, und es besteht vielleicht für einen Moment keine Trennung, aber dann ist die Versuchung groß, dieses wieder zu etwas zu machen. „Irgendetwas damit anfangen, um Himmels willen." In dem Bereich Vairocanas geschieht ein sich Einspinnen, wie in ein Glashaus. Man merkt es kaum, dass man sich eingesponnen hat, es ist ganz durchsichtig und sehr schön. Das ist das Reich der Götter: Ein zutiefst Versunkensein, letztlich in das eigene Ich. Egoismus in seiner höchsten, subtilsten und ausgefeiltesten Form, sehr schwer zu erkennen und ziemlich häufig bei Menschen, die meditieren oder sich in der spirituellen Szene bewegen.

Im Reich der Götter kenne ich mich relativ gut aus, ich habe lange Zeit darin verbracht. Das Erste ist: Es bleibt ein subtiler Rest von Ich, der logischerweise auch etwas will, „Ich" will immer etwas. Und dieses Ich will jetzt Glückseligkeit nicht verlieren, aber stets schwebt ein leichter Zweifel im Hintergrund, sonst käme die Befürchtung gar nicht auf, dass irgendetwas nicht stimmt. Auch wenn man dann schnell wegschaut und wieder den elegischen Klängen lauscht, meldet sich Gott sei Dank trotzdem immer wieder der Zweifel: „Eh, komisch", aber dann hat man es schon wieder vergessen. Bloß nicht auf die Haufen schauen! Bekommst du einen Geschmack davon? Was dann folgt, ist unter anderem Vereinsamung. Jeder ist in seinen Meditationskokon oder Erleuchtungskokon eingesponnen. Weisheit ist in diesem Zustand völlig vergessen, weil man sich so sehr in dieses subtile Ich versenkt hat. Das Reich der Götter zeichnet sich durch Langlebigkeit aus. Solche Zustände oder dieses Eingesponnensein können sehr, sehr lange andauern. Aber Götter sterben auch irgendwann. Der eine oder andere von euch kennt das. Da ist viel Wachsamkeit und Mut nötig, Mut, diesen Kokon wieder zu verlassen, denn irgendwie ist er ganz gemütlich und nett, und man stellt damit auch etwas dar. Damit sickern aber bereits wieder gröbere Formen des Ego herein. Sie kommen dann automatisch.

Eingesponnnen im Glashaus sitzend

Wenn du merkst, dass du zum Beispiel keinen Kontakt mehr zum Gras hast, dann siehst du, wenn du mutig genug bist, hinzuschauen: Ich habe mich in ein Glashaus gesetzt. Dann nimm das erstbeste Teil, das du findest, und wirf die Scheiben ein! Im Reich der Götter suchst du immer noch eine Form von Schutz. Man will sich immer noch ein wenig vor etwas schützen, immer noch will sich das Ich vor der Raumhaftigkeit schützen, es will nicht ganz verschwinden. Deshalb ist Integration auch so wichtig, damit diese ganzen Bereiche erforscht und integriert werden, damit Inhalte des Unbewussten ans Licht kommen, denn sonst bleiben irgendwo Reste. Die Geschichte des germanischen Helden Siegfried zeigt das sehr schön: Er badete in Drachenblut. Das heißt, man schaut sich die Drachen an, schaut sie sich bis in die Tiefe an, bis zum Blut. Zufällig klebte ein Lindenblatt auf seiner Schulter, und so wurde diese Stelle nicht in Drachenblut gebadet. Das symbolisiert eine Stelle, an der Unbewusstheit, Verhaftung, Ego noch geblieben waren. Und eines Tages wurde Siegfried von einem Speer getötet, der an dieser Stelle eindringen konnte. Das heißt, genau an dieser Stelle griff ihn die Verwicklung, die Unfreiheit, die Unbewusstheit, das Ego, die Unfriedlichkeit wieder. Also bitte, badet gründlich im Drachenblut, sonst bleiben diese kleinen Stellen übrig, dieser kleine Rest, dem man sich nicht aussetzen möchte. Und bei dem Baden im Drachenblut geht es nicht etwa darum, sich Schutz zu verschaffen oder sich unverletzbar zu machen, sondern vielmehr darum, mitten in der Schutzlosigkeit und der Verletzlichkeit DAS zu entdecken, was keines Schutzes bedarf. Auch dann bist du in deinem Menschsein nach wie vor fehlbar, zart und verletzlich, sogar mehr als zuvor, aber du bist in Frieden damit und verweilst in der Unerschütterlichkeit der Buddhanatur.

Du kannst den Stein des Zweifels benutzen, um das Glashaus einzuwerfen. Zweifel kann manchmal sehr dumm, und manchmal sehr intelligent sein. Sobald du merkst, dass du in diesem Reich-der-Götter-Glashaus sitzt, sei bereit, auf diese Form der Glückseligkeit zu verzichten. Sei bereit, das zu lassen. Und sei vor allem bereit, *den* zu lassen, der sich daran ständig ergötzt und sich dabei nur um sich selbst dreht: Ich und mein Bewusstsein. Dauernd an sich rumkritisieren kann zu einer dummen Gewohnheit werden. Aber dieses Gefühl im Bauch und dieser Geruch in der Nase, dass da irgend etwas nicht stimmt, diese Form von Zweifel ist Instinkt und kann sehr gesund und sehr intelligent sein.

In deine Hände befehle ich meinen Geist

Jesus und das Geschehen am Karfreitag zeigen sehr klar, worum es in dieser subtilsten Schicht von Ich geht: In dieser absoluten Grenzsituation, die Jesus erlebt, verliert er auch noch das Letzte, nämlich Gottvater, und ruft: „Vater, warum hast du mich verlassen?" Das ist der Moment, in dem sich der nackte Raum auftut, einfach so wie er ist, ohne irgendeine Möglichkeit einer Projektionsfläche – da ist einfach nichts. Gottvater war für Jesus einfach Gottvater, kein Symbol. Gott und Vater ist ganz ernst gemeint. Und genauso ist seine Aussage ernst gemeint: „Ich und der Vater sind eins." Trotzdem war es zunächst noch nötig zu sagen: Ich und der Vater sind eins. Wie soll ich das erklären? In dem Moment, wo selbst das wegfällt... Am Kreuz ist von Glückseligkeit keine Spur mehr, auch nicht die Möglichkeit, sich einzuspinnen. Ebenso wenig die Möglichkeit, sich in irgendeine Handlung zu begeben, und auch sonst ist nichts da. Und zuletzt verschwindet auch noch Gottvater. Nur noch Raum, und natürlich erschrickt Jesus und sagt am Ende trotz allem: „In deine Hände befehle ich meinen Geist." Jesus gibt seinen Geist, sein Bewusstsein in die Hände dessen, den er überhaupt nicht wahrnehmen kann. Völlig nicht-wissend, völlig nackt, da ist nichts mehr übrig, noch nicht mal Gottvater, wie er ihn immer kannte und liebte. Nichts. Und genau in die Hände von Diesem gibt er seinen Geist, legt ihn ins vollkommen Unbekannte. Und das ist viele Hallelujas wert! Genau an diesem Punkt verschwindet der Tautropfen im Ozean – und umgekehrt. Und zugleich bringt Jesus in dieser misslichen Lage auch noch die Kraft auf, das auszusprechen, und zwar mit einer Lautstärke, dass es viele hören können. Das ist göttliche Verrücktheit und Ausdruck seiner

Liebe und seines Mitgefühls. Es ist einfach Ausdruck von Mitgefühl, denn für *ihn* ist es nicht nötig, das auszusprechen.

Spiritueller Wohlfühlkokon

F: *Wie kann ich verhindern, mich in einem spirituellen Wohlfühlkokon einzunisten? Achtsamkeit, Aufmerksamkeit, da bleiben...?*

P: Achtsamkeit, ja. Sich freuen an dem, was ist. Dankbar sein für das, was ist. Und nichts gegen das Reich der Götter, wenn du wach dabei bleibst und nicht nach dem Schalter suchst, wo man das Abonnement buchen kann. Mach dir keine Sorgen! Achtsamkeit bedeutet nicht, voller Sorgen zu sein. Wachsamkeit hat Gelassenheit und Klarheit in sich. Sie ist nicht der denkende Geist, der ständig versucht, rauszukriegen, was man alles unternehmen könnte, damit nichts passiert, sondern sie ist ganz da, beschäftigt sich nicht mit der Zukunft, sondern mit dem Jetzt. Wie eine Katze, die in der Sonne liegt, ganz entspannt, ganz präsent, ganz wach.

Du weißt nie

F: *Ich erfahre, dass ich hier Lindenblätter aufspüre wie bei Siegfried, und sie abnehme. Bei einigen dieser Blätter ist es in der Meditation von selbst passiert – wichtige Lebensthemen waren auf einmal weg, aufgelöst. Mit so was habe ich nicht gerechnet, eine Meditation, und etwas ist weg und kommt auch nicht wieder.*

P: Das weißt du noch nicht. Das ist gefährlich. Das gehört auch zum Bereich der Götter: Die Einstellung, die falsche Sicherheit: „Das ist jetzt weg, ich habe es." Das ist der Versuch, sich Sicherheit zu verschaffen. Das gehört auch in den Bereich, wo sich dieses Ich wieder eine letzte Burg baut. Es ist eine kristallene Burg, sehr glitzernd, sehr durchsichtig, aber auch sehr scharfkantig. Auch das Sich-in-Sicherheit-wiegen gehört hierher. Wir wissen nie, wir wissen nie!

35. Ich und mein Bewusstsein

Spirituelles Ego – spiritueller Materialismus

Das Reich der Götter habe ich zwanzig Jahre lang erlebt – nicht permanent, aber sehr regelmäßig. Für mich war es ein wenig anders, als es beschrieben wird. Das könnte daran liegen, dass die meisten Berichte darüber von Menschen geschrieben wurden, die in einer spirituellen Tradition stehen oder auf dem Weg sind und selbst bereits viel darüber gehört hatten. Man lebt in einer spirituellen Umgebung, begehrt Erleuchtung, und wenn Raumhaftigkeit aufscheint, ist die Tendenz des Greifens groß, die Tendenz aus dem, was vollkommen unfest, einfach Raum ist, irgendwie doch etwas Festes zu machen. Zugleich bewahrt man sich diese sehr subtile Bastion, diese sehr subtile Burg von Ich. Das ist dann: Ich und die Glückseligkeit, Ich und Gott, Ich und DAS, Ich und meine Erfahrung davon, Ich und mein Bewusstsein. Das ist spirituelles Ego, spiritueller Materialismus. Mein Geist hat genauso etwas Festes daraus gemacht beziehungsweise versucht, daraus zu machen, aber nicht durch Greifen, sondern durch Ablehnung. Mein Geist kam einfach nicht auf die Idee, dass das jetzt Spitze sein könnte. Und deshalb hat dieses Land für mich ein bisschen anders ausgesehen – es war mehr die Öde und die Leere. Aber in beiden Versionen des Reiches der Götter ist es so, dass die gröberen Strukturen von Ich nicht mehr wahrnehmbar sind, dass eine Versunkenheit in Formlosigkeit da ist, und doch wird diese sehr subtile Bewusstseinsstruktur als ein letzter Anker zurückgehalten, und ein sehr subtiles Ego bleibt. Da herrscht Verblendung. Es hat den Geschmack der Ignoranz. Die Unwissenheit im Bereich der Götter entsteht aus dem Eingesponnensein in diese Beschäftigung mit sich selbst. Man beschäftigt sich mit sich selbst in der Form des Bewusstseins, und man erhält sich so eine letzte Projektionsfläche, auf die man entweder den Himmel oder die Öde projiziert. Ich und die Öde, Ich und der Himmel. Die Projektionsfläche ist sehr dünn, durchscheinend, und deshalb sieht es aus, als wäre da keine, aber sie ist doch da.

Ignoranz im Reich der Götter

Diese Ignoranz ist erstens die Ignoranz, nicht sehen zu können, dass diese subtile Trennung da ist, und zweitens eine Ignoranz, die sich ganz praktisch ausdrücken kann: Man wird irgendwie schlampig. Es ist eine Art Wurstigkeit dabei – in der glückseligen wie in der öden Version. Ich kenne auch, dass es sich wie ein Film anfühlt – es ist ganz eigenartig. Eine eigenartige Erfahrung von Unwirklichkeit. Und genau wie in den anderen verhafteten Zuständen, die wir bereits betrachtet haben, liegt auch hier ein Ernst darin. Ernst, keine Leichtigkeit. Liebe ist nicht wirklich da, denn es ist ein Versponnensein in sich, und alle Aspekte der Weisheit fallen weg. Entweder will man ständig nur dieses Götterreich-Glücksgefühl, oder man verharrt gegenüber der Raumhaftigkeit in Ablehnung. In beiden Fällen macht man einfach etwas aus dem, was Nicht-Etwas ist.

Jetzt habe ich kein Filmgefühl mehr: Alles was ist, ist sehr wirklich. Höchst wirklich. Es geht einfach nur darum, zuzulassen, dass diese feine subtile Burg auch verschwindet, dass diese feine Projektionsfläche ebenfalls verschwindet. Dann bleibt einfach nichts übrig. Kein Ich, keine Trennung. Aber alles, was da ist, ist da. Ganz viel Lachen und die Unendlichkeit der Liebe und Freude. Und es bleibt dabei völlig normal und einfach. Und ganz menschlich.

Feine Spinnweben des spirituellen Egos

F: *Ich kenne das Reich der Götter sehr gut und war gestern richtig erschrocken. All diese Varianten kenne ich, das Versponnensein im Bewusstsein, auch die Öde und noch eine ganz andere Variante, die mir gestern bewusst wurde: Je länger ich auf dem spirituellen Weg bin, umso feiner wird meine*

Wahrnehmung nicht nur dessen, was in mir, sondern auch was bei anderen vorgeht. Das führt dazu, dass das Ego sich sofort daran hängt und so was denkt wie: „Hahaha, ich weiß, was los ist" oder „ihr Armen, die ihr da so herumirrt". All die alten Muster kommen durch die Hintertür herein, und ich kann fast fühlen, wenn sich das nur eine Winzigkeit manifestiert, ist es wieder ein Pfosten meines Gefängnisses. Wenn ich wahrnehme, dass das ein Gefängnis ist und sich der Pfosten auflöst, dann gibt es wieder nur Weite und soviel Liebe – das ist unaussprechlich.

Als du vom Handeln gesprochen hast, vom Reich von Buddha Amoghasiddhi, habe ich auch etwas verstanden. Du sprachst von den Spielen, die wir inszenieren, von den Intrigen und dem gleichzeitigen Versuch, die Intrigen zu durchschauen, obwohl man Teil davon ist. Ich weiß genau, was hier läuft, aber ich befinde mich mitten darin. Und ich sehe, nur immer wieder ganz weit, ganz, ganz weit zu sein hilft wirklich.

P: Ja, genauso wie du beides beschrieben hast, ist es. Wie sich an dieser sehr feinen Projektionsfläche das Gröbere wieder kristallisiert, und früher oder später wieder Hass und Macht-Streben dazu kommen, wie auch immer deine Ego-Strukturen sind. Und die andere Seite, einfach immer wieder in Nichtwissen offen zu sein. Dann verschwinden die Pfosten. Und das Unaussprechliche bleibt. Es ist einfach Hingabe. „In deine Hände befehle ich meinen Geist", einfach nichtwissend in Hingabe.

Ganz oder gar nicht

Freiheit ist nur möglich, wenn du wirklich alles aufgibst. Die Geborgenheit, das Okaysein, die Vorstellung, wie Existenz zu sein hat, alles. Darunter geht es nicht. Wenn da irgendetwas hängen bleibt, ist es zu viel. Das ist der Punkt! Ganz oder gar nicht.

Eines Tages sprach Rumi zu seinen Jüngern: „Ebenso, wie es im kanonischen Gesetz des Propheten heißt, dass sich unter jedem Haar eine Quelle der Unreinheit verbirgt, weswegen niemand von seiner äußeren Unreinheit befreit ist, bevor er nicht jedes einzelne Haar seines Körpers gewaschen hat, so dass nicht ein einziges Haar schmutzig bleibt. Ebenso, lehren uns die wahren Mystiker, kann niemand, solange an ihm auch nur ein einziges Haar seiner Persönlichkeit verbleibt, von seiner inneren Unreinheit geläutert werden." Dann sagte Rumi: „Ein Mann, der alle Merkmale eines vollkommenen Heiligen hatte, schlug den Weg der Entwerdung ein. Plötzlich schwang er sich auf und ließ das Meer des Daseins hinter sich. Ein winziges Härchen seiner Persönlichkeit blieb jedoch noch an ihm haften. In den Augen der absoluten Armut aber war dieses Haar so dick wie eine Schärpe."

Ja, und diese Härchen holen einen immer wieder ein, weil man gedacht hat: „Ach, da können wir ja drüber hinwegschauen, das ist ja eine Kleinigkeit."

F: *Ja, das kommt mir vor wie ein Gebäude, das man sich zurechtbaut.*

P: Es vergrößert sich dann von selbst wieder. Dieses Härchen der Persönlichkeit, von dem Rumi spricht, wird zum Kristallisationspunkt, an dem sich das ganze Illusionsgebäude und das Ego wieder kristallisieren. Ganz oder gar nicht. Hundert Prozent. Man kann nichts sicherheitshalber oder aus Trägheit oder Feigheit aussparen.

Die Versuchung, von einem Extrem zum anderen zu springen

F: *Manchmal bin ich in totaler Aktion, und trotzdem ist auch viel Raum da. Ich kenne aber auch die Situation, wo ich die Idee habe, je mehr desto besser. Je mehr an Energie umgesetzt wird, desto besser, je mehr ich an einem Tag schaffe, desto mehr Befriedigung.*

P: Da wird es kritisch. Aber es ist nichts falsch an Schnelligkeit, an Aktion, genauso wenig wie an Langsamkeit und Nichtaktion. Der Punkt ist der, dass die Idee auftaucht: „Je mehr Aktion, umso besser, je mehr Aktion, umso mehr Befriedigung." Da beginnt das Greifen. Das ist einfach nicht wahr. Zufriedenheit, Frieden, Freude kommen weder aus Aktion noch aus Nichtaktion. Das Umgekehrte könnte genauso auftreten: „Je mehr Nichtaktion, umso besser." Das ist die andere Seite dieser Medaille. Weder ist es die Aktion noch die Nichtaktion, aus der die Zufriedenheit kommt. Zufriedenheit ist einfach im Sein. Und im Sein ist beides möglich: Aktion und Nichtaktion, gleichwertig, von gleichem Wesen. Aber solange man glaubt, aus dem einen oder anderen maximale Befriedigung oder Glück zu ziehen, passiert das Greifen. Verstehst du? Es geht genauso wenig darum, Aktion abzulehnen. Nicht dies, nicht das. Und beides ist gut. Sieh es einfach als das, was es ist.

F: *Ja deswegen ist es auch so schön, jetzt hier dieses Bescheidene, Einfache, Unspektakuläre zu erfahren, das mich so ganz sein lässt.*

P: Vorsicht, es ist auch nicht das Einfache, Bescheidene, Unspektakuläre, was dich ganz sein lässt. Es ist das einfach nur Da Sein. Die Versuchung, von einem Extrem ins andere zu wechseln, ist wirklich groß. Das geschieht ständig. Der Prinz gibt sein Königreich zurück und wird Asket. Später (nicht im Falle Buddhas) geht ihm vielleicht die Askese auf den Geist, und er sucht sich ein neues Königreich. Und in beiden sucht er das Glück oder die Zufriedenheit und findet es weder hier noch dort, weil es in der Mitte von allem ist. Nichthaften heißt nicht, das eine wegzuwerfen und das andere zu nehmen, oder das andere wegzuwerfen und das eine zu nehmen. Nichthaften heißt, in der Mitte von allem dieselbe Raumhaftigkeit, dieselbe Liebe, dieselbe Furchtlosigkeit, dieselbe Leere, dieselbe Form, die Wesensgleichheit und die Einzigartigkeit zu entdecken. In Aktion und in Nichtaktion gleichermaßen. Das ist die eigentliche Entsagung. Weder ist es die Nichtaktion noch die Aktion, doch in beiden ist es. Das heißt es, sich nicht mehr an Form, Empfindung, Wahrnehmung, Handlung oder an Bewusstsein zu verhaften. Es ist einfach ein Nicht-Festmachen an irgendetwas, weder an diesem noch an jenem. Nicht an mir, nicht an der Welt, weder an Form noch an Leere, weder an Sein noch an Nicht-Sein. Das ist Freiheit, denn dann kannst du mit Spaß und Freude in Aktion sein, aber jetzt ohne die Notwendigkeit, dir Zufriedenheit daraus zu holen, die du nie ganz kriegst, weshalb ein Mangel, ein Rest Unzufriedenheit bleibt. Deshalb musst du immer mehr davon haben, mehr Aktion und noch mehr Aktion. Es folgt der Zusammenbruch. Dann könntest du eventuell ins andere Extrem gehen: Nichts tun, Bescheidenheit, und du versuchst, daraus Zufriedenheit zu ziehen, dann brauchst du mehr davon, mehr davon, mehr Nichts-tun, noch mehr Nichts-tun, und du ziehst dich in die Höhle zurück, gerätst in Trägheit, und es bleibt wieder ein Rest, ein Mangel, eine Unzufriedenheit, denn auch das ist es nicht, wenn du es daran festmachst. Dieses Festmachen, das ist das Anhaften. Deshalb heißt es in den Upanishaden: „Neti neti, weder noch, dies nicht und das nicht." Buddha sagt dasselbe, wenn er vom Weg der Mitte spricht. Du kannst nach vorne, du kannst nach hinten, du kannst nach rechts, du kannst nach links, nach oben, nach unten, du hast volle Freiheit, und es ist nicht dies und es ist nicht das. Das sind Bewegungen im Raum, wunderschön und möglich. Aber mache nichts daran fest!

F: *Das heißt also, wenn mich in der Aktion so etwas Aufgeregtes und Euphorisches packt, dann gehört das auch dazu, ich muss nicht gelassen zurückgelehnt in der Aktion sein, ich kann auch richtig so..., das alles ist da drin?*

P: Alles drin, alles drin.

F: *Ja, das ist gut.*

P: Was ich gerade gesagt habe, betrifft alle diese Themen: Das Thema Form, das Thema Empfindung, das Thema Wahrnehmung, das Thema Handeln, das Thema Bewusstsein. Neti Neti, es ist nicht dies, es ist nicht das. *Es ist.* Alles darf sein. Deshalb allumfassende Weisheit, raumumfassende Weisheit.

Sie umfasst wirklich alles! In dieser Unfestigkeit des Raums, in der Ewigkeit des Jetzt, ist alles drin, ist alles möglich. Aber nichts von dem, was möglich ist und drin ist, sich bewegt und aufsteigt und empfindbar, wahrnehmbar, begreifbar und im Bewusstsein ist, ist vom Raum getrennt. Es ist die Raumhaftigkeit, der Frieden, die Liebe, die du bist, die dich erfüllen, *nicht* die einzelnen Dinge. Deshalb sagt Buddha: „Form ist nicht von Leere getrennt."

Die Weisheit beim Autofahren

F: *Du hast heute und gestern wieder einmal bei deinen Ausführungen gefragt: „Habt ihr das verstanden?" Ich hätte immer laut schreien können: „Nein!" Die anderen Aspekte der Weisheit konnte ich nachempfinden, aber den letzten Bereich absolut nicht. Das liegt anscheinend außerhalb meiner Erfahrungen. Seit ich vor einem Jahr zum ersten Mal im Satsang war, merke ich, dass sich auf spektakuläre Weise überhaupt nichts tut. Am Anfang vielleicht ja, ich war von vielen Dingen sehr begeistert. Mittlerweile hat sich das alles etwas beruhigt. Aber ich bemerke kleine, feine Veränderungen im Alltag. Zum Beispiel schaue ich viel öfter genauer hin. Ich fahre zum Beispiel. nicht gerne Einkaufen, das finde ich so schrecklich lästig. Ich fahre schon mit Unwillen hin und will es möglichst schnell hinter mich bringen. In irgendeiner Situation – vor mir fuhr ein Auto ziemlich langsam – wurde ich ungeduldig und merkte das und dachte dann in dem Moment: „Stopp, was soll das eigentlich? Wohin willst du denn jetzt? Ich habe doch jetzt oft genug gehört, du bist ja da!" Es war dann so ein bisschen ein Anhalten da. Zwar entdeckte ich nicht die Fülle, aber mir wird immer öfter in solchen Momenten klar: Ja das ist es eigentlich, worum es geht: Nicht dieses Gucken nach hinten, nach vorne, nach links und nach rechts, sondern eben jetzt!*

P: Dass du das Gefühl hast, nicht verstanden zu haben, liegt an den Worten, an Sprache. Wenn ich Leere sage, erschrickt der Eine, wenn ich Fülle sage, sagst du: „Habe ich nicht gesehen."

Was auch immer ich sage, trifft es nicht, ist es nicht. Das müsst ihr wirklich verstehen! Es ist weder Fülle noch Leere, und es ist Fülle *und* Leere. Es ist nicht dies, es ist nicht das.

Du erfährst in diesem Moment des Anhaltens, den du beschreibst, sehr wohl Fülle, da bin ich ganz sicher. Und was du beschreibst, ist Weisheit in Aktion. Du bist in einer Situation von Hektik, Enge, von Getriebensein, Chaos und Konfusion, und dann auf einmal kommt Weisheit: „He, anhalten! Du bist doch schon da! Wo sonst könntest du denn sein? Du bist ja schon hier, wo willst du denn hin?" Und dann öffnet sich Raum, du lachst, und das ist Weisheit. Weisheit praktisch. Lass einfach diese Weisheit mehr und mehr in dein Leben strahlen, das ist wunderschön. Und dieser Moment von Weisheit im Auto ist großartig. Es sind nicht die großen spektakulären Dinge, es sind die kleinen – auf der Seite der Weisheit genau wie auf der Seite des verhafteten, unerleuchteten Geistes. Schließlich setzt sich das Leben ja aus diesen kleinen Begebenheiten zusammen, oder? Es sind nicht die großen „Pasch! Bumm!" Erleuchtungserlebnisse oder die extrem außergewöhnlichen Dinge. Nein, es ist sehr, sehr gewöhnlich, und genau in dieser Gewöhnlichkeit scheint wieder die Raumhaftigkeit auf.

Buddha auf dem Marktplatz

F: *Es ist ein Segen, dass die Fragen hier mich aus dieser Scheinglückseligkeit herausgeholt haben. Denn ich wäre wieder in dem Gefühl nach Hause gegangen: „Wow, ich war im Retreat und hatte tolle Erfahrungen mit mir selbst." Und der Alltag ist ja so anders.*

P: Das ist wunderschön, was du sagst. Das ist von Sannyasins sehr explizit gelebt worden: ein halbes Jahr Poona, wow, super, jippi, happy, dann ein halbes Jahr Deutschland, Mist! Grau, langweilig. Eine ganz starke Trennung und in keiner Weise das, was Osho mit „Buddha auf dem Marktplatz" gemeint hat.

F: *Was hat er denn gesagt?*

P: Osho sagte: „Seid Buddhas auf dem Marktplatz." Was nicht heißt, dass man sich nicht auch immer wieder zurückziehen kann. Aber Buddhanatur verschwindet nicht im Alltag auf dem Marktplatz.

Die Erfahrung von Glückseligkeit hört auf, kommt und geht wie jede andere Erfahrung auch. Aber was ist das, was wirklich unerschütterlich ist? Was bleibt? Darum geht es. Erfahrung von Öde kommt und geht, Erfahrung von Wut kommt und geht, Erfahrung von Form kommt und geht, Gedanken kommen und gehen. Auseinandersetzungen kommen und gehen, Aktion kommt und geht, Nichtaktion kommt und geht und an all dem ist nichts falsch. Man macht es nur zum Götzen, wenn man sich an das eine oder an das andere hängt, im Alltag oder Nicht-Alltag, wenn man sich an Glückseligkeit hängt oder an dies oder das. Der Raum bleibt, Frieden bleibt, Liebe bleibt, ohne Sicherheit, nichts zum Halten. Nichts daraus zu machen oder zu schnitzen, nicht irgendwo aufzubewahren, unendlich, immer jetzt. Egal was an Erfahrung auftaucht: Angst, Freude, Auseinandersetzung, alles. Der Raum bleibt, Frieden bleibt, Liebe bleibt.

Tanz des Lebens

36. Selbstvertrauen und die grundlegende Gutheit

„Alles Seiende ist der Natur nach Buddha,
Wie Eis seiner Natur nach Wasser ist.
Getrennt von Wasser gibt es kein Eis,
Getrennt vom Seienden kein Leben des Buddha."

HAKUIN

Selbstvertrauen

Habt ihr eigentlich Selbstvertrauen? Ein Baum benötigt gesunde Wurzeln, um zu wachsen. Ein Baum steht einfach da. Er fragt sich nicht: „Darf ich jetzt da stehen?" Er fragt sich noch nicht einmal: „Werfe ich zuviel Schatten, brauche ich vielleicht zuviel Wasser oder zuviel Sonne?" Er steht einfach da. Ihr habt allen Grund zu Selbstvertrauen. Und es braucht Selbstvertrauen für Hingabe...

Schau, deine Wurzeln sind sowieso gut, und trotzdem denken viele Menschen erstaunlicherweise, dass sie falsch sind. Das ist vollkommen unlogisch, denn wenn du im Grunde falsch wärst, hätte dich die Natur schon längst eliminiert. Es ist wichtig, dass du deine Wurzeln, deinen Boden wieder entdeckst, jene Wurzeln, die nicht von außen kommen, sondern in dir selbst von Natur aus vorhanden sind. Sie brauchen keine Bestätigung von außen und können durch nichts im Außen geschädigt oder in Frage gestellt werden. Entdecke diese höchst eigene Gutheit in dir! Aller möglicher Mist mag passieren, aber die Basis, der Raum in dir ist stets vollkommen in Ordnung. Von diesem Boden aus entdeckst du dieselbe Güte, dieselbe Gutheit in allem. Es ist ja schlecht möglich, dass alles okay ist außer dir – das wäre vollkommen unlogisch.

Chögyam Trungpa spricht von der „grundlegenden Gutheit der Dinge". Sie ist nicht nur irgendwo da draußen, sondern auch in der Tiefe deines Herzens, von Anfang an. Darauf kannst du stehen. Das ist nichts Romantisches, kein billiger Trost, keine Tünche von Gutheit über irgendetwas, sondern ist tiefste Wurzel. Wenn dieses Vertrauen in die grundlegende Gutheit der Dinge wächst, dann kannst du darin stehend viel leichter sehen, wo es vielleicht hakt oder wo du einschläfst. Aus deinem Respekt für deine eigene Würde entsteht echter Respekt auch für die Würde aller Wesen. Du erkennst: es ist dasselbe, kein Unterschied. Umgekehrt kann man sagen, dass Menschen, die andere Menschen würdelos behandeln, auch respektlos gegen sich selber sind.

Lass deine Wurzeln ganz tief wachsen. Sei dir klar, dass jeder und jede von euch auf dieser Erde gewollt ist. Auf jeden von euch hat die Erde, hat die Existenz gewartet. Und dafür sind keine Vorbedingungen nötig. Das ist die Grundlage des Vertrauens und der Würde. Mehr braucht es nicht. Der Rest ist Dekoration.

Die Existenz will mit dir tanzen und wartet, dass du mittanzt. Dieses Selbstvertrauen ist nicht von irgendeiner Form des Erfolgs abhängig. Denn solange sich Selbstvertrauen auf etwas wie Lob, Anerkennung, Bestätigung, Erfolg oder Zahlen auf dem Konto gründet – oder scheinbar gründet – steht es auf tönernen Füßen, weil alle diese Dinge ein Ende haben. Wenn du daran festhältst, dich darüber definierst und versuchst, daraus Vertrauen ins Leben oder in dich zu gewinnen, wird es immer schwanken. Tiefer, die Wurzeln gehen tiefer! Und Form vergeht sowieso. In diesem Tanz des Lebens darf auch Sterben sein. Dann darf der Tanz sich von Moment zu Moment tanzen.

Darf ich leben?

F: *Ich bin da. Ich weiß. Aber ich habe das Gefühl, ich darf nicht da sein.*

P: Wenn du nicht da sein dürftest, wärst du schon längst weg. Hör auf mit dem Blödsinn! Du lebst, also ist anscheinend vorgesehen, dass du jetzt lebst. Mehr Legitimation gibt es nicht. Und die reicht doch, oder? Die Tatsache, dass du lebst, ist genug Bestätigung dafür, dass du leben sollst. Mutter Erde will dich hier haben. Deshalb bist du da. Fertig.

Es ist wichtig, dass du dir zugestehst, auch zu nehmen. Geben und Nehmen braucht Balance. Manchmal muss man auch lernen, zu nehmen.

Vertraue darauf, dass du lebst, jetzt, und dass du zur richtigen Zeit sterben wirst. Was braucht es mehr? Es ist eigentlich so banal. Ganz einfach und simpel.

Grundlegende Gutheit

Ich habe gehört: In einer Religion, einer Kirche ist es so: Bedarf wird durch Angst geweckt, dann durch Hoffnung zu befriedigen versucht, und Reklamationen gehen immer ans Jenseits. Das ist lustig und traurig zugleich. Traurig deshalb, weil es die Konditionierung deutlich macht, die uns aufgezwungen wurde und die sehr tief sitzt. Und da soll man dann nicht sein Selbstvertrauen verlieren! Was macht das aus Menschen? Es macht aus einem göttlichen Wesen eine hohle Form. Da bleibt nur die Form übrig, und die Essenz geht verloren. Das ist das glatte Gegenteil von dem, was alle Buddhas – inklusive Jesus – lehren.

Also, wie kommen wir wieder zurück zu diesem höchst natürlichen, grundlegenden Vertrauen? Der Weg führt genau anders herum als diese religiöse Konditionierung sagt. Du sitzt einfach da und nimmst dich einfach erst mal als da sitzend wahr. Wir fangen ganz, ganz einfach an: einfach da sitzen. Genau, schon beginnst du zu atmen und stellst fest: „Oh ja, tatsächlich, ich sitze da." Und tatsächlich, da ist Boden und da ist Raum. Das heißt, man kann sich noch ein wenig mehr sitzen lassen. Da ist Raum, da ist Boden, da ist Sitzen, da ist Atmen. Alles ist an seinem Platz, alles, wie es sich gehört. Und in dem tiefer Sitzen, in dem ganz praktischen Entdecken „ja, es ist gut, und ich bin in Ordnung, sitze da, wo ich sitzen soll, nämlich genau hier" entdeckst du den Anfang der grundlegenden Gutheit. Diese grundlegende Gutheit ist ganz einfach, ist nichts Besonderes, ist deine eigene Wurzel. Der Boden, auf dem du sitzt. Der Raum, in dem du bist, der in dir ist und um dich und überall. Und dort hinein seine Wurzeln zu stecken und sich ausbreiten zu lassen – so verschwindet die Angst, verschwindet auch die Angst vor euch selbst. Ihr habt oft Angst vor euch selbst. Da besteht eine geheime Befürchtung, ihr könntet ein Monster, etwas Gefährliches oder etwas Lebensunfähiges sein. Wenn ihr dann wieder in diese Okayness in euch schaut, ist keine Angst nötig.

Und in dem Maß, wie diese Furcht im Lauf der Zeit verschwindet, verschwindet auch die Hoffnung. Furcht und Hoffnung sind Geschwister. Es ist jetzt! Buddhas haben es nie auf das Jenseits verschoben. „*Dieser* Körper ist der Buddha, *diese* Erde das Lotusparadies", sagt Hakuin. Erkennbar hier, jetzt. In diesem Selbstvertrauen ist all das Pseudo-Selbstvertrauen, all dieses Darstellen, der Hochmut, das „Gutsein", das „Richtigsein" überhaupt nicht nötig. Und so verschwindet in diesem Selbstvertrauen die Ichbezogenheit, der Egoismus. Egoismus entsteht aus zu wenig Vertrauen in sich, aus zu wenig Vertrauen in die eigene Güte. Und jeder weiß, jeder hat zumindest eine dumpfe Ahnung, dass diese Gutheit vorhanden ist. Nur wissen die meisten nicht wo und wie, und ihr versucht dann, irgendwo im Außen an diese Gutheit heran zu kommen, ihr versucht zu kaufen, was euch längst gehört. Dann rennt ihr herum und kauft, rennt herum, um Bestätigung zu bekommen, rennt herum und sucht Beziehung. Und je mehr man sich in diesem Außen verheddert, umso mehr verliert man den Blick fürs Eigentliche, für das Leben selbst, jetzt.

Jetzt leben ist so lebendig. Alles ist offen, in jedem Moment. Wir brauchen uns nirgendwo hinhängen, nirgendwo festkrallen, an keine Struktur und vor allem nicht an ein Bild von uns selbst. Verstehst du? Du stehst auf deinen zwei Beinen. Das ist Grundlage.

In diesem Selbstvertrauen, in diesem Anerkennen der eigenen Würde, der eigenen Güte, der grundlegenden Gutheit der Dinge kannst du mehr und mehr den Raum wahrnehmen, die

Offenheit, auch die Unsicherheit, aber die macht nichts. Hingabe wird möglich. Hingabe ist sehr kraftvoll. Du sitzt so richtig in deiner Gutheit, und wenn etwas auftaucht, Gedanke oder Gefühl – macht nichts, dann bleibe sitzen! Der Film darf laufen, kein Problem. Verwurzelt in der grundlegenden Gutheit und in dieser Form von ich-losem Selbstvertrauen wirst du alle Strukturen, Konditionierungen und Lügen mehr und mehr erkennen. Von dieser Grundlage aus kannst du sie durchschneiden. Und ihr alle habt die Kraft dazu, jeder. Dann kann dir keiner mehr mit einer billigen Hoffnung oder einem Schreckgespenst der Angst kommen und dann noch sagen: „Na, wenn es nicht klappt, dann beschwere dich beim lieben Gott!"

Es hat Wildheit. Es ist deine eigene Kraft. Du gewinnst an Stärke und Mut. Ja, und immer auch mit Geduld, mit Geduld und Mut. Und mit Wildheit und Zartheit, mit beidem! Vor allem, wenn du dich selbst anschaust, schaue dich mit Zartheit an, mütterlich zart.

Es kann nichts passieren. Dir – dem was du bist – kann nichts passieren. Die grundlegende Gutheit der Dinge ist die natürliche Ausdrucksform des offenen Raums. In DEM kann nichts passieren. Die Haare fallen einem aus oder die Körper gehen kaputt, Beziehungen enden und Häuser liegen in Trümmern, aber das Einzige, was wichtig ist, geht nicht kaputt. Wie schön, dieser Tanz der Existenz!

Die grundlegende Gutheit ist deine Basis

Selbst wenn du die grundlegende Gutheit vergisst, sie ist immer da. Und eigenartigerweise erinnerst du dich ihrer oft inmitten der größten Dunkelheit, inmitten des größten Zweifels, wie wunderbar! Du musst sie aber auch nicht unbedingt vergessen! Sie ist deine Heimat, da musst du nicht immer wieder weglaufen. Du kannst, aber du musst nicht. Sie beinhaltet etwas sehr Substantielles, noch nicht das Letztendliche, aber die Basis. In dieser Form von Selbstverständnis zu stehen und zu wurzeln hat etwas Selbstverständliches im besten Sinne. Es versteht, und es steht und es steht in sich – selbstverständlich. So wie die Selbstverständlichkeit eines Gänseblümchens. In dieser Selbstverständlichkeit und dieser Form des Selbstvertrauens, die nichts mit Egoismus zu tun hat, die viel tiefer reicht als Ego gehen kann, wurzelnd, ruhend, sitzend – sitzt du, stehst du, ruhst du in Staunen. Und du triffst dasselbe überall, wohin du auch schaust, und staunst über Gänseblümchen, über die Frische des Morgens, über die Kreativität des menschlichen Geistes.

Friedlich und tot, das kann jeder! Aber hier geht es um friedlich und lebendig! Du bist lebendig und friedlich, weil es nicht mehr nötig ist, irgendetwas zu verteidigen. Du weißt, da ist Raum. Und du weißt es nicht vom Kopf her, sondern im Sein, im Leben, im Erfahren. Verstehst du? Das ist wie eine Startrampe. Von dort kannst du mit den zwei Flügeln der Achtsamkeit und Hingabe in die Unendlichkeit fliegen. In dieser Gewissheit der Offenheit des Raumes, in dieser Gewissheit deiner naturgegebenen Würde, in der Gewissheit von Platz, von grundlegender Gutheit kann man nicht mehr anders als wach und frisch und in Hingabe sein. Und es wird mehr und mehr und mehr, ein organisches Wachsen aus den Wurzeln heraus. Und ganz einfach.

Und Lachen gehört ganz wesentlich dazu. Humor – ganz wichtig.

37. Spiritualität im Alltag

„Buddhas Weg:
Dies ist der Weg, den er ging, um die Welt zu fliehen;
Dies ist der Weg, den er ging, um zur Welt zurückzukehren.
Auch ich komme und gehe diesen Heiligen Pfad entlang,
der Leben und Tod überschreitet
und die Täuschung durchdringt."

RYOKAN

Teile dich nicht

Teile dich nicht! Teile dich nicht in Kommen und Gehen, in Retreat und Nicht-Retreat, in Meditation und Leben. Solange du glaubst, du bist heute das und morgen jenes – Trennung! Du bist das, was sich nicht bewegt!

Dann bleibst du ungetrennt, und alles darf passieren. Du sitzt in Gleichmut in der Mitte des Rades. Das ist Heiterkeit. Und wenn das Drama dich packt, dich von hier nach da zieht oder von dort nach hier, dich trennt, dich teilt, du an die Muster glaubst – dann, sobald du es merkst, halte wieder an! Du weißt ja, wie es geht, ganz einfach, ganz leicht. Und wenn du in Gleichmut, in der Mitte des Jetzt, in der Mitte des Hier sitzt, in Aktion und in Nicht-Aktion, in nicht anhaftendem Handeln und im Nicht-Handeln, dann tanzt du das Leben, singst du das Leben und hinterlässt keine Spuren. Es ist ganz leicht. Dann bist du ganz Mensch, aber ohne Leiden. Schmerz und Freude ja, aber kein Leiden, kein Hass, keine Verzweiflung. Irdisch und heilig. Da ist soviel Fülle, in der Mitte des Jetzt – keine Zeit, Ewigkeit.

Immer wieder in den Alltag gehen

Immer wieder im Alltag zu sein war für mich stets wichtig. Ich hielt mich nie sehr lange in Poona auf, immer nur sechs, sieben oder acht Wochen. Nach den Trainings und Retreats war es mir immer wichtig, im Alltag, im ganz normalen Leben zu erproben, was an Erkenntnis, an Stille, an Friedlichkeit für mich geschehen war. Denn nur was der Normalität dessen Stand hält, was wir Alltag nennen, ist verlässlich. Entschlossenheit, diese alleinige Ausrichtung auf die Wahrheit, auf das Göttliche ist notwendig, aber nicht im Sinne einer Flucht vor der Welt und vor all dem, was in ihr geschieht, sondern ganz im Gegenteil inmitten dieser Welt. Also betrachtet Satsang oder ein Retreat nicht als eine stille, friedliche Pause im grauen Alltag, sondern bleibt mit der Wahrheit: Seid DEM die ganze Zeit treu. Seid still, großzügig und bedingungslos.

Das ist kein Ausnahmezustand für einige Tage, sondern es muss immer sein. Dazu braucht es deine Ausrichtung, deine Entschlossenheit, dein Dasein. Der tibetische Meister Atisha sagt: „Verbinde alles, was dir begegnet, mit Meditation." Was auch immer dir im Innen und im Außen begegnet, sei still damit, begegne allem in Offenheit, ohne Hintertürchen, ohne Flucht, ohne Ausweichen. Begegne dem, sei still und gehe damit tiefer und tiefer, jeden Tag, die ganze Zeit. Sei in der Hingabe bedingungslos. Und kein Drama! Und ich bin die ganze Zeit in eurem Herzen da, wenn ihr das wollt, völlig ungetrennt von dem, was ihr seid, im Alltag genauso wie hier im Retreat.

Stille und Alltag

F: *Warum bin ich nicht immer in der Stille wie hier im Retreat? In meinem Alltag vermeide ich genau diese Stille, und es entstehen viele Verwicklungen und Probleme. Mit dir geht's mir so, dass mich da etwas ganz tief berührt, und das ist deine unglaubliche Zartheit. Ich finde dich so zart, fast zerbrechlich. Und auf der anderen Seite ist da diese Klarheit und dieses Da-Sein – beides zusammen, ich sehe immer beides zusammen.*

P: Es ist immer beides zusammen.

F: *Ja, aber das haut mich ein bisschen um, weil ich einfach bei mir merke, dass ich es so oft trenne.*

P: Genau, jetzt sind wir am Punkt: Du trennst! Du sagst: hier ist Stille, aber im Alltag nicht. Das ist nicht böses Schicksal, das ist *deine* Trennung. Diese Trennung gibt es nicht. Es gibt nicht heilig *oder* irdisch, sondern es gibt heilig nur *mit* irdisch.

Ganz in DEM und doch mit beiden Beinen auf der Erde

F: *Ich bin der Meinung, dass ich nicht gleichzeitig in der Stille und im Leben sein kann. Also, dass ich nur auf dem Boden sein oder mich in der Freude, der Ekstase verlieren kann. Aber aus dieser Freude stürze ich immer wieder ab.*

P: Dafür bin ich hier, um zu bezeugen, dass dem nicht so ist. Und zwar ganz praktisch. Rinzai, ein Zen-Meister, sagt: „Ihr gleicht eilig erleuchteten Bodhisattvas, welche die Verkörperung dieser Welt zwar durchschaut haben, sich nun aber nach dem reinen Land, dem Paradies sehnen und voll Verachtung für das irdische Jammertal hier sind.“ Ja, und genau an diesem Punkt entsteht neue Spaltung, und mit der Spaltung kommt das Leiden. Das Universum kann nichts dafür. Die Freude kann nichts dafür. Die Fülle kann nichts dafür, sondern die Spaltung, die du da wieder hineingebracht hast oder nicht sehen konntest. Und genau um das zu erkennen, stürzt du ab. Damit du sehen kannst: Ja, in Wirklichkeit ist nichts gegen die Welt, Körper, Sonne, Mond, Sterne und den Boden einzuwenden. Und es gibt keinen Widerspruch, nicht den kleinsten, leisesten Widerspruch zwischen Stille, Meditation, Universum, Gott und dem Stehen auf unserer Mutter Erde. Ganz im Gegenteil: Erst all das wirklich zusammen ist echt, ist rund. Solange Spiritualität irgendeine Art von Fluchtversuch ist, der Versuch ist, aus der Welt zu fliehen, ist sie nicht echt. Ganz hier. „*Dieser* Körper ist der Buddha, *diese* Erde das Lotusparadies,” sagte Hakuin.

38. Vollkommen göttlich – vollkommen menschlich

„Leere hier, Leere dort, und dennoch steht die ganze Zeit das Universum vor deinen Augen – unendlich groß, unendlich klein.“

SOSAN

Absolute und relative Realität

Es gibt absolute Realität, Shunyata, Leere die voll ist, Buddhanatur, Stille. Ganz offensichtlich erscheint in dieser Buddhanatur – und zwar auf jeden Fall innerhalb, denn außerhalb davon gibt es nichts – alles Mögliche: Das Universum, Bäume, Osama Bin Laden, Bush, 6000 Leute hier und eine Million dort, du hier, du in Korfu, Meer, Weinen, Freude, Verwirrung. Alles Mögliche erscheint innerhalb von DEM, letztendlich auch als Ausdruck von DEM und nicht von DEM zu trennen. Und alles, was in DEM erscheint, ist Phänomen. Alles, was geschieht, ist ungetrennt von DEM, und trotzdem ist es Phänomen. Innerhalb dieser Welt der Phänomene gelten bestimmte Gesetze, die wir nicht einfach außer Acht lassen können, nur weil da Tao ist – Tao selbst lässt sie nicht außer Acht. Und innerhalb dieser Welt der Phänomene gibt es Dinge, die uns berühren, in uns schwingen, gibt es auch Begriffe wie gut und schlecht, gibt es auch Ethik – sie hat ihren Platz innerhalb dieser Welt der Phänomene. Genauso wenig wie wir unser Ur-Menschsein nicht einfach auf die Müllhalde werfen können, können wir auch das nicht einfach ausradieren. Diese gesamte Welt der Phänomene, der relativen Realität steht in keinem Widerspruch zum Tao, und umgekehrt. Alles hat seinen Platz. Sobald wir anfangen, Stille, Tao, Buddhanatur und so weiter in Gegensatz zu etwas zu stellen, was angeblich weniger wert ist, sobald wir Stille in Gegensatz zur ‚Welt‘ setzen, befinden wir uns wieder in der Trennung.

Vollkommen göttlich – vollkommen menschlich

F: *Verlassen wir nicht Hier und Jetzt, wenn wir über Afghanistan, das World-Trade-Center und wie es uns damit geht, sprechen?*

P: Natürlich ist ein zusammenstürzendes World-Trade-Center nicht unsere Wirklichkeit hier und jetzt! Wir befinden uns im Retreat, zwei Wochen später. Der Ablauf der Ereignisse, wie wir ihn hunderte Male im Fernsehen gesehen haben, ist hier jetzt nicht die Wirklichkeit. Aber wirklich hier und jetzt geschieht Folgendes: Hier sitzen viele Menschen, und ich spüre, wie dieses Thema in jedem von euch schwingt. Und diese Resonanz in euch ist jetzt wirklich. In jedem von euch schwingt dieses Thema ein wenig anders, schwingt sehr individuell, aber es macht etwas mit euch, oder? Ich empfinde Traurigkeit und Schmerz über diesen Krieg. Selbst in der Form kann sich keiner von uns von dem, was im Universum geschieht, abtrennen. Das ist nicht möglich. Das ganze Universum ist ein Netz, ein multidimensionales Netz. Irgendwo ereignet sich etwas, und das bewirkt etwas in uns, oder nicht? Wir sind doch höchst sensible Wesen, und mein Erfahren ist nicht, dass Spiritualität bedeutet, diese Sensibilität abzuschneiden und ein heiliger Holzklotz zu sein.

F: *Mich erleichtert es, dass du auch traurig bist.*

P: Wir sind vollkommen göttlich und vollkommen menschlich, und nur, wenn beides zusammenkommt, kann ich von Vollkommenheit in der menschlichen Existenz sprechen. Wir können nicht die menschliche Existenz ablegen und leugnen. So etwas kann – wenn überhaupt – vielleicht ein Durchgangsstadium sein. Aber dann muss man hinterher wieder zurückkommen. Es kann wie ein Larvenstadium sein, bevor die Libelle herausschlüpft. Es kann in der spirituellen Entwicklung für eine Weile als Schutz nötig sein. Aber danach müssen wir wieder ganz da und auch ganz menschlich sein, sonst fehlt etwas.

Leere hier, Leere dort...

F: *Die Schönheit der Welt ist für mich ohne Bedeutung.*

P: Sosan, ein Zen-Meister, sagte: „Leere hier, Leere dort, und dennoch steht die ganze Zeit das Universum vor deinen Augen – unendlich groß, unendlich klein." Leere innen, Leere außen, der Raum, Unendlichkeit, Göttlichkeit und in DEM, die ganze Zeit, in jedem Moment neu und frisch geschaffen: die Phänomene, ein Tanz, Yin und Yang, Leben und Sterben.

F: *Ich kenne den Tanz, in all seinen Ausprägungen und Facetten. Die Leere ist viel schöner. Es passiert doch immer das Gleiche. Ich finde das total langweilig.*

P: Nein! Niemand kennt diesen Tanz in allen Ausprägungen und Facetten! Und nein, es geschieht in jedem Moment etwas Neues. Jeder Moment ist vollkommen neu, vollkommen frisch, vollkommen überraschend. Ich kenne keine zwei gleichen Momente.

F: *In dieser reinen Leere zu sein, ist für mich einfach der höchste Genuss, da zieht es mich einfach hin.*

P: Das ist okay. Das ist Dharmakaya, die Leere, der Wahrheitskörper. Aber aus dem entsteht Glückseligkeit. Und in der Glückseligkeit ist bereits Bewegung, Sambogakaya. Und aus der Glückseligkeit selbst geschieht Schöpfung.

F: *Das ist aber schade.*

P: Nein. Das ist Nirmanakaya. Und die Schöpfung selbst geht in jedem Moment zurück in das Absolute: Dharmakaya. Das ist „Om Ah Hum", im Christlichen die Dreifaltigkeit. Ein unendliches Mysterium.

Ein wunderbares, tiefes Erfahren ist in dir. Aber wenn sich in diesem Erfahren ein Festhalten breit machen will, ein „Ich will in dieser Leere bleiben, ich habe keine Lust, mich auf diese Ebene von Welt zu begeben", wie du vorhin gesagt hast, dann kommt das Gift von Ego, das Gift von Urteil und von Trennung da hinein. Wie kann man das sagen: „Ach wie schade, dass Schöpfung passiert?"

F: *Die Leere ist viel schöner.*

P: Wer bist du, dass du sagst, Gott darf nicht schöpfen!?

F: *Ja, natürlich. Es geht so nicht.*

P: An diesem Punkt bin ich sehr streng, weil es ein sehr gefährlicher Punkt ist. Ich sehe es, ich höre es, ich lese es in Briefen, und ich erlebe es mit Menschen: Wenn jemandem ein Erfahren von Leere zuteil geworden ist, ist das große Gnade, wunderbar. Aber wenn du dann daran festhältst „das will ich jetzt immer" und flüchtest, und die Schöpfung verleugnest – in einem Missverstehen dessen, was die Inder Maya (Traum/Illusion) nennen – dann ist es nur noch ein kleiner Schritt in die Psychose.

„Erst sind Berge Berge und Flüsse Flüsse, dann sind Berge keine Berge mehr und Flüsse keine Flüsse mehr." Da bist oder warst du gerade. „Und am Schluss sind Berge wieder Berge und Flüsse wieder Flüsse." Dann ist es komplett! Ich kenne das, was du geschildert hast. Das ist ein Teil des Prozesses. Und da ist es nur wichtig, nicht daran festzuhalten und nicht zu glauben, es wäre DAS, es wäre komplett, rund. Nein, da fehlt noch das „Berge sind wieder Berge und Flüsse sind wieder Flüsse". Diesen Zenspruch liebe ich sehr!

Wu-Wei

F: *Mir macht dieser Satz Probleme: „Ich muss nur in mir sein, ich muss nichts tun." Wenn ich das Leiden neben mir sehe, dann muss ich aber etwas tun.*

P: Ja, natürlich. Wenn du dich in diesem Moment auf den pseudospirituellen Standpunkt von „Ich tue nichts. Ich handle nicht," stellen würdest, ist genau das ein Tun, nämlich das Tun der Verweigerung einer Handlung, die geschehen will. Dann ist da deine Weigerung. In einem Moment, in dem Handeln geschehen will, zu sagen: „Ich muss ja nichts tun", wäre ein Tun. Lass' das Handeln geschehen und bleibe dabei im Nicht-Tun. Wu-Wei nennen die Chinesen das.

Nicht-Tun im Tun. Das ist wichtig. Das ist der Unterschied zwischen nachgeplapperten spirituellen Sätzen und dem Echten, was von Moment zu Moment geschieht. Es ist in jedem Moment frisch und neu. Und nie sicher.

39. Vision, Wunsch, Kreativität und Traum

Wenn du denkst, die Realität wie sie ist sei nicht zu ertragen, sei zu hart, zu scharf, zu schrecklich, sie sei nicht das, was du willst, dann deckst du etwas darüber, und dieses Etwas ist ein Traum. Zum Beispiel: Eine Frau hat einen schwer erträglichen Mann, aber auch die Möglichkeit der Trennung erscheint ihr schwer erträglich – was passiert dann? Sie packt auf die Tatsache eines Mannes, der dauernd an ihr rumnörgelt, das Bild eines Mannes, wie er vielleicht sein könnte.

Du erlangst keine größere Bewusstheit, Wachheit oder gar Erleuchtung, ohne dich der Realität wie sie ist zu stellen. Es ist das Entfernen von Pflastern und Watteverbänden und die Begegnung mit der Soheit der Dinge wie sie sind, in einem Einverstandensein, in einem Ja von Moment zu Moment. Einem Ja, das das Potential und die Möglichkeit des Moments vollkommen einschließt.

Dieses Ja ist kein Fatalismus, keine Schicksalsgläubigkeit, sondern ein gerades Ja, ein würdiges, respektvolles Ja – auch gegenüber der eigenen Individualität und der Individualität aller Wesen. Aus der zunehmenden Akzeptanz dessen was ist, ob angenehm oder unangenehm, aus dem In-Frieden-Sein, Zufriedensein mit dem was ist, innen und außen, entsteht wieder mehr Wachheit. Du kannst dir dann mehr Wachheit leisten, weil du die Unerschütterlichkeit des Friedens siehst und entdeckst, und immer weniger Watteverbände im Umgang mit dem Leben brauchst.

Wenn du wirklich bereit bist, jedem Moment in Offenheit und Direktheit zu begegnen, ohne dich zu verstellen und ohne etwas zwischen dich und die Welt zu stellen, dann werden Begriffe wie Scheitern und Erfolg sinnlos. Sie greifen nicht mehr, denn es ist gut so, wie es ist. Dann tanzt und fließt du im Bewusstsein des sich ständig Verändernden mit dem Moment.

In diesem Einverstandensein, in diesem In-Friedensein mit dem was ist, ohne Notwendigkeit, irgendwelchen Träumen nachzulaufen oder irgendetwas zwischen sich und die Realität zu stellen, erhält Vision eine ganz andere Dimension. Dann ist Vision etwas, das durch dich hindurch kommt, dem du deine Kraft, deine Arbeit, dein geistiges, emotionales und körperliches Potential zur Verfügung stellst, aber ohne die Notwendigkeit der Erfüllung. Erfüllt bist du sowieso. Dann kann sich etwas durch dich manifestieren, so wie das Leben es will. Und dann blüht Kreativität, in der kein Ego ist.

Dann ist es wie bei Franz Schubert. Eines Abends, Schubert sitzt beim Essen und seine Freunde musizieren, merkt er auf und sagt: „Ui, das ist wirklich gute Musik! Wer hat denn die geschrieben?“ Aber nicht als Witz, sondern er wusste wirklich nicht mehr, dass er diese Melodie am selben Tag zu Papier gebracht hatte.

Vision und Beruf

Ich höre öfter, dass jemand glaubt, die Vision im Herzen müsse unbedingt auch das sein, womit man sein Geld verdient. Nun, wir alle hier leben in der sehr günstigen Situation, die es uns ermöglicht, in relativ wenigen Arbeitsstunden pro Woche genug zum Leben zu verdienen. Es ist immer noch genug Raum und Zeit für die Vision des Herzens übrig. Wir haben es nicht nötig, dass Vision und Geldverdienen von vornherein ein und dasselbe sein müssen. Damit brächten wir uns nur in eine unnötige Unfreiheit. Nützen wir doch die Chance dieser kostbaren Geburt, die Chance in diesem auch materiell sehr großzügigen und reichen Land zu leben, wo es möglich ist, in 35 Stunden pro Woche genug Geld zu verdienen. Wir haben hier sehr viel Freiheit, die wir auch nützen sollten, und uns nicht wieder in ein Korsett zwängen, das aus früheren Zeiten stammt. Damals mussten Beruf und Berufung noch dasselbe sein, weil man nicht zwei Sachen zugleich erledigen konnte. Das muss jetzt überhaupt nicht sein.

Scheitern ist okay

Es ist völlig okay, zu scheitern. Wir dürfen Dinge ausprobieren, und manchmal klappt es, manchmal nicht. Es muss nicht immer alles funktionieren. Vor unserem Küchenfenster stand eine Zuckerhutfichte, in der jedes Jahr eine Amsel ihr Nest bauen wollte. Und jedes Jahr wieder hat sie nach einer Weile festgestellt, dass ihr der Platz direkt am Hauseck doch zu unruhig war. Sie hat dann ihr halbfertiges Nest stehen lassen und woanders gebaut. So ist das. Sie hatte die Vision dieses Nestes in dem wirklich schönen Baum, aber sie konnte sie auch wieder aufgeben. Sie hat nicht auf Teufel komm raus ihre Eier hineingelegt, weil sie ihre Vision unbedingt durchsetzen wollte, sondern als sie gemerkt hat „Nein, war nicht so toll", hat sie ein anderes Nest gebaut. Und ich glaube, die Amsel hat es noch nicht einmal als Scheitern empfunden. Das Wort ‚Scheitern' kommt ja bereits aus unserem beurteilenden Verstand.

Wo kein Traum von etwas ist, was ich gerne hätte oder wovor ich Angst habe, und stattdessen Furchtlosigkeit und Freude am Moment herrschen, gibt es weder Scheitern noch Erfolg. Ich habe mir ja von vornherein kein bestimmtes Bild gemacht, das dann scheitern könnte. Was scheitert, ist nur die Vorstellung. Dein Wesen kann nie scheitern. Und es ist wunderbar, wenn Vorstellungen scheitern, denn die wolltest du ja sowieso loslassen. Wann immer Scheitern in deinem Leben, oder besser in deiner Vorstellung auftaucht, ergibt sich eine wunderbare Gelegenheit zu schauen: Was scheitert da wirklich? Welches Bild von mir, welcher Wunsch zerbricht da? Und wenn du sehen kannst, dass eine Vorstellung zerbricht, dann wird das Scheitern zum Fest! Mehr Wachheit, mehr Dasein, wieder so ein Ding den Bach runter. Aber es ist wichtig, zu sehen, nicht zu fliehen, sondern da zu bleiben.

Visualisieren

F: *Wie siehst du die Geschichte mit dem Erschaffen, zum Beispiel: „Ich erschaffe mir einen Job, ich visualisiere mir einen Job?"*

P: Funktioniert es?

F: *Ja, nicht immer, aber sehr oft. Ungefähr fifty-fifty.*

P: Das ist genau die Wahrscheinlichkeit.

F: *Also kann ich es auch lassen, oder? Es ist eigentlich anstrengend. Wenn ich Angst habe, dass das Geld nicht reinkommt, dann setze ich mich hin und visualisiere, aber wie gesagt: fifty-fifty.*

P: Die Arbeit kannst du dir sparen. Du kannst in der Zeit meditieren und dich in Vertrauen üben. Wirklich, das Leben ist nicht gegen dich. Es trägt dich die ganze Zeit schon. Und Vertrauen heißt nicht „ich vertraue darauf, dass ich übermorgen einen neuen Job kriege“ – das wäre eine neue Variation der Visualisation – sondern Vertrauen heißt: „Ich vertraue. Es ist okay, wie auch immer es ausgeht. Wenn ich keinen Job kriege, wird es auf andere Weise gehen.“ Vor lauter Kleinlichkeit und Angst vor dem, was vielleicht morgen passieren oder nicht passieren könnte, vergessen wir, Danke zu sagen für das, was jetzt ist – so viel Überfluss. Und der nächste Moment entspringt ja aus dem Jetzt. Wenn du im Jetzt ganz da bist, total hier mit deinem ganzen Herz voller Dankbarkeit und Hingabe – dann kann eigentlich nur etwas Gutes daraus werden. Tanze mit dem Leben!

40. Beziehung – Kommunikation

Sehnsucht nach Begegnung

Die eigentliche Sehnsucht ist die Sehnsucht nach Begegnung. Aber sobald es zur Sache geht, meint man es dann oft nicht ganz ernst mit der Begegnung. Damit meine ich jetzt nicht Sex, sondern sich zu öffnen. Begegnung bedeutet da zu sein, wie man ist, ohne sich zu verstecken. Denn wie wollt ihr euch begegnen, wenn da tausend Schleier sind, hinter die der andere gar nicht sehen, hören und fühlen darf. Begegnung bedeutet sich zu zeigen, offen zu sein, ehrlich zu sein, sich auszusetzen und durchaus auch bereit zu sein verletzt zu werden. Wenn du versuchst, Begegnung zu ermöglichen und gleichzeitig dich zu schützen, kommst du in ein Chaos. Aber das geschieht ständig. Auf diese Art gerätst du in ritualisierte Begegnungen. Selbst in so genannten intimen Beziehungen kann das geschehen, man hat das Gefühl von Begegnung, aber man hat nichts von sich gezeigt. Man war zwar zusammen nackt im Bett, aber sonst hat man nichts gesehen.

Begegnung ist ein urmenschliches Thema, und diese Sehnsucht nach Begegnung zielt natürlich viel, viel weiter als es zunächst scheint, wenn wir sie als die Sehnsucht nach Begegnung mit dem anderen Menschen empfinden. Letztlich ist sie immer die Sehnsucht nach Begegnung mit dem Göttlichen, und in dieser Begegnung mit dem Göttlichen ist zugleich das Ende von Begegnung, weil *du* in der Begegnung verschwindest. Und genau davor besteht die Angst. Wenn Begegnung wirklich zugelassen wird, ist es eine Art Tod, ist es Sterben.

Ganz menschlich – ganz göttlich

Ihr wisst, dass ich seit vielen Jahren mit meinem Mann in einer liebevollen Beziehung lebe. Und wie es so ist, ist vieles auf unserem gemeinsamen Weg passiert. Höhen und Tiefen. Aber die

Liebe war immer da, ist immer da. Die Liebe nimmt viele Formen an. Dasselbe gilt auch für die Meister-Schüler-Beziehung. Auch sie kann viele Formen annehmen: mal ist sie so, mal ist sie so, mal ist sie sanft, mal rau, mal nah, mal nicht so nah, mal ein Herholen, mal ein Wegschicken. Aber sie ist immer in der Liebe. Sie fließt, sie ändert sich. Liebe ist nicht statisch. Liebe ist nichts, woran man sich festhalten kann.

Mein Mann war gerade für kurze Zeit in Indien. Natürlich hatte ich Sehnsucht nach ihm, das ist ganz normal. Glaube nicht, dass solche Dinge aufhören! Es bleibt total menschlich, wird eigentlich sogar immer menschlicher. Ein erleuchtetes Leben ist kein Abschweben, Drüberschweben, Abgehobensein, sondern ist mitten in allem und zugleich vollkommen still, vollkommen in Frieden. Erinnerst du dich an die Vertikale und Horizontale, von der wir vor einiger Zeit sprachen? Es ist total menschlich und total göttlich und trifft sich in der Winzigkeit dieses Punktes von Jetzt, an dem sich die Unendlichkeit öffnet. Hier gibt es keine Flucht vor der Welt, vor dem Weltlichen und vor dem Menschsein. Es ist nur ein Ende des Allzu-Menschlichen.

F: *Verändert sich die Liebe mit dem Erwachen?*

P: Nicht die Liebe verändert sich. Das Persönliche, das Ego fällt weg. Was nie dazu gehört hat, fällt weg, und was immer da war, zeigt sich. Es ist wie die Geschichte mit der Pietà. Ein guter Künstler oder ein guter Bildhauer erschafft keine Figur, sondern er nimmt weg, was nie dazu gehört hat. Die Skulptur war immer da. Die Liebe war immer da. Die Liebe hat keinen Anfang und kein Ende, nicht in der Zeit und nicht im Raum. Und deshalb ist sie frei, ist sie nicht gebunden.

Liebe ist ein Mysterium. Es geht tiefer und tiefer und tiefer. Und ohne die Liebe ist alles nichts. Weisheit ohne Liebe ist keine, Weisheit ohne Mitgefühl ist keine. Und Mitgefühl ist immer mit Weisheit verbunden. Was soll ich sagen von der Liebe, ich kann nur stottern, wie du siehst.

Liebe und Beziehung

F: *Kann man sagen, dass du selbst in dieser überpersönlichen Liebe wieder eingeschlossen bist?*

P: Oh, ja. Und trotzdem gibt es eine spezielle Beziehung zwischen Pyar und Nirdoshi mit ihren eigenen Gesetzmäßigkeiten. Individualität ist etwas anderes als Persönlichkeit. Tatsächlich wird Individualität durch Persönlichkeit verhindert, weil Persönlichkeit sich immer nach bestimmten mehr oder weniger vollautomatisch ablaufenden Mustern oder nach bestimmten Zwängen richtet.

F: *Was ist, wenn jemand stirbt, den du liebst?*

P: Da ist einfach Trauer. So wie in der Geschichte über zwei chinesische Meister. Sie waren erleuchtete Meister, gute Freunde, und zogen immer miteinander über Land. Irgendwann ist einer der beiden gestorben. Und der andere hat sehr geweint. Dann kamen Schüler zu ihm und fragten: „Was soll denn das? Warum weinst du? Du bist doch erleuchtet!" Da sagte der Meister: „Wisst ihr, da ist keiner, die Tränen zu hindern."

Alleinsein

F: *Ich komme der Illusion, die ich mir in meiner Beziehung gemacht habe, auf die Spur. Vielleicht habe ich damit ein Stück Alleinsein vermieden.*

P: Du bist sowieso allein, mit Beziehung und ohne. Wenn du dir mitten in der Beziehung des Alleinseins bewusst bleiben kannst, dann fällt auch die Gier weg, dieses „ich muss immer dabei sein", „ich brauche das von dem". Wenn du authentisch allein in der Fülle der Leere stehst, dann ist da kein Bedarf.

F: *Das weiß ich eigentlich.*

P: Praktiziere es von Moment zu Moment, immer wieder. Wenn du in eine romantische Anwandlung gerätst, dann hole dich wieder zurück in die Authentizität des Alleinseins in der Fülle. Und dann lache, wenn's geht.

F: *Dann ist Alleinsein und Loslassen der Idealzustand?*

P: Ja, allein sein und nichts halten. Was nicht heißt, dass du nicht einen Mann oder Freunde haben kannst. Aber das ändert nichts am Alleinsein. Ich habe andauernd Menschen um mich, aber ich bin völlig allein. Solange Alleinsein nicht okay ist, sind Beziehungen größtenteils Flucht. Flucht vor dieser Furcht vor dem Alleinsein. Wenn du aber allein bist, all-eins bist, komplett in dir, mit Liebe in dir, dann ist Beziehung möglich, die keine Bedürftigkeit, keine Flucht ist, sondern die aus dem Fließen kommt – eine Beziehung, die nicht auf Zustimmung oder Bestätigung aus ist und weder Geborgenheit noch Schutz zu brauchen glaubt.

Geborgenheit

F: *Die Angst, die herumkriecht, schreit nach Geborgenheit!*

P: Und was ist Geborgenheit?

F: *Zu jemand zu gehören, dass jemand für mich da ist.*

P: Wirklich geborgen bist du nur in dir. Aber das kannst du nur mitten in der Ungeborgenheit entdecken. Eine Geborgenheit, die von äußeren Bedingungen abhängig ist, ist keine. Du kannst dich nicht darauf verlassen, weil äußere Bedingungen sich ändern. Das hast du schon tausend Mal erlebt. Und trotzdem hast du immer wieder versucht, diese Geborgenheits-Splitter zusammenzukleben. Wirkliche Geborgenheit kann nicht von etwas abhängig sein, was kaputt gehen kann.

Die „Hauslosigkeit", von der Buddha spricht, wird von den buddhistischen Sannyasins gelebt, indem sie Haus und Hof verlassen. Das ist gut und schön. Aber hier geht es wirklich um die Hauslosigkeit, um das Erfahren: In dieser Welt ist nichts stabil! Eine wunderbare Chance!

F: *Dessen bin ich mir bewusst, aber genau davor renne ich schon ein Leben lang davon.*

P: Das ist doch erstaunlich! Man weiß so viel, doch wenn es

konkret wird, sieht die Sache noch mal ganz anders aus. Es geht um das Erfahren der Ungeborgenheit. Endlich das wirklich zu erfahren, wovor du schon dein ganzes Leben Angst gehabt hast und weggerannt bist.

F: *Ist der Körper ein Weg? Ich weiß gar nicht, wie ich der Ungeborgenheit begegnen soll.*

P: Der Körper hat wenig damit zu tun. Der Körper braucht nicht viel, fühlt sich nicht so leicht ungeborgen. Was den Körper wirklich ein Ungeborgenheitsgefühl spüren lassen könnte, dürfte sich in deinem Leben nicht ereignen. Du hast ein Dach überm Kopf und jeden Tag etwas zu essen. Also können wir das vergessen. Und mit dem Sex ist es genauso. Wenn Sex möglich ist, ist es schön und der Körper mag ihn. Wenn kein Sex da ist, ist noch kein Körper daran gestorben. Nicht der Körper bekommt das Problem. Kompliziert wird es dann, wenn Vorstellungen und emotionale Verwicklungen herrschen. Also bleib stehen, dreh' dich um!

Eltern

F: *Ich habe mit meinen Eltern Schwierigkeiten, weil ich immer das Gefühl habe ihnen helfen zu müssen.*

P: Du kannst deinen Eltern nicht helfen. Du musst deinen Eltern und dir verzeihen. Verzeihen heißt einfach: Es ist okay, so schlecht es vielleicht gelaufen sein mag. Nur dann kannst du Abschied nehmen. Ohne Verzeihen rennst du immer weiter und kommst nie zur Ruhe. Es reicht, wenn einer aus dieser Geschichte aussteigt, wirklich aussteigt. So wird Erlösung möglich, die sich auch zu deinen Eltern ausbreiten kann. Das ist die einzige Art wie du deinen Eltern helfen kannst, wenn man überhaupt davon sprechen will. Es funktioniert ganz bestimmt nicht, wenn du irgendwelchen alten Mustern folgst.

Es ist natürlich nichts dagegen einzuwenden, sich um jemanden zu kümmern, sei es jetzt deine Mutter oder jemand anderes. Aber kümmere dich einfach in der Bewusstheit, dass es nicht das alte Spiel ist, nicht der alte Handel, nicht um gut dazustehen, nicht um in den Himmel zu kommen, nicht um die Anerkennung und Liebe der Mutter, die man immer wollte, am Ende vielleicht doch noch zu bekommen. Nicht aus Armut, sondern aus Reichtum.

F: *Ich denke, ich kann die Not oder den Mangel auch in meiner Mutter spüren. Und auch in mir ist etwas von dieser Not oder dieser Angst vorm Alleinsein.*

P: Ja, das ist wichtig. Wenn du mit deiner Not in Frieden bist, wenn du allein sein kannst, dann erst wirst du wirklich ihre Not spüren können. Dann ist es kein Mitleid, kein neues miteinander Verwickeln mehr, sondern einfach Mitgefühl. Aber das erfordert dein Alleinsein, deinen Frieden. Frieden und Mitgefühl, Weisheit und Mitgefühl entwickeln sich und wachsen und gedeihen parallel. Je weiter das eine wird, umso weiter wird das andere.

41. Vom Reagieren zur Freiheit – Wahl und Wahllosigkeit

> *„Der Streit um Willensfreiheit oder Schicksalszwang gilt nur für den, der um den Grund nicht weiß, der* ***beider*** *Wurzel ist. Wer das Selbst erkannt hat – einzig Wurzel und Grund von Freiheit* ***und*** *Schicksal, ist jenseits beider.“*
>
> Ramana Maharshi

Das *Konzept* der Wahllosigkeit macht eng. Es sagt: „Ich kann ja eh nichts machen. Ich bin unfrei, vom Schicksal geprägt und bestimmt.“ Das ist genauso wenig die Wahrheit wie das Gegenteil des selbstherrlichen Verstandes, der sagt: „Ich bin Herr meines Lebens – ich kann mein Leben bestimmen. Ich wähle.“ Die Wahrheit liegt wie immer in der Mitte.

Jede Wahl im Sinne von „ich will das und nichts anderes“ macht eng, da sie das Gegenteil ausschließt. Wenn du nur Sommer willst, entgehen dir die Freuden des Winters. Wenn du nur Freude wählst, dann entgeht dir die Tiefe der Trauer. *Und* wir wählen, und wissen dennoch weder bis ins Letzte, warum wir was gewählt haben, noch ob das Gewählte auch erscheinen wird. Aber wir sind keine Marionetten, sondern freie, göttliche und zugleich menschliche Wesen.

Wahre Wahllosigkeit ist kein Fatalismus, sondern geschieht in Freiheit und heißt, weit zu sein und die Weite wahrzunehmen. Wahllosigkeit heißt, den ganzen Kuchen zu essen. Heißt, den ganzen Becher des Lebens zu trinken. Wahllosigkeit heißt, in allem die Stille, den Frieden zu finden. Wahllosigkeit heißt, weit zu sein – so weit wie der Himmel, so weit wie der offene Raum, in dem alles Platz hat. Wahllosigkeit heißt, sehr wohl zu entscheiden, wenn Entscheidung ansteht, sehr wohl zu wählen, wenn Wahl im täglichen Leben ansteht, heißt auch, Verantwortung zu übernehmen, wenn Antwort gefragt ist. Und heißt gleichzeitig, den Ausgang, das Ergebnis der Existenz, dem Leben zu überlassen.

Wahl und Selbstverantwortung

F. *Wie ist es mit der Verantwortung? Wenn einer sagt: „Da es kein Ich gibt, wer soll verantwortlich sein?" Damit kann doch auch sehr viel Unsinn getrieben werden: „Ja, ich bin ja eh nicht verantwortlich, und es passiert, was passiert, und ich bin sowieso nicht der Handelnde"...*

P: Das kann eine sehr billige Entschuldigung für allen möglichen Mist sein. Absolut.

F: *Ja, und wie ist das mit der Wahl? Es wird ja auch gesagt: „Du hast keine Wahl, es sei denn, du entscheidest dich für die Illusion oder für die Wahrheit. Das ist die einzige Wahl, die du hast." Ich spüre das jetzt eher so, dass Situationen sich ergeben und ich merke, dass ich wieder in diese alten Reaktionsmuster abstürzen oder wach bleiben und mich anders entscheiden kann. Früher hingegen hatte ich nicht das Gefühl, eine Wahl zu haben, sondern wurde von den jeweiligen Situationen total überrollt.*

P: Ganz praktisch: In manchen Dingen kannst du wählen, in manchen nicht. Manche Sachen kannst du auswählen, wobei dann die Frage auftaucht, wovon deine Wahl bestimmt wird. Was genau ist da die Freiheit? Die Freiheit wird umso größer, je mehr deine Muster, Konditionierungen, Anhaftungen und Ego-Strukturen verschwinden. Im Erkennen der Ungetrenntheit des Lebensflusses, der Existenz und dir verschwindet die Frage nach Freiheit, und zugleich wird die Freiheit viel größer. Der „normale" Mensch ist konditioniert, programmiert, vollkommen kalkulierbar, manipulierbar. Dreimal Werbung, und die Leute kaufen das Zeug. Tatsächlich. Und jeder weiß genau, wo die Knöpfe seines Partners sind, wo er drücken muss, dass die Schokolade heraus kommt, und welchen Knopf er vermeiden muss, um nicht verletzt zu werden. Das ist keine Freiheit, sondern zu großen

Teilen Konditionierung, bis hin zum Urlaub. Was machen sie denn in ihrer Freizeit? Alle machen dasselbe! Neulich bin ich im Café richtig erschrocken. Ich schaue mich um, betrachte die Menschen, und sie sehen alle gleich aus! Dieselben schwarzen oder dunkelblauen Klamotten, dasselbe Styling, dieselben Haare – wo bin ich hier nur gelandet? Ist das Klonen jetzt doch gelungen? Sie folgen einfach der Norm, dem Angepassten – wenig Freiheit, auch wenig Mut. Und zugleich wiegen sie sich in der Illusion, frei zu sein.

In dem Erkennen der grundlegenden Gutheit, in dem Erkennen der Weite des Raumes und auch im Erkennen der Wahllosigkeit im besten Sinne – was in keinster Weise Trägheit oder Schicksalsgläubigkeit ist – tut sich unglaubliche Freiheit auf. Du bist nicht mehr vorhersehbar. Du bist wie das Leben selbst – frei. Diese immense, echte Freiheit der Weite des Raumes, der Unendlichkeit und des Spiels der Existenz in jedem Moment, ohne auf irgendetwas Bestimmtes zu warten oder es haben zu wollen – was ist dagegen diese angebliche kleine Freiheit? Vergiss sie, sie ist nichts wert!

F: *Das meinte ich mit: „Lange Zeit hatte ich nicht das Gefühl, eine Wahl zu haben." Da fühlte ich mich nur wie ein Spielball.*

P: Du nimmst das sehr exakt wahr. Deshalb sagt man ja „gefangen in der Illusion", „gefangen in den Mustern, in den Identifikationen, im Nichtverstehen".

Je mehr Bewusstheit wächst und je öfter es dir möglich ist, wach zu bleiben, umso mehr Freiheit entsteht. Und diese neue Freiheit, diese Wahlmöglichkeit erfährst du gerade. Auf einmal bist du nicht mehr berechenbar, du tanzt nicht mehr an irgendjemandes Fäden. Werbung und Drohung funktionieren dann nicht mehr. Du kannst einen Menschen, der wirklich frei ist, nie einsperren. Du kannst ihn ins Gefängnis sperren, aber das ändert nichts an seiner Freiheit oder seinem Frieden. Du kannst ihn auch nicht bestechen, kannst ihn nicht locken. Du kannst ihn auch nicht dazu bringen, zu hassen. Du kannst ihn nicht in deine Spiele verwickeln. So ein Mensch erscheint für die Gesellschaft natürlich erschreckend. Aber sobald er gestorben ist, wird er oft auf einmal verehrt. Jetzt kann man in Indien überall Osho's Bücher kaufen. Er wird hoch verehrt, ist Guru und Heiliger. Aber solange er lebte, war er viel zu gefährlich, weil er frei war. Vollkommen frei.

Entscheidung

F: *Wenn ich nachschaue, was in mir Entscheidung trifft, finde ich oft nichts. Ich habe auch das Gefühl, eine Entscheidung wird gefällt, ohne dass ich wirklich eine Entscheidung treffe.*

P: Da gibt es auch nichts. Entscheidungen stehen an, sind zu treffen. Nur was es nicht gibt, bist *du* im Sinne einer getrennten Person. Wenn du tief schaust, findest du niemanden, weil da niemand ist. Das liegt aber nicht an den Entscheidungen oder Nichtentscheidungen. Trotzdem wird nach außen hin Aktion geschehen. Diese Frage von Wahl und Wahllosigkeit ist eine sehr philosophische Angelegenheit. Ramana sagt, dass die Frage Wahl oder Wahllosigkeit nur die beschäftigt, die das Selbst nicht kennen. In Wirklichkeit ist das keine Frage. Sie stellt sich nicht, wenn du ganz jetzt, ganz präsent bist. Aber interessant ist zu ergründen, wohin die Frage eigentlich zielt.

F: *Eine eindeutige Antwort würde Sicherheit geben.*

P: Exakt. Und genau hier hebt sich die Frage wieder auf, denn Sicherheit gibt es *wirklich* nicht. Eigentlich ist es eine Frage nach Sicherheit. „Wenn ich ganz sicher wüsste, ich hätte keine Wahl – ahhhh. Es ist ja sowieso alles Schicksal." Aber wer kann das wirklich wissen? Wenn du andererseits ganz sicher wüsstest, du hättest die Wahl, gäbe das auch eine gewisse Sicherheit. Aber beides stimmt nicht. Es gibt keine Sicherheit, und so wirst du nicht darum herum kommen, präsent und wach zu sein, weil sich alles permanent ändert. Und wenn in einer Situation die Notwendigkeit einer Entscheidung auftaucht wie „was wähle ich jetzt von dieser Speisekarte?" oder – anscheinend schwieriger – „soll ich jetzt meinen Mann verlassen oder nicht?", dann hast du keine Wahl: Du musst entscheiden! Und die Notwendigkeit der Entscheidung ist dann in der Wahllosigkeit, in der Göttlichkeit inbegriffen.

Gott hat keine Wahl

Wie ich die Dinge sehe, ist es umgekehrt: Gott hat keine Wahl. Das Göttliche hat wirklich keine Wahl. Es ist einfach da. Gnade hat keine Wahl. Gnade ist immer da. Gnade wählt nicht! Aber es ist deine Wahl, ob du die Tür aufmachst. Gott sagt nicht: „So, jetzt ziehen wir mal ein Los", greift in den Korb und zieht ein Los heraus: „Aha, heute ist N.N. dran mit der Gnade." Daraufhin trifft N.N. ein Blitz. So eine Vorstellung haben viele, wenn es um Gnade und um Gott geht. Aber im Göttlichen ist keine Wahl. Das heißt in letzter Konsequenz: Das Göttliche ist immer da, die Gnade ist immer da. Das heißt aber auch, dass all deine Gedanken von Schuld und Verdammnis und hin und her wirklich nur Projektionen sind. Das ist Illusion!

42. Karma und Schuld

Mit offenem Herzen vor der Existenz

F: *Wie weit wird der christliche Glaube wirksam, wenn es heißt: „Vergib uns unsere Schuld"?*

P: Auf jeden Fall steckt darin ein Anerkenntnis. Um Vergebung zu erbitten, muss ich erst mal eingestehen: „Okay, ich habe Mist gebaut, ich fühle mich schuldig." Und dies Anerkenntnis und Dastehen vor Gott und der Welt schließt die Vergebung schon ein. Das ist keine Aktion von oben.

F: *Die Frage ist doch: Komme ich mit diesem Gebet aus dem Schuldgefühl heraus?*

P: Wenn du auf diese Art betest: „Vergib uns unsere Schuld, vergib uns unsere Schuld..." sicher nicht. Denn das ist kein Gebet. Das ist auch nur wieder ein Versuch, zu entkommen. Es ist nicht ehrlich, nicht offen. Wenn aber diese Anerkenntnis da ist, wenn du dem Schuldgefühl begegnest, ohne ihm entkommen zu wollen, wenn du einfach so wie es ist, ganz nackt, vor Gott, vor der Existenz dastehst, mit offenen Händen, offenem Herzen und mitsamt dem Schuldgefühl, dann ist Vergebung da.

Mir fällt eine Geschichte von Ramana ein. Er trat beim Spazierengehen in ein Wespennest, was natürlich die Wut der Wespen erregte. Sie wehrten sich gegen diesen Fuß und stachen ihn kräftig. Ramana sagte: „Ja, es ist ganz klar, ihr müsst mich stechen, wenn ich in euer Haus trete und es zerstöre, es ist meine Verantwortung." Selbst so etwas anscheinend Nebensächliches wie einen Fehltritt beim Spazierengehen tat Ramana nicht ab: „Na ja, ist halt Karma" oder „Da ist ja keiner, der ins Wespennest getreten ist" oder „Es ist ja bloß der Körper". Ramana hat – ich mag einfach diese praktischen Beispiele der Meister – die Verantwortung übernommen. So weit ich mich erinnere, hat er den Wespen sogar angeboten, sie könnten seinen zweiten Fuß auch noch stechen. Das ist ein sehr klarer, sehr praktischer Umgang mit der Frage von Karma und der von Schuld. Ramana macht auch kein Drama daraus. Es war nicht in Ordnung, ins Wespennest zu treten, und er trägt die Folgen: „Ja, hier stehe ich, und so ist es gelaufen", und dann ist auch Vergebung da. Verstehst du? Eigentlich eine ganz einfache Sache.

In diesem Zusammenhang ist es auch sehr wichtig zu verstehen und das Beispiel Ramanas zeigt das sehr schön: Erwachen, Erleuchtung oder Selbstbefreiung bedeuten nicht, dass dann keine Fehler oder Fehltritte mehr auftreten würden. Auch Buddhas sind fehlbar, und auch darin ganz menschlich.

Ab durch die Mitte!

F: *Mir ist einmal ein schlimmer Fehler passiert. Und ich frage mich: Geschehen solche Dinge nicht einfach meist ohne Absicht und aus Unwissenheit heraus?*

P: Der meiste Blödsinn passiert unabsichtlich. Aber ich habe mich schon immer gefragt, wie das mit dem Unwissen ist. Woher kommt das Unwissen? Die Frage ist, ob wir einfach nicht wissen oder gelegentlich nur nicht wissen wollen, jedoch ein bisschen mehr wissen könnten, wacher sein könnten, aufmerksamer sein könnten. Gerade wenn sich die Nebel zu lichten beginnen und für uns nicht mehr alles verstrickt, vernebelt und völlig undurchsichtig ist, dann können wir auch wacher sein, aufmerksamer. Das hat nichts mit Schuld zu tun. Es ist eine Frage der Wachheit, der Bewusstheit, und trotzdem fallen wir und stehen wieder auf, aber auch dazu können wir stehen und sagen: „Mist, ich bin in ein Wespennest getreten!" Oder: „Ich war nicht achtsam, und mir ist ein Fehler unterlaufen!" Wenn wir bereit sind, das ehrlich zu sagen und es zu fühlen, dann öffnet sich in der Mitte von dem wieder Raum, Stille, tiefere Aufmerksamkeit, tiefere Wachsamkeit, tiefere Hingabe. In dieser Bereitschaft gibt es auch keine Überängstlichkeit: „Jetzt bewege ich mich am besten überhaupt nicht mehr" oder „Ich fahre nicht mehr Auto", um dem auszuweichen.

Noch mal: Es ist wirklich so wie Meister Tozan sagt: Wenn ihr den Platz finden wollt, an dem es weder heiß noch kalt ist, dann seid wirklich heiß, wenn es heiß ist, und kalt, wenn es kalt ist. Advaita, Nicht-Dualität, Tao, Meditation, Sein, Stille können wir nicht dazu missbrauchen, solchen Angelegenheiten wie Fehlern, Schuldgefühl und Angst zu entkommen. Der Weg führt mitten hindurch. Immer wieder dorthin, wo es die Frage von Schuld und Nichtschuld, Schuld und Vermeidung, Schuld und Vergebung, Schuld und Ängstlichkeit nicht mehr gibt. Und noch mal: der Weg führt mitten hindurch – keine Flucht. Letztendlich, in Gott, gibt es keine Schuld, keinen Grund für Vergebung. Kein Karma.

Ursache und Wirkung

F: *Kannst du bitte über die Begriffe Ursache und Wirkung sprechen?*

P: Solange wir uns in der bedingten Welt bewegen, gibt es da Ursache und Wirkung. Diese Welt ist so aufgebaut, sie funktioniert so! Alles hat einen Anfang, alles hat ein Ende, und alles kommt irgendwo heraus. Babys kommen irgendwo heraus, Salatköpfe kommen irgendwo heraus, Regen kommt aus den Wolken heraus, alles kommt irgendwo her, alles geht irgendwo hin. Das ist Ursache und Wirkung. Solange wir uns in der Begrenzung der Egostruktur bewegen, sind wir diesen Gesetzmäßigkeiten vollständig unterworfen. Denn das Ego kennt nur Handel, kennt nur Bedingtheit, kennt nur das Gesetz von Kausalität, und es greift nach allem. Aus jedem Greifen entsteht etwas anderes, aus jedem Ablehnen entsteht etwas anderes, und es resultieren Folgen. Das nennt man Karma. In der Bedingungslosigkeit des Jetzt, der Ewigkeit, in der Bedingungslosigkeit der Unbedingtheit gibt es keine Ursachen und keine Folgen. In der

Ewigkeit des Jetzt gibt es keine Zeit, kein Karma und kein Ich. Alle Samen von Ursache und Wirkung verschwinden in der Bedingungslosigkeit des „Ja“, in der Bedingungslosigkeit der Großzügigkeit und der Grenzenlosigkeit von Liebe und Mitgefühl, in der Unendlichkeit der Weisheit. Du greifst nach nichts, erwartest nichts und hinterlässt keine Spuren.

Instant Karma

F: *Gibt es ein persönliches Karma?*

P: Wenn du dir in den Finger schneidest, blutest du.

F *Ich meinte Karma in Verbindung mit Wiedergeburt. Das gibt's doch nicht, oder?*

P: Das ist ein Modell, das man akzeptieren kann oder auch nicht. Es ist ganz praktisch, muss ich dazu sagen, es erklärt doch einiges. Meistens erfährt man Karma sowieso sofort. Du machst etwas und fühlst dich mies.

F: *Man braucht also nicht bis aufs nächste Leben zu warten?*

P: Erstens wirkt Karma nicht immer sofort, und zweitens: Wenn du dich weigerst, dich mies zu fühlen, dann kommt der Mist doppelt zurück, irgendwann. Wenn du die Frucht gleich isst, dann ist es erledigt. Ich möchte kein Modell ausschließen, das sich als hilfreich erwiesen hat. Und ich weiß, dass auch dieses Modell sehr hilfreich sein kann. Aber sicher nicht, um irgendetwas auszuweichen, nicht, um irgendetwas aufs nächste Leben zu verschieben, sondern ganz im Gegenteil. Wenn du dich in rechter Versenkung damit beschäftigst, bringt es dich genau nach Jetzt. Wenn du es aber als Konzept oder als Trostpflaster oder Rationalisierung benutzt, zerstreut es dich. Hier kommt es auf die rechte Versenkung an, nicht so sehr auf das Objekt der Versenkung.

43. Ethik – jenseits von Regeln

Moral

Wir können – wie das häufig geschieht – mit allen Themenbereichen der Zwischenmenschlichkeit, Beziehung und Kommunikation in Form von Regeln und Übereinkünften umgehen. Das ist fein und hilft, dass man sich nicht gleich erschlägt, aber es hält nicht wirklich. Da bleibt das zähnefletschende Tier gerade mal so unter Kontrolle. Aber wehe, etwas passiert, schon ist es da. Oder?

Echte, nicht aufgesetzte Freundlichkeit, echtes Zusammensein, ohne etwas vom anderen zu wollen, ist nur möglich, wenn Alleinsein okay ist. Genauso wie echtes Leben nur möglich ist, wenn Sterben okay ist. Sonst werden immer wieder diese Muster greifen: Irgend etwas passiert, irgend etwas bröckelt, irgendwo taucht für das Bild, das man von sich hat, Gefahr auf, die Gefahr, Anerkennung zu verlieren, Zustimmung, Funktionalität, Leben zu verlieren, den Partner zu verlieren, und schon greifen die eingefahrenen, erlernten Muster und Konditionierungen, und das Rad dreht sich. Und das Komische daran ist: Wieso Angst haben vor etwas, was sowieso ist? Wieso Angst vor Alleinsein? Wir sind sowieso allein. Du musst mit offenen Augen, Ohren, Nase und Gefühl erkennen, dass diese kleinen Trostpflaster von Anerkennung und ähnlichem nichts an deinem Alleinsein ändern. Du bist allein! Und jeder stirbt! Das ist so. Solange Geborgenheit, Frieden oder Glück in irgendetwas da draußen gesucht wird, ist da kein Frieden, keine Geborgenheit, ist es Illusion! Und du weißt das ganz genau.

Moral dient höchstens dazu, das Schlimmste zu vermeiden, solange keine Bewusstheit vorhanden ist. Und selbst das gelingt ja häufig nicht. Alle Gesetze und Gebote wie: „Das darfst du, das darfst du nicht“ verhindern allerhöchstens Schlimmeres, aber echte Ethik ist es nicht. Es ist erzwungen und nicht frei.

Im schlimmsten Falle entsteht dann so ein Szenario, von dem ich letztens hörte: Alttestamentarisch fanatische Amerikaner liefern sich mit genauso fanatischen nicht alttestamentarischen Amerikanern eine Straßenschlacht in San Francisco für und gegen die Todesstrafe, wobei die fanatischen alttestamentarisch-fundamentalistisch-christlichen-höchstmoralischen Teilnehmer dieser Straßenschlacht den anderen tatsächlich mit der Bibel Ohrfeigen verpassten. Das ist Moral.

Meditation und Ethik

Moral ist eine sehr dünne Kruste, unter der es häufig heftig brodelt. Alle sind sehr moralisch, aber sehr unbewusst. Mit Bewusstheit, Wachheit und Meditation gibt es vielleicht nicht so viel Moral, aber Ethik – rechtes Handeln nennt man es im Buddhismus –, und zwar ohne Anstrengung. Rechtes Handeln ist nicht recht im Gegensatz zu unrecht, sondern ist – wenn Bewusstheit herrscht – einfach die Natürlichkeit des Ausdrucks des Moments, die gar nicht anders sein kann als freundlich, als harmonisch, als da seiend mit dem was ist und tanzend mit der Resonanz, der Schwingung des ganzen Universums, der ganzen Existenz.

Wenn du in Stille, in Meditation bist, ergibt sich der Rest von selbst. Die Frage von richtig und falsch verschwindet letztlich. Wenn du in Stille, in Frieden mit dir bist, wenn du einfach da bist, dann erblüht daraus von selbst die höchste Form von Ethik. Dann herrschen selbstverständliche Liebe, Frieden, Freundlichkeit, Großzügigkeit. Es geht gar nicht anders, und es ist echt. Man muss sich keine Gedanken darüber machen, ob das jetzt richtig, gut und freundlich ist oder ob man jetzt gerade jemanden verletzt oder nicht. Diese Fragen stellen sich so nicht! Aus dem existentiellen Sein heraus geht es gar nicht anders.

Gegründet und ruhend im Alleinsein, in Stille, im Nichtbrauchen, im Einfach-da-sein, sind da automatisch Komplettheit und Authentizität, Respekt und Würde. Dann zeigen sich Freundlichkeit, Großzügigkeit, Mitgefühl von innen heraus auf völlig natürliche Art, nicht als Regel, nicht von außen aufgesetzt, nicht, um gut zu sein, nicht, um dadurch wieder Anerkennung oder Schulterklopfen oder einen guten Platz im Himmel zu erlangen, sondern einfach, weil es so ist.

Fehler machen

F: *Auf welcher Ebene beeinflusse ich was? Ich will nichts falsch machen…*

P: Vergiss es! Das kannst du nicht auseinander dividieren, weil die Welt ein resonantes Phänomen ist. Alles ist ineinander verwoben und miteinander in Schwingung. Wir können mit unserem kleinen Geist nicht nur Gott nicht verstehen, wir können auch die Welt nicht in aller Tiefe verstehen. Sie ist zu komplex. Die logische, praktische Folgerung daraus ist: Gehe davon aus, dass du alles beeinflusst mit was auch immer du tust. Wenn du davon ausgehst, wirst du sehr achtsam sein, sehr da sein, sehr auf dem Boden stehen und mit einem offenen Geist, einem offenen Herz präsent, achtsam und respektvoll sein. Wenn wir herauszukriegen versuchen, womit wir was beeinflussen, dann ist das wieder mal der Versuch, uns eine Sicherheit zu schaffen. Und warum wollen wir uns diese Sicherheit schaffen? Weil wir nicht dazu bereit sind, immer präsent zu sein. Wenn du bereit bist, einfach immer da zu sein, mit deinem Wesen, mit deiner Präsenz in Respekt, Liebe, Wachheit und allem, was dir an Instrumenten, Erfahrung und Wissen zur Verfügung steht, dann besteht da kein Problem. Trotzdem werden Fehler passieren. Das ist unvermeidlich. Ich mache auch Fehler. Fehler gehören zu unserem Menschsein dazu, mit und ohne Erleuchtung. Es gibt einfach keine Betriebsanleitung, die dir sagen könnte: „Wenn du es so und so machst, kann nichts schief gehen."

Handlung aus Präsenz vollendet sich in sich selbst und ist dann vergessen. Sie hinterlässt keine Spur. Sie ist so perfekt wie ein Blatt, das herunterfällt. Es ist einfach herunter gefallen. Es fällt nicht halb herunter, es fällt herunter. Fertig! Da ist kein Bedauern in dem Baum und kein Bedauern im Blatt. Es ist erledigt.

Das Lächeln Gottes

F: *Gibt es ein Lächeln Gottes?*

P: Ja! Absolut. Absolut!

F: *Dann wäre Gott vielleicht sogar ein fröhlicher Gott?*

P: Ein großes Lachen schallt durch die Existenz. Wenn du in diesem Lachen Gottes lebst und in diesem Lachen Gottes stirbst – wow!

F: *Das wäre dann eine große Nähe zu Gott...*

P: Näher als nah. Und jetzt lebe in dem! Schau gelegentlich in den Spiegel und entdecke dort das Lächeln Gottes! Es ist dasselbe Lächeln in dir, dasselbe Lachen. Was mit Moral und falsch verstandener Religion angerichtet wird, ist so traurig. Unglaublich, wie da wunderschöne zarte Blumen zerhagelt werden. Aber die Frage ist doch: warum fallen wir darauf herein? Wir können schon über Kirche, Staat, Priester und den Mist, den sie erzählen, jammern, aber wie ist es möglich, dass wir, freie Wesen, die wir Göttlichkeit selbst sind, darauf hereinfallen? Letztlich fallen wir doch immer dann auf etwas herein, wenn wir uns etwas davon versprechen. Auf Betrüger fällt man meist dann herein, wenn man glaubt, man mache ein besonders gutes Geschäft, oder? Und hinterher ärgert man sich: „Der böse Betrüger." Aber irgendwo im eigenen Geist steckt selbst etwas Betrügerisches, sonst würde man nicht darauf hereinfallen.

Das Lächeln Gottes ist immer da und wir sind in DEM, aber im Lächeln Gottes besteht keine Struktur, da gibt es kein Halten, gibt's kein „Ich", gibt's keine Sicherheit. Moral gaukelt Sicherheit vor.

Das Konzept von Gewaltlosigkeit

P: Das Leben ist ein Fressen und Gefressenwerden. Sei bereit, gefressen zu werden und friss!

F: *Und verletzen? Ich möchte niemanden verletzen.*

P: So wie du das aussprichst, ist die Gewaltlosigkeit ein Konzept. Und dieses Konzept der Gewaltlosigkeit führt zu Krieg. Echte Gewaltlosigkeit kommt aus dem Moment, kommt aus deinem inneren Frieden. Du kannst nicht künstlich zwanghaft gewaltlos sein, denn das ist bereits Gewalt. Nur wenn du wirklich in Frieden bist mit dem, was ist, wird keine unfriedliche Handlung passieren. Das ist mit der Gewaltlosigkeit nicht anders als mit der Liebe. Du kannst deinen Nächsten nicht lieben, wenn du dich nicht liebst. Und du kannst Verletzung nicht vermeiden, solange du dir selbst Gewalt antust.

F: *Also beginnt es bei mir.*

P: Ja. Immer. Alle diese festen Konzepte, diese fixe Moral, diese fixen Vorstellungen sind unfriedlich, fließen nicht mit dem Leben.

44. Tanz der Existenz

> *„Was immer man erfährt, ist untrennbar vom großen Glück, denn die eigentliche Natur von allem ist der Dharmakaya jenseits von Begriffen."*
>
> MILAREPA

Lebe das ganze Leben

Nimm den ganzen Kuchen, mit einem Happ! Nimm das ganze Leben in allen Aspekten. Das Leben auseinander zu schneiden ist anstrengend, denn dabei schneidest du dich auseinander. Es ist *ein* Kuchen. Aus Musik kann man auch nicht einzelne Noten herausnehmen, nur weil man das hohe C nicht mag. Nimmt man aus jedem Lied immer das hohe C heraus, ist die Musik zerstört. Und es ist anstrengend, aus den Noten alle hohen C´s herauszustreichen.

Und selbst probieren! Selbst erfahren! Ich kann es nicht erklären, ich kann dir nur den Löffel hinhalten. Und dann musst du auch noch selbst schlucken und selbst schmecken. Und jetzt sag' nicht, das sei anstrengend! Selbst schmecken! Neugier, ausprobieren, schmecken, entdecken, das Ganze, das ganze Leben! Die rauen und die sanften Teile – wirklich leben! Total, denn nur in der Totalität ist es wirklich lebendig. In der Totalität des Augenblicks. Und wenn du gerade arbeitest, arbeite total, mache es total. Und wenn du dann ausruhst, ruhe total aus und denk' nicht an die Arbeit.

Schon wenn du sagst: „Ich will glücklich sein", schneidest du dir die Hälfte ab, und Leiden beginnt. Das Leben ist das Ganze. Bist du bereit fürs Ganze? Wirklich für alles?

Geschenke und Dankbarkeit

Aus der Dankbarkeit kommt so viel, wenn sie echt ist.

F: *Dann kommt die Angst auf, dass ich das gar nicht verdient habe.*

P: Du hast es ja nicht verdient. Wenn es dein Verdienst wäre, wäre Dankbarkeit überflüssig. Es ist ein Geschenk. Genau darum geht es, zu erkennen: Das ganze Leben ist ein Geschenk. Das Geschenk des Lebens kommt nicht von deiner Mutter, es kam nur durch sie hindurch. Es kommt von der großen Mutter. Nichts ist dein Verdienst. Selbst wenn du in einen Laden gehst und mit dem Geld, das du verdient hast, Essen kaufst, ist es immer noch ein Geschenk, denn keiner von uns ist in der Lage, ein Getreidekorn zu bauen. Diese Geschenke sind da, sie stehen dir zur Verfügung.

Und je leerer deine Hände sind, umso mehr Geschenke. Und je mehr deine Dankbarkeit wächst, um so mehr kommt nach. Und je mehr du gibst, je mehr du einfach im Vertrauen nur auf Jetzt da bist, umso mehr bekommst du. Vergiss die Zukunft! Über die Zukunft wissen wir nichts – das sollte spätestens seit dem 11. September 2001 jedem klar sein.

Aber jetzt – je mehr du da bist, in Meditation bist, umso mehr wird die Fülle der Wirklichkeit für dich sichtbar. Und wieder mehr Dankbarkeit – und so geht das immer weiter. Auch eine Spirale ohne Ende. Kannst du schmecken, was ich meine?

Freude

F: *Es ist schade: Soviel Freude, und das alles so gedämpft durch Gedanken.*

P: Ja, soviel Freude ist in euch, wirklich, soviel Freude. Es ist die Freude des Tanzens mit dem Tanz der Existenz, des Fließens mit dem Fluss des Lebens. Und dann lasst ihr zu, dass diese Pendelbewegung der Wünsche, der Ablehnungen, der Gedanken, des Habenwollens all das einfach verschleiert. Der Schleier entsteht durch dieses dauernde Springen in Vergangenheit und Zukunft – das will ich und das will ich nicht – ich will gesehen werden, aber doch nicht. Die Klarheit, die Freude, die Offenheit sind immer nur im Jetzt. Sobald du dich da wegbewegst, entstehen Überlagerungen, wie Dissonanzen fühlt sich das an. Aber das ist nur die Dharmabell, die sagt: „Hallo, sei wie du bist!“ Die Herausforderung ist wirklich, nicht irgendetwas zu werden, sondern zu sein.

Glücklich sein

F: *Ich bin glücklich, aber ich bin nicht sicher, ob das richtig ist. Das ist ein ganz eigenartiges Gefühl.*

P: So ist der Verstand. Man ist unglücklich und denkt: „Ach, wenn ich doch bloß wieder glücklich wäre. Mein Gott, wenn ich doch die Miete zahlen könnte, dann wäre ich glücklich.“ Dann kommt das Geld, du kannst die Miete zahlen, und schon kommt der Gedanke: „Also glücklich sein ist irgendwie zu schön, das darf nicht sein“, und du machst dich wieder unglücklich.

Jetzt überschüttet dich die Existenz gerade mit Geschenken, und du sitzt da und sagst: „Mir darf es eigentlich gar nicht gut gehen. Es gibt ja so viel Unglück in der Welt.“ Und du wirst dabei schlecht gelaunt. Das ist undankbar. Das bringt niemandem etwas. Das macht kein Kind in Afrika satt und hilft keiner vergewaltigten Frau. Aber wenn du es annimmst: „Danke! Mir geht es gut“ und du strahlend in der U-Bahn sitzt, weil es dir einfach gut geht, dann könnte das vielleicht einen Mann anstecken, der in dieser Nacht seine Frau nicht schlägt. Das meine ich ganz ernst! Einfach, weil das ansteckend ist. Oder es könnte eine Frau anstecken, die sich in dieser Nacht nicht schlagen lässt. Ohne dass du ein Wort sagst, ohne dass du es je erfährst. Einfach nur, weil es so ist. Ohne dass *du* es wärst, der irgendwas bewegt. Ich sehe keinen anderen Weg, wie Frieden und vor allem Menschlichkeit möglich wären, als dass wir Menschlichkeit leben. Von Moment zu Moment und auf ganz einfache Art. Dazu sind keine Reden, keine Debatten, keine komplizierten Gedanken nötig, sondern wenn du glücklich bist, sei glücklich!

Manchmal steckt dahinter auch Zweckpessimismus: „Wenn ich mir selbst die Galle in das Gute schütte, dann vermeide ich vielleicht den Zorn der Götter." Das sind Archetypen, viel älter als das Christentum. Vom Versuch, dem Zorn der Götter zu entgehen, erzählen viele griechische Sagen. Aber es gibt keine Götter, die dich für dein Glück bestrafen, sondern alles verändert sich irgendwann von Natur aus. Oder Schiller: „Noch keinen sah ich glücklich enden..." Das ist ein Glaubenssatz: „Wenn ich wirklich glücklich bin, holt mich der Zorn der Götter ein." Es gibt keinen Zorn der Götter, sondern es gibt nur den Tanz. Und nur, weil wir diesen Tanz nicht akzeptieren wollen, gewinnen all diese Glaubenssätze Macht. Wie kann ich vermeiden, dass die Verliebtheit wieder vergeht, wie kann ich vermeiden, dass ich mein Geld wieder verliere? Indem ich gleich nicht so richtig glücklich bin!

Nein, du kannst in all dem in Freude, Gelassenheit und Meditation sein, in der schlimmsten Situation genauso wie in einer glücklichen – kein Problem. Dann bist du in Frieden, und dieser Frieden wird strahlen. Dazu musst du nichts machen. Und dann herrscht ein bisschen weniger Leiden auf der Welt – allein dadurch, dass *du* glücklich bist, fühlt sich Mutter Erde ein bisschen besser. Und genau dafür ist Meditation so wichtig! Kannst du dir vorstellen, dass ein Mensch in Meditation friedlos, unfriedlich oder gewaltsam ist?

Tanze mit dem Leben

Was soll ich dir noch sagen? Einfach noch einmal: Du musst nicht kämpfen. Nichts ist gegen dich! Das Leben ist *für* dich. Da gibt's nichts zu kämpfen. Keine große Anstrengung. Tanze das Leben im Fluss des Lebens.

Tanze mit dem Leben, auch wenn sich manchmal Nichtwollen äußert! Auch das ist okay. Auch das Nein kann ein Ja sein, wenn es total ist, echt ist. Und sei nicht immer so brav! Sei nicht immer so gut. Sei einfach, wie du bist.

Sei in Frieden, pass gut auf dich auf, und behalte deinen Humor. Und danke für dein Wachsen.

Om Shanti.

Glossar

Advaita Wörtlich Nicht-Zwei. Keine Dualität. Keine Trennung. Die Lehre von der Nicht-Zweiheit.

Advaita-Dualismus Ein von mir erfundener Begriff, der in sich paradox ist. Bedeutet Nicht-Zweiheits-Dualismus. Ich bezeichne damit das Missverständnis, das Große Eine in Gegensatz zur Welt zu stellen und damit neue Trennung, neue Dualität zu schaffen.

Bodhipfad Erleuchtungspfad.

Bodhisattva Der Begriff Bodhisattva wird in der buddhistischen Terminologie auf zweierlei Weise gebraucht:

1. Verkörperung der Qualitäten des Buddha-Prinzips. Verkörperung von Weisheit, Mitgefühl etc.
2. Ein Wesen, das Erleuchtung erlangt hat und aus Mitgefühl auf das Eingehen ins Nirvana verzichtet, um zum Wohle aller Wesen wirken zu können, bis alle Wesen Erleuchtung, Selbstverwirklichung erlangt haben.

Brahman Im Hinduismus die letztendliche Realität – das Unaussprechliche. Das Unpersönliche, Absolute, Ewige.

Dharmakaya Dharma: die Wahrheit. Kaya: der Körper. Der Wahrheitskörper, die absolute Buddhanatur, die absolute Wirklichkeit. Der offene Raum.

Dharmabell Ein Wecker für unterwegs Eingeschlafene. Im Buddhismus wird gelegentlich eine Dharmaglocke benutzt, um daran zu erinnern, anzuhalten und bewusst zu sein.

Dharma Sanskrit. Wahrheit, auch Lehre.

Dharmata Dharma: die Wahrheit. Tatha: die Soheit. Dharmata bezeichnet im tibetischen Buddhismus die Essenz der Dinge, wie sie sind, ihr wahres Wesen, ihre Soheit.

Dogen Zenmeister. 1200 – 1253. Begründer der Soto-Schule.

Dualität Zweiheit. Die Welt der Illusion mit all ihren scheinbaren Gegensätzen. Die Trennung der Welt in Gegensätze wie richtig und falsch, gut und schlecht, Nacht und Tag, Wollen und Ablehnen, schön und hässlich, ich und du. Die Wurzel der Dualität und der Illusion ist der Glaube an ein und die Wahrnehmung eines getrennten persönlichen Ich. Dies ist die Art, wie wir normalerweise die Welt wahrnehmen, da unser Verstand – wie jeder Computer – in dualer Weise aufgebaut ist. Jeder Denkvorgang besteht letztendlich aus vielen Ja-Nein-Entscheidungen.

Dynamische Meditation™ Von Osho entwickelte Meditationstechnik in fünf Phasen. Die ersten drei sind aktiv, dann folgt eine Stille-Phase, dann Tanzen.

Ego Das kleine Ich, getrennte Ich, persönliche Ich. Hier ich, da die Welt. Das Ich, das will, hofft, sich sehnt, ablehnt.

Gebetsfahne Kleine Tücher in 5 Farben, auf denen Gebete geschrieben sind – meist Om Mani Padme Hum. Sie werden an langen Schnüren in der Landschaft aufgehängt.

Hakuin Zenmeister, 1685 – 1768.

Kaya Körper – insbesondere Buddha-Körper. Man spricht von drei Buddhakörpern: Dharmakaya, der Körper der letztendlichen Wahrheit; Sambogakaya, der Körper der Freude; und Nirmanakaya, der Körper der Manifestation.

Karma Sanskritwort mit der Bedeutung Tat, Handlung, Aktivität. Wird auch für die Konsequenz und Auswirkung einer Handlung, für das Prinzip von Ursache und Wirkung verwendet.

Mandala Meist kreisförmiges Bild, das grafisch Aspekte der Buddhanatur, der Weisheit, des Lebens etc. darstellt.

Milarepa Tibetischer Meister, Schüler von Marpa. 11. Jahrhundert.

Nirmanakaya Körper der Schöpfung, der Manifestation. Aus der Freude des Sambogakaya entsteht Manifestation, Schöpfung.

Osho Mein geliebter Meister. Wurde früher Bhagwan genannt. Verließ seinen Körper 1990.

Retreat Sich Zurückziehen. Eine Zeit des Rückzugs von der Welt. Eine Zeit der Stille und Ausrichtung auf das Göttliche, die Wahrheit, das Selbst.

Rinzai Zenmeister und Begründer der Rinzai-Schule. Gestorben 866.

Ryokan Zenmeister 1758 – 1831

Sangha Gefährten und Gefährtinnen auf dem spirituellen Weg. Auch Gemeinschaft, die sich um einen Meister bildet. Auch Gemeinschaft von Menschen, die ernsthaft nach Wahrheit suchen, die das Dharma üben.

Satguru Der wahre Guru, der wahre Meister, der innere Meister.

Satori Zweifelsfreies plötzliches Erkennen der Wahrheit, das aber nicht anhält. Osho sagt dazu: „Satori ist wie ein Blitz: du kannst einen flüchtigen Blick auf das Ganze, die Realität werfen, und dann verschwindet es wieder. Aber danach wirst du nicht derselbe sein. Es ist nicht letztendliche Erleuchtung, aber ein großer Schritt dahin. Jetzt weißt du. Du hattest einen Einblick, jetzt kannst du nach mehr davon suchen. Du hast es geschmeckt." (Osho: And the Flowers Showered – Talks on Zen. Chapter 5. India, 1974).

Satsang Sanskrit-Wort. Sat bedeutet Wahrheit, Selbst. Sangha bedeutet die Gemeinschaft. Das Sein in der Wahrheit, im Selbst ist überall und jederzeit. Satsang oder formeller Satsang heißt aber auch in Gegenwart eines zur Wahrheit, zum Selbst erwachten Menschen zu sein, der in der Stille, in der Wahrheit ruht und aus der Stille, aus der Wahrheit spricht. So kann eine Transmission von Stille, von Wahrheit, von DEM geschehen.

Sambogakaya Körper der Freude. Mit Freude entsteht Bewegung. Buddhanatur in Bewegung.

Sosan Chinesischer Zenmeister, gestorben 606 n. Chr. Von ihm stammt das „Shinjinmei", das zu den Basiswerken des Zen-Buddhismus gehört.

Tathagata Tatha: die Soheit. Gata: der Gegangene, Hinübergegangene. Tathagata ist ein Wesen, das hinübergegangen ist, eingegangen ist in die Soheit, die Wahrheit, die Essenz des Seins, ein selbstverwirklichtes Wesen, ein Buddha. Insbesondere wird das Wort auch für die fünf Dhyani-Buddhas oder Sambogakaya-Buddhas verwendet.

Thanka Tibetisches Rollbild.

Tilopa Tibetischer Meister. 988 – 1069. Schüler Nagarjunas.

Vajra Diamantkeil. Symbolisiert die Unzerstörbarkeit und Reinheit der Buddhanatur, des Friedens.

Vasanas Anhaftungen.

Zufluchtnahme In der buddhistischen Tradition nimmt man Zuflucht zu Buddha, zum Dharma (der Wahrheit) und zur Sangha (der Gemeinschaft der Wesen, die die auf dem Weg zur Wahrheit sind.)

Bibliografie

Dogen, Zenji's	*Shobogenzo.* 1997. Theseus, Zürich, München, Berlin
Hakuin	*Authentisches Zen.* 1997. Fischer Taschenbuch Verlag, Frankfurt am Main
Harvey, Andrew	*Die Lehren des Rumi.* 2001. Deutscher Taschenbuch Verlag, München.
Jäger, Willigis	*Geh den inneren Weg.* 1999. Herder, Freiburg.
Kabir	*Songs of Kabir.* Translated to English by Rabindranath Tagore, 1998 Samuel Weiser Inc., York Beach, USA.
Laotse	*Tao Te King.* 2000. Hugendubel (Diederichs) Kreuzlingen/München
Merzel, Dennis Genpo	*Durchbruch zum Herzen des Zen.* Diederichs Verlag
Milarepa	*Gesammelte Vajra-Lieder.* 1996. Theseus Verlag, Berlin
Osho	*And the Flowers Showered.* 1994. India
Panzer, Wolfgang	*Broken Silence.* Video, 1996 erschienen bei Arthaus Video, München. www.arthaus.de
Ryokan	*Alle Dinge sind im Herzen.* 1999. Herder Verlag, Freiburg
Sotetsu Yuzen, Hrsg.	*Das Zen von Meister Rinzai.* 1990. Kristkeitz Verlag, Leimen
Trungpa, Chögyam	*Die Insel des Jetzt im Strom der Zeit.* 1998. Fischer Taschenbuch Verlag, Frankfurt/M.
Trungpa, Chögyam	*Das Buch vom meditativen Leben.* 1991. Rowohlt Taschenbuch Verlag GmbH, Reinbek bei Hamburg
Walker, Brian	*Dies sagte Laotse.* 1995. Aurum Verlag, Braunschweig
Zimmer, Heinrich	*Der Weg zum Selbst. Lehre und Leben des Shri Ramana Maharshi.* 2001. Hugendubel (Diederichs) München.

Kontakt / Information

Informationen über Pyar, über Satsang mit Pyar und auch über CDs, Videos und DVDs erhaltet ihr:

Website:
http://www.pyar.de

oder

e-mail:
pyar@gmx.de

oder

Pyar Troll
Postfach 71 08 10
81458 München

Pyar Troll

NICHTS

„...Es ist vollkommen natürlich, es ist die Wahrheit unseres Seins, es ist DAS, was allein die Sehnsucht nach der Beendigung des Leidens und der Trennung, die Sehnsucht nach Frieden, nach Freiheit wirklich stillen kann, die im Herzen jedes Menschen brennt – Stille, überfließende Leere, das Unbenennbare, das doch so viele Namen hat."   *Pyar Troll*

Dies ist ein Buch über Wahrheit, über Erwachen, über Erleuchtung. Es ist jedoch keine theoretische oder philosophische Erörterung von Ideen, sondern ein Bericht aus erster Hand. Alles, was hier geschrieben wurde, ist nicht die Wiedergabe toten Wissens, sondern ist lebendig, frisch und neu. Es ist die persönliche Geschichte einer Frau, die zeitlebens nach Wahrheit fragte.

Pyar Troll: Reise ins Nichts | 240 Seiten | ISBN 3-933496-46-2

J.Kamphausen www.weltinnenraum.de